英语专业教师教育课程体系构建

褚娜　著

中国原子能出版社

图书在版编目（CIP）数据

英语专业教师教育课程体系构建 / 褚娜著. -- 北京：中国原子能出版社，2022.12 （2025.3重印）
ISBN 978-7-5221-2519-0

Ⅰ. ①英… Ⅱ. ①褚… Ⅲ. ①高等学校－英语－教师教育－教育体系－研究 Ⅳ. ① H319.3

中国版本图书馆 CIP 数据核字（2022）第 241848 号

英语专业教师教育课程体系构建

出版发行 中国原子能出版社（北京市海淀区阜成路 43 号 100048）
责任编辑 王 蕾
责任印制 赵 明
印 刷 北京天恒嘉业印刷有限公司
经 销 全国新华书店
开 本 787 mm×1090 mm 1/16
印 张 15
字 数 262 千字
版 次 2022 年 12 月第 1 版 2025 年 3 月第 2 次印刷
书 号 ISBN 978-7-5221-2519-0 **定 价**：90.00 元

前　言

教师个人的发展不仅影响着教学质量的优劣，也影响着教育的变革和创新。近年来，随着全球一体化的推进，英语专业人才的培养尤为重要，因此高校英语专业教师的发展越来越引起人们的重视。英语专业教师作为外语教育的主力军，正面临专业化转型的问题。推动英语专业教师发展，加强英语专业教师教育课程体系构建，对于提高英语教学质量、促使英语教学改革顺利进行，以及培养高素质的英语专业人才具有重要意义。

鉴于此，笔者撰写了此书，全书在内容编排上共设置八章，第一章作为本书论述的基础与前提，主要阐释英语专业课程教学原则与过程、英语专业课程的有效教学、英语专业课程教学的不同维度、英语专业教学的职业素养提升；第二章论述英语教师人才培养与专业发展；第三章是英语专业教师教育中的教材分析；第四章、五章、六章分别阐释英语专业教师教育的课程体系、课程教学模式、课程教学方法；第七章探讨英语专业教师教育的科研能力培养、教管能力培养，以及英语专业教师教育的信息化教学能力；第八章研究英语专业教师教育的不同课程设置，内容包括英语专业教师教育的听力课程设置、口语课程设置、阅读课程设置、写作课程设置、翻译课程设置。

本书对英语专业教师自我了解和教师教育有重要的作用。首先，增加了对语言教学的认知和教师专业发展的理解；其次，对研究英语教学的方法、模式进行了深入探讨，这种混合研究方法不仅能为英语专业教师教育课程构建提供新的观点，而且能表达对英语专业教学的深入见解。全书内容丰富，对英语专业教师教育的发展具有很强的现实意义和实践价值。

在撰写本书的过程中，笔者参阅了许多文献材料，在此向各位学者表达由衷的谢意。由于自身知识和写作水平有限，书中所涉及的内容难免有疏漏之处，恳请读者多提宝贵意见，以便笔者进一步修改，使之更加完善。

目　录

第一章　英语专业课程教学与教师素养

第一节　英语专业课程教学原则与过程

一、英语专业课程教学原则与目标

（一）英语专业课程教学原则

英语教育应坚持实施多元化的教学策略，构建具有人文特色的文化教育体系，只有在英语教育中有意识地引入科学的文化评价机制，重视多元文化的发展，保持自身的文化独立性，才能真正建设一系列高标准的高校英语课程。[①] 英语专业课程教学原则主要包含以下几个方面（图 1–1）：

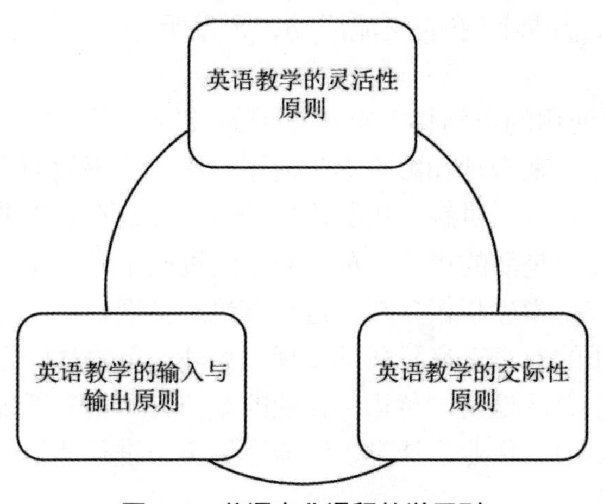

图 1-1　英语专业课程教学原则

① 陈思孜．多元文化视域下高校英语教学理论与有效方法研究 [J]. 科教导刊－电子版（上旬），2021（3）：233.

1. 英语教学的灵活性原则

英语教师在英语专业课程教学中要遵循灵活性的原则，要在教学方法、语言学习和语言使用方面做到灵活多样，富有情趣。

（1）教学方法的灵活性。英语专业课程教学包括语言知识和语言技能，语言知识包括语音、词汇、语法等内容，不同的语音、不同的词汇、不同的语法项目都具有不同的特点；语言技能包括听、说、读、写四个方面，其中又包括许多微技能。而学习者的个体差异也是不同的。因此，在英语教学过程中要综合学生、教学内容以及教师自身的特点，创造性地开展多种多样的教学活动，充分体现教学方法的多样性和创新性，使英语课堂新鲜有趣，从而激发学生学习英语的热情，挖掘学生的潜能。教学的内容也要体现多样性的原则，不光要教英语，还要教学习方法，结合英语教学内容教会学生如何做人。

（2）学生学习的灵活性。教学方法和教学内容的灵活性可以有效地带动英语学习的灵活性。要努力改变以往单纯地死记硬背的机械性学习方法，帮助学生探索合乎英语语言学习规律和符合学生生理、心理特点的自主性学习模式，使学生能够自我导向、自我激励、自我监控；静态、动态结合，基本功操练与自由练习结合；单项和综合练习结合。通过大量的实践，使学生具有良好的语音、语调、书写和拼读的基础，并能用英语表情达意，开展简单的交流活动，开发听、说、读、写综合运用语言的能力。

（3）语言使用的灵活性。英语学习的关键在于使用，教师要通过自身灵活的使用英语来带动和影响学生使用英语。英语教师应尽可能多地用英语组织教学、用英语讲解、用英语提问、用英语布置作业等，使学生感到他们所学的英语是活的语言。英语教学的过程不应只是学生听讲和做笔记的过程，而应是学生积极参与，运用英语来实现目标、达成愿望、体验成功、感受快乐的有意义交际活动过程。另外，英语教师还可以通过灵活性的作业使学生灵活地使用英语，作业的布置应侧重实践能力，如可以让学生用磁带录制口头作业，让学生轮流运用英语进行值日报告，陈述和评议时事、新闻等。

2. 英语教学的交际性原则

语言是交际的工具，人们主要通过语言来交流思想、传递信息，交际是在特定语境中说话者和听话者、作者和读者之间的意义转换。由此可以得出以下启示：① 交际包括口语和书面语两种交际形式；② 交际总是发生在一定的语境之中；③ 交际需要两个以上的人参与并产生互动。学习英语的首要目的就是使用英语进行交际，而英语教学的首要目标就在于培养学生的交际能力。交际能力的核心就是能够运用所学的语言知识在不同的场合下与不同的对象进行有效地得体的交际。因此，教师在英语专业课程教学中要贯彻交际性的原则，使学生能用所学的英语与人交流，要在教学过程中努力做到以下几个方面：

（1）充分认识英语课程的性质。英语课是一种技能培养型的课程，要把语言作为一种交际的工具来教、来学、来使用，而不是把教会学生一套语法规则和零碎的词语用法作为语言教学的最终目标，要使学生能用所学的语言与人交流、获取信息。在教学过程中，教、学、用三个方面构成一个有机的相辅相成的统一体，其中的核心在于使用。因此，教师转变以往陈旧的教学观念，认清课程的性质，是落实交际性原则首先需要解决的问题。

（2）注意培养学生语言使用的得体性。英语专业课程教学的首要目标在于培养学生进行有效交际的能力，根据交际性原则，学生要具备良好的交际能力，需要能够在适当的时间、适当的地点，以适当的方式向适当的人讲适当的话，创设情景，开展多样的交际活动，课堂游戏、讲故事、猜谜语、编对话、角色扮演、话剧表演、专题讨论或者辩论等，都有助于学生在创设的情景中充分表现自己，从而掌握地道的语言。

（3）精讲多练。英语课堂的工作不外乎讲和练两种，讲是指讲授语言知识，练是进行语言训练。在课堂上，适当的讲授一些语言知识是必要的，可以提高学习的效果。英语是一种技能，技能只有通过实际训练才能获得。因此，教师必须清楚，讲解的目的在于帮助学生更好地训练。在语言训练的过程中要针对学生的具体问题给以“画龙点睛”式的点拨，这不仅有利于学生语言交际能力的培养，还有助于学生养成良好的学习与思维习惯。在进行了必要的讲解之后，要给学生留出足够的训练时间。

3. 英语教学的输入与输出原则

输入是学生通过听和读接触英语语言材料，输出是学生通过说和写来进行表达。一方面，在人们学习英语的过程中，能理解的总是比能表达的要多；另一方面，语言输入的量越大，语言输出的能力就越强。有效的语言输入应具备以下方面的特点：① 可理解性。如果学生不能理解所输入的语言，那么这些输入无异于噪声，是不能被接受的。② 趣味性或恰当性。所输入的语言材料还要使学习者感兴趣。要使学生对语言输入感兴趣，最好使他们意识不到自己是在学英语，把其注意力放在意义上。③ 足够的输入量。要习得一个新句型需要数小时的泛读以及许多的讨论才能完成。教师在英语专业课程教学过程中应该注意以下三个方面：

第一，尽可能多地让学生接触英语。要通过视、听和读等手段，多给学生可理解的语言输入，如声像材料的示范和贴近学生日常生活和学习、适合学生的英语水平、具有时代特色的读物等，教师应该打破课内外的界限，帮助学生扩大语言接触面。

第二，输入内容和输入形式的多样化。学生接触的英语既要有声的、又要有图像的，还要有文字的，而且语言的题材和体裁以及内容要广泛，来源多样化。教师要注意根据上述语言输入的分类，尽可能地为学生提供多种形式的输入。

第三，强调学生的理解能力。只要学生能理解的，就可以让他们听，让他们读。而且，还可以只要求学生理解，而不必立刻要求他们用说和写的方式来表达。从教学目标而言，对语言技能应该有全面的要求，但是从教学的方法而言，应该先输入，后输出。

（二）英语专业课程教学目标

1. 英语专业课程教学目标的设定

英语是一门语言学科，是用来交流的工具。听、读、写三种能力是英语教学之中的主要形式，是学生能否熟练使用这门语言的基础。[①] 随着教育改革的发展，高校英语专业教学的目标逐渐变为以实用为主，应用为目的，为培养生产、技术、服务、管理等方面的人才，应将英语纳入语言应用的范畴。在英语教学过程中，学生应该有意识地去运用英语交流，多用方能自如，通过连续的套用模拟，让学生在模拟—运用—拓展中找到语感，以后在相似的环境下即可自由切换，先找到语感，再完善细节，能够增强学生的自信心。

① 马丽．高校英语教学目标中读、听、写的关系研究［J］．新教育时代电子杂志（教师版），2017（3）：33.

2. 英语课程教学目标的实现原则

英语专业课程教学的基本原则需要包含语言学科的特点，还有符合学生学习的心理特征，掌握英语教学的具体原则，可以更好地实现英语教学目标，使教学质量得到较高的保证。

（1）以人为本原则。在教育过程当中，学生才是教学过程的主体，这样的观念可以被称为教育当中的以人为本观念，或者以学生为中心原则。以学生为中心原则就是在教学的过程当中以学生为主，根据每一个学生的不同情况制订不同的教学计划。学生的不同情况包括：学生的学习目标，学生的学习习惯、学生的学习兴趣、学生的学习困难等。因此，教师在制订学习计划的时候不能统一制订一个，而是要根据不同学生制订不同计划。教师这么做的目的也是为了让学生克服学习的畏难情绪，积极学习知识，从而形成良性循环。在这样教学环境当中的学生，可以顺从自己的学习方式，以自我为学习的中心，拿出最大限度的精力和热情，更加积极主动地学习。

（2）兴趣性教学原则。在英语教学过程当中，只有兴趣是可以让学生高效率学习的内驱力。学生对于未知的领域天然抱有一种好奇心，教师应该充分利用他们的好奇心，引导他们以积极的态度探索英语学习领域，增长学生对于英语学习的兴趣。高校英语教学还应注重兴趣领域的影响原则，在学生感兴趣的情况下，充分调动学生的情感因素，让他们能够主动学习英语，热爱英语学习氛围。以兴趣原则为指导的英语教学活动，可以从以下三个方面入手：

第一，充分了解学生的特点。教师应充分了解学生的特点，每个学生的性格都是不尽相同的，因为各个学习因素的差别，每个学生的个人特点也就不一样。根据每个学生的不同来制订不一样的教学计划，在尊重学生的基础上，让学生自己对英语学习产生兴趣。学生感受到了学习的乐趣之后，对于学习的热情就会高涨，主动学习成为学生的学习状态，学习的效率才会提升。

第二，改变教学方式和评价方式。在高校英语教学方式进行改革之后，高校英语的学习更多的是使学生掌握英语技能，了解英语语言的内在逻辑，从而为未来的语言交流奠定基础。

第三，对教材进行深度挖掘。教材在教学中发挥着重要作用，教师和学生在课堂上都会以教材为基准，进行英语学习的推进。教师对于教材，应该在课前就提前摸透，对于教材当中的难点、重点加以把握，还要尽量规避教材当中枯燥的地方，以学生感兴趣的点作为讲解切入点，引起学生学习兴趣。

（3）交际性教学原则。交际性原则与英语教学的最终目标相一致，是高校英语教学的重要教育原则之一，交际性原则下的英语专业课程教学应注意以下几方面：

第一，重视使用交际工具。在现如今的社会当中，英语作为国际通用语言，越来越得到重视，通过英语的使用达到跨文化交流的目的。高校英语的教学就是为了让学生掌握这项技能，在国际当中利用英语作为交际工具，有沟通的能力。因此，高校的英语教学应该以沟通为最终目的，以学生为教学中心，将英语的教学带入生活情境，课堂的教学也不能只停留在课本，应该让学生了解到英语学习的重要性，找到学生的兴趣点，让学生主动学习英语，快乐学习英语。

除了教学方法之外，教师的个人英语能力也应该不断提升，除了在教学课堂当中，还应该多设立英语教学活动，在活动当中学习，在活动当中交流，不仅提高了学生的学习兴趣，也提高了教师的能力，让教师接受新鲜知识，提高自身素质。作为学生主要的英语交流环境，课堂的交流需要教师引导，学生积极参与。只有将英语的交流延伸到课下的情境当中，语言才能具有自己的生命力，教师应该鼓励学生在课堂下互相交流，用英语对话，给彼此创造学习环境。

第二，重视语言语境的影响。语境对学生的交际能力有很大的影响，教师应该注意在课堂创造良好的语境。尤其包括那些很常见的元素，即使它们使用相同的语言表达，在不同的交际语境之下，带来的交际效果也是大不相同的。在不同情境下，让学生扮演不同的角色来进行英语对话，这样的练习对学生的语言水平有很大的帮助，而且从另一方面能增进师生之间的交流。

二、英语专业课程教学因素与过程

（一）英语专业课程教学的因素

1. 英语教学的教师因素

英语教师在英语课堂上一般会充当两种角色：一种是英语课堂的掌控者；另一种是学生英语学习活动的引导者。有效开展英语教学活动，需要教师先应该拥有纯正的英语发音，英语发音对于英语学习而言是至关重要的。英语教学是教师与学生共同参与的活动，学生理应在这一活动中彰显自己的作用，所以在课堂上教师应给予学生更多的自由时间，让他们去探究。英语教师必须发挥自己的主导作用，积极为学生提供一个良好的英语学习环境。教师可以整合不同的教学方法，在结合自己教学经验的基础上，探索更加适合学生学习需求的教学方法，学生就能在自己喜欢的课堂氛围中学习英语，也能极大地激发其学习英语的积极性。

英语教师的语言运用方式也能对英语教学产生影响，为了配合学生的学习理解能力，教师在教学过程中可以根据教学情况适当降低语速，适当的重复一些话语。英语教学的过程同时也是一个在不断反馈中获得优化的过程，在这一过程中，不仅包括学生对教师教学的反馈，也包括教师对学生学习的反馈，教师利用各种测试对学生的学习情况进行掌握，根据测试的结果了解学生的学习能力，并将学生在某些知识点上存在的问题反馈给学生。学生接到反馈之后就能了解自己的学习不足，进而在后续学习中不断改进，最终提升自己的学习质量与效率。

2. 英语教学的学生因素

（1）高校学生的角色类型。在英语教学过程中，学生的作用非常突出，教学的核心是学生的学习方式，教学的目的是促进学生的全面、终身发展，教学的方法是以学生为本，等等，这些都充分反映了学生在教学中的参与。认识英语教学是不能忽视学生在其中所扮演的角色的。学生的角色主要有以下方面：

第一，主人。学习活动是一种知觉的活动，教师在其中只是起到引导与促进作用，学生才是学习的主体，主动的学习才是提升其学习能力的关键。学生将自己当作学习的主人，自觉安排自己的学习计划，制定自己的学习目标，寻找适合自己的学习方法，形成良好的学习习惯，这些都能帮助学生最终建立起属于自己的知识结构体系。

第二，参与者。教学是教师与学生双向互动的过程，学生也应该是教学的主要参与者，因此在教学过程中，教师要注意提升学生的学习兴趣，激发其积极性，让其可以更加主动地参与到英语教学中来，积极给教师提供教学意见。

第三，合作者。英语学习活动不是学生一个人的独角戏，它可以是一群人的群体行为，因此，在个人学习活动之外还有小组学习活动。在学习小组中，当学生遇到不懂的问题时，其他同伴就可以为其解答，更重要的是，在共同探究问题的过程中，学生还能开阔自己的学习视野，学到不同的学习方法。

第四，反馈者。教学是一种反馈的活动，教师将知识传授给学生，学生根据自己的理解、消化情况向教师进行反馈，以便教师可以优化教学计划、目标，增强英语教学活动的开展效果。

（2）高校学生的个体差异。对于教育而言，其最根本的目的就是培养人，培养全面发展、终身发展的人，这就要求教育者要对学生情况有全面的掌握，既了解学生的生理、心理发展规律，又清楚不同学生之间的差异。每个学生都是独立的个体，他们在学习活动中所表现的特征都是不一样的，其学习动机、性格等都会影响其学习的效果。因此，教师应根据学生的个体差异开展教学，这样英语教学的有效性才能尽早实现。学生存在的主要个体差异如下：

第一，不同的学习潜能。英语学习认知系统内涵丰富，学习潜能是其重要组成部分，展现的是受教育者的能力程度。而对于英语学习而言，则是指学生是否具备学习英语的天赋。通常而言，教师在开展英语教学活动时需要了解学生的英语水平，而学生的学习潜能则可以很好地将这种水平展现出来。

学生在英语学习上的潜能主要表现在 4 个方面：① 是不是具有对英语语音进行编码与解码的能力；② 在对英语基础知识学习完毕之后是不是具有归纳的能力；③ 英语学习中充满大量的英语学习，是不是具有对英语语法习得敏感性；④ 英语词汇是有规律可循的，是不是具备通过联想进行词汇记忆的能力。每个学生的学习潜能也是不同的，因此，在实际的教学中，教师应考虑每一个学生的实际情况，这样才能将学生的最大潜能激发出来。

第二，不同的智力水平。智力也是认知系统的一部分，不过，它是一个综合体，将观察力、想象力、记忆力与逻辑思维能力进行整合，该能力是能够外显出来的，有高智力的人往往能快速识得问题、解决问题。学生在智力水平上的差异，也会在一定程度上影响英语教学。因此，教师不能忽视智力对教学的影响，要对每一个学生的智力水平有清楚的掌握，这样，其在制定教学目标、方法与策略时就能更加灵活、科学。学生也应该对自己的智力情况有所了解，在清楚自身智力情况的前提下，学生可以选择更加适合自己的学习方法，从而实现学习效果的最大化。

第三，不同的学习风格。学习风格的形成不仅只是个人经验影响的结果，客观环境也能对学生学习风格的形成，换言之，在一定的条件之下，学生的学习风格是可变的，不过，根据不同的标准，学习风格可以有以下分类：

① 按照感知方式来分。在具体的学习过程中，学生肯定会运用一些感知方式，而由于学生个体在很多方面都存在差异，所以，他们在感知偏好上也差异显著。基于此，可以按照学生感知方式的不同对学习风格进行分类，可将其分为三类，分别为听觉型、视觉型及动觉型。

② 按照认知方式来分。人们在学习过程中总会涉及一些新信息与新经验，而对这些内容进行分析、组织与整理的方式就是认知方式。每个学生在学习过程中所展现的认知方式与思维方式是不同的，所以，根据学生的认知方式的不同对学习风格进行划分，可将其划分为：场依赖型与场独立型、整体型与细节型、左脑主导型与右脑主导型。以学习者对自身情况是否依赖划分为场依赖型与场独立型。

第四，不同的学习动机。从本质上而言，学习动机是学生在学习过程中所产生的一种心理状态，它能激励学生掌握科学的学习方法，向着自己的目标前进。根据学生学习动机的不同对学习风格进行划分，可将其划分为深层动机与表层动机、内在动机与外在动机。

① 深层动机与表层动机。根据的刺激—反应理论，可将学习动机划分为两大类：第一类为深层动机，是一种学生为了追求自己的非物质层面的需要而产生的动力，这方面的需要不仅包括兴趣需要，而且包括丰富知识体系的需要；第二类为表层动机，是一种学生为了追求表面物质需要而产生的动力，这种需要主要表现为高报酬、好职位等。

学习动机与学习目标的关系是极为密切的，动机发生变化，目标往往也会发生变化。对于英语学习而言，那些具有深层英语学习动机的学生不仅要求自己可以扎实掌握英语基础理论知识，而且还要求自己能够具备较高的英语应用能力，很明显，他们对自己的英语水平有着非常高的要求，在学习英语的过程中总是充满着饱满的热情。

② 内在动机与外在动机。根据动机的来源不同，可将学习动机分为两大类：第一类为内在动机，英语学习者从自身激发出来的对学习的兴趣，该动机不仅保持学习的持续性，而且还能保持学习的独立性；第二类为外在动机，在外在条件的影响下，学生不得不进行学习活动，有时甚至可能会让学生失去对学习的兴趣。

在学生学习英语的过程中，动机依然对学生产生不小的影响。通常情况下，具有内在动机的学生不会因客观条件的影响而放弃英语学习，这主要是由两方面的原因导致的：一方面是因为他们学习英语是从兴趣出发的，具有自发性；另一方面是因为他们对英语学习的态度是诚恳的、积极的。具有外在学习动机的学生会受到客观条件的影响，它所有的英语学习活动都是被动的，这让其无法感受到学习英语的兴趣，长此以往，他们可能会丧失学习英语的仅有的热情。

学习动机与学生英语学习效果呈正比关系。如果学生的学习动机特别强烈，那么往往会有着明确的英语学习目标，在学习过程中，他们会向着这一目标努力奋进，会积极投入到英语学习中，最后也能获得很好的学习成果。而那些学习动机比较弱的学生，他们始终无法确立坚定的英语学习观念与目标，因此，他们在英语学习上往往没有太大的积极性，最终他们也就无法获得较好的学习成果。

3. 英语教学的环境因素

英语教学系统还包括环境因素，环境也能对英语教学产生影响，这种环境主要指的是社会环境与学校环境。

（1）社会环境因素。社会环境对英语教学的影响不小，社会经济发展水平可以影响英语教学，科学技术发展水平、社会群体等也能对英语教学产生影响。此外，社会对英语人才的需求程度更是决定了高校培养英语人才的思路与计划。社会环境因素对英语教学所产生的作用主要是一种导向作用，引导着英语教学向着能够促进社会发展与进步的方向发展。

（2）学校环境因素。学校环境不仅包括教室、教具等，而且还包括只能感知的校风班风与人际关系等，可见，学校环境的内涵是极为丰富的，教师在开展教学活动时也应该考虑学校环境的因素，为学生营造良好的英语学习氛围，增加与学生之间的互动，加强情感关联。

4. 英语教学的内容因素

为了实现预先制定的教学目标，就需要设置恰当的教学内容，一般而言，教学内容体系丰富，不仅包括大家普遍熟悉的知识、思想、概念以及原理等，而且还包括技能、问题以及行为习惯等。于教师而言，在开展教学活动的过程中，教师必须要有一定的依凭，而教学内容就是这一重要依据。于学生而言，在开展学习活动的过程中，学生也需要有一定的学习对象，而教学内容就是学生需要理解与掌握的对象。

教学内容对于教学活动的有效开展是非常重要的。当教学内容确定下来后，教师才能制订教学计划，确定教学方法与策略，根据教学内容因材施教，这样才能培养出高质量的英语人才。因此，教学内容对英语教学也能产生影响，且这种影响的范围还非常广。英语教学内容非常丰富，主要包括以下方面：

（1）语言知识。语言知识是学生学习的基础性内容，同时也是学生进行英语语言应用的前提，如果学生没有掌握扎实的英语知识，那就无法具有较强的应用能力。

（2）语言技能。通常而言，学生在学习英语过程中必须具备四项最为基本的技能，就是大家熟悉的听、说、读、写技能，同时，这四项技能也是学生进行英语实践活动的基础与手段。

（3）学习策略。为了促进学生更好地学习，通常教师会依据教学内容实施不同的教学策略。而对于学生而言，为了让自己能获得不错的英语学习效果，他们也会在学习过程中使用学习策略。学习策略的选择至关重要，合理的、正确的学习策略不仅能提高学生学习英语的质量与效率，更重要的是，还能让学生养成自主学习的好习惯。因此，在教学过程中，教师要帮助学生确立适合自己的学习策略。

（4）文化意识。英语教学不仅包括英语语言教学，还包括文化教学，学生接触与掌握英语国家的文化，可以帮助其了解不同国家的特色文化，更好地进行英语学习。因此，教师在教授英语语言知识之外，还要向学生传递文化知识，让学生了解文化之于语言的重要性。

（5）情感态度。学生的学习活动同时也会受到其情感态度的影响，这就要求英语教师在教学过程中要时刻关注学生的情感动态，当学生情感出现波动时，教师要及时关怀学生，给予学生安慰，让其明白英语学习与其他学习一样，都是不容易的，学好英语良好的心态非常重要，这样就帮助学生培养出了积极的情感态度。教师还要注意激发学生学习英语的兴趣，只有学生形成英语学习的兴趣，才能在英语学习过程中将这种兴趣转变为动机，在动机的驱使下，学生就能逐步树立学习英语的信心，即使会面临困难，学生也会迎难而上。

（二）英语专业课程教学的过程

在英语专业课程教学过程中，需要重点注意以下方面：

1. 重视英语教学过程的兴趣性

兴趣在英语专业课程教学中发挥着至关重要的作用，英语教师应意识到兴趣的重要性，在教学中多借鉴其他优秀的教学方法去唤醒学生的情感，激发学生英语学习的积极性，这样，学生就能更加自觉地进行英语学习。调动学生的兴趣可以通过以下方法实现：

（1）深度挖掘英语教材。教材依然是教师开展教学活动的主要辅助性工具，教材中涉及丰富的、系统的知识，英语教师在备课过程中，需要将教材中可以引起学生兴趣的内容挖掘出来，这样学生在学习时就能感受到无限乐趣，也就更加愿意学习。例如，教师可以为学生创设英语教学情境，将师生在日常生活中的问候对话搬到课堂上，使英语教学变得日常化，这些简单的、熟悉的对话能让学生产生共鸣，用英语来表述时也会相对容易一些。正是在熟悉的场景中开展英语对话，学生才能放松心态，其英语应用能力才会有所提高。

（2）尊重学生的主体性。英语教师必须认清教育的本质，了解教育是一种主动的过程，同时教师也应该放下自己所谓的固有姿态，认识到这样一个事实，那就是英语课堂的主体是学生，只有学生主动地、自觉地进行英语学习，英语教学才能取得不错的效果，而学生的英语学习能力才能有所提高。基于此，英语教师要在总结学生生理与心理特点的基础上，在剖析与遵循英语学习规律的前提下，采用多样的教学方法激发学生的兴趣，让学生主动学习，主动参与英语实践互动。

2. 保证英语教学过程的系统性

英语专业课程教学本身就是一个复杂的系统，包含非常多的内容，因此，在教学过程中，教师要明白英语教学过程不是一蹴而就的，它需要循序渐进，只有从整体上出发，在把握系统性原则的基础上，才能够保证英语教学的有序性。而要遵循系统性，教师就需要做到以下方面：

（1）系统安排学生英语学习。学习活动虽然琐碎，但是若从宏观上而言，可以发现，任何学习活动到最后都具有一定的系统性。因此，教师要帮助学生进行连贯的学习，让学生可以从系统的角度构建自己的英语知识结构体系。因为学生的学习意识与学习习惯养成并不容易，这就需要教师一定要有恒心，不仅在课上要时刻对学生的学习做出合理的安排，而且在课下也能对学生的学习做出恰当的安排。

（2）系统安排英语教学内容。英语专业课程教学内容的安排并不是随意进行的，需要教师按计划进行。教材的编排从一开始就确立了其系统性，编排者在总结教学规律与学生学习规律的前提下编排教材，为教师与学生提供了一个鲜明的结构层次。换言之，教师根据目录结构编排内容，本身就遵循了一定的教学规律。在英语教学过程中，教师对于生词和新的语法，要逐步进行，由浅入深，教学内容的安排需要以教学的系统为指导，内容安排才会更加科学、合理。

3. 注重英语教学过程灵活多样

（1）英语教学模式灵活多样。多媒体教学、翻转课堂教学、移动课堂教学等新的教学模式不断涌现，让英语课堂变得灵活多样。基于信息技术的教学模式在一定程度上拓展了英语教学的空间，教师借助互联网可以搜集到更多的教学资源。同时，这种教学模式还极大地改善了学生的学习情况，不仅丰富了学生的学习内容，最重要的是，还为学生提供了更加多样的学习形式。在互联网的支持下，学生的学习活动相对变得比较容易，教师利用互联网下载文字、音频、视频等资源，为学生营造一个多样的学习环境，通过对学生进行多感官刺激，让其找到自己喜欢的教学方法，从而可以调动其英语学习的热情。在新的教学模式下，学生在学习活动中的角色也发生了明显的变化，学生不仅是自身学习任务的设计者，而且也是学习活动的合作者与评估者。

（2）英语教学评价灵活多样。英语教学的评价要倡导多元评价，可以不同的评价方式进行整合，以实现评价的最优化。例如，可以将形成性评价与终结性评价结合起来。评价也应该有所侧重，要将文化知识及应用等相关内容纳入评价对象体系中来。需要注意的是，评价应该是从多个层面展开的，教师不是评价的唯一主体，学生也要参与评价，可以是对自我的评价，也可以是同伴之间的评价。学生之间的互评不仅能让学生通过他人角度了解自己的学习情况，而且还能加强彼此之间的联系，维护关系的和谐，多种多样的评价方式可以让学生置身自由、和谐的学习氛围中。

考核形式也不应固定、单一，可以将开卷考试与闭卷考试结合起来的方式，也可以采取将笔试与面试结合起来的方式，相对而言，面试可能要增加符合英语的特点，教师与学生可以面对面直接交流，但在实际评价过程中，这种方式很少为教师所使用。在具体运用何种评价方式进行评价时，教师要灵活选择，可以让学生进行个人阐述，也可以让其采取小组讨论的形式，或者可以采取答辩的方式，但无论使用任何一种方式，教师都要从学生的实际情况出发，在了解学生学习情况与个人特点的基础上选择合适的评价方式，以保证评价的科学性、合理性。

第二节 英语专业课程的有效教学解读

在英语专业课程的有效教学的过程中，教师要以学生为主体，构建轻松愉悦的氛围，注重教学的互动性，真正调动学生的英语学习热情，促进他们英语学习能力的提升，获得良好的英语教学效果。有效教学特指教师通过教学过程的规律性，成功引起、维持和促进学生的学习，相对有效地达到预期教学结果的教学[①]。有效主要是指通过教师在一段时间的教学之后，学生所获得的具体的进步或发展。换言之，学生有无进步或发展是教学有没有效益的唯一指标。有效教学的主要特征表现为正确的教学目标和高效的学习效果。

一、英语专业课程的有效教学目标与要求

（一）英语专业课程有效教学的目标

“英语教学的有效性，实质上就是要求教师对传统的课堂教学模式进行改革，革除弊端，与时俱进，从教学思维到教学模式，从教学过程到评价机制，对传统的做法加以合理的扬弃、发展和创新，从而提升英语课堂教学的有效性。”[②]

英语教学目标是英语专业课程教学活动的基本出发点，因为教学目标的内涵直接关系着教学内容、教学方法、教学评价以及教材的设计，它不仅是高校英语教学的起点，更是高校英语教学的最终归宿和评价依据。作为教学设计中的重要一环，明确而清晰的课堂教学目标是对学生课堂学习结果的预期，也是贯彻以学生为主体的高校英语有效教学模式的主要方式之一。因此，树立明确的英语专业课程教学目标是英语教学得以有效开展的保证和首要环节。

一般而言，任务说明、条件说明和标准说明是教学目标所必须包含的三个方面。任务说明是指学习者学会的内容，条件说明是指完成这些教学任务的所需要的条件，标准说明是指顺利完成任务和合格行为的标准。此

① 宋君．高校英语有效教学的研究［D］．咸阳：西北农林科技大学，2012：7.

② 潘瑞峰．高校英语课堂教学的有效性研究［J］．科技致富向导，2012（6）：61.

处可以用行为目标来陈述教学目标：① 陈述学习者在教学后认知、情感和动作技能等方面的学习结果；② 合适的教学方法和完善的教学条件才能促进教学目标的实现；③ 教学目标是可以观察，可以测量的。因此，教学目标可以对教学活动和教学内容的构思起到一定的指导作用，也可以为教学评估提供相应标准和依据。英语专业课程的有效教学目标体系的建构需要从以下几方面探讨。

1. 适应社会发展要求

社会的发展离不开人才，在信息日新月异的今天，更需要具有较强英语综合应用能力的高校毕业生。英语阅读与写作能力固然是重要的，但是社会对听说能力的需求更是与日俱增。如果制定新的高校学生英语能力培养标准，那必然以听、说、读、写全面发展为目标，因此，为了适应社会的发展和要求，英语专业课程教学目标应该从培养学生的综合运用能力出发。同时，培养学生的自主学习能力，优化学习策略以及跨文化意识等也应该加入教学目标的行列中，理应成为目标体系中的重要组成部分。

2. 具备现实性与可行性

教学目标是教师对于学生知识、能力和情感要求的一种期待。在教学目标的制定过程中，应当采取长期目标和短期目标相结合的方式：① 对于学习者英语学习所达到最终成就的描述称为长期目标；② 让学习者对于感知到他们的进步成就感，增强自信心，体现目标的可行性称为短期目标。学生能不能接受当前的教学要求，能否适应当前教学的教学进度，是否清楚哪些阶段应到达怎样的平台，这些都是在建构教学目标体系的时候必须要考虑的问题。总而言之，英语专业课程教学目标就应该是现实而且可行的，应该从实际出发，并用规范的语言表达出来，这样才有利于有效教学的操作。

3. 重视学生多元发展

关于英语专业课程的课程教学要求，一般包含三个方面：一般要求、较高要求和更高要求，这三个要求涵盖了英语语言知识、英语应用技能、英语学习策略以及跨文化交际等方面的内容，直观地体现了英语教学的指导思想，即强调培养学生的听、说、读、写、译等综合应用能力和专业英语技能；并规定不同的学校根据学校实际情况，来确定自己学校的英语教学目标，可以是其中的某一个，也可以是三者并存，最重要的就是适合自己学校。一门英语课程，课时长短、教学要求、难易程度等各个学校都可以不同，这样就使得英语教学向多样化和个性化的方向发展。各个学校应当参照自己学生的英语水平和教学条件以及本校的实际情况，按照相关要求，选择合适的教学材料和方法，并设计出有效的英语课程体系。对不同专业的学生英语学习的要求和目标也是可以不同的，这样才能确保不同层次的学生在英语应用能力方面都能得到充分的训练和提高，满足各类学生英语学习的各种需求，实现教学的有效性。

（二）英语专业课程有效教学的要求

1. 符合英语教学规律

英语专业课程的教学应把语言学习与职业技能培养有机整合，在教学过程中体现职业性与应用性，提高学生的英语交际能力与综合职业素质，从而提高学生就业能力。因此，在高校英语教学中，教师只有结合这些规律，才能制订切实可行的教学目标和计划，科学运用教学方法、手段及策略，提高教学效率，从而取得相应的教学效果，实现学生全面持续的进步与发展，实现教学的效益。

2. 强调英语教学效果

英语专业课程的教学效果就是英语教学活动的结果，即学生所获得的实际进步与发展。经过一段时间的学习后，学生的英语基础知识、听说读写技能、学习方法、学习兴趣以及英语文化意识等比之前有了较大的提高或发展。学生有无进步和发展是衡量教学有没有效果的唯一指标。只有关注教学效果，关注学生通过学习以后哪些方面取得了进步，才能促进英语的有效教学。

二、英语专业课程的有效教学环节与特征

（一）英语专业课程有效教学的环节

1. 课前导入环节

导入是英语专业课程教学的第一个环节，一般而言，一堂课有三个阶段：导入、正课和总结。教师在导入阶段就要以教学的艺术魅力激起全体学生的兴趣，为下一步教学的顺利展开奠定良好的基础。就高校英语教学而言，无论是词汇教学、语音教学、语法教学，还是篇章分析教学，都应

该力求在导入环节引起学生的注意力，激发学生对英语学习的兴趣。

2. 课堂讲解环节

（1）讲解环节的语篇分析。语篇分析是指以语篇为基本单位，从语篇的整体出发，对文章进行分析、理解和评价，包括语篇的主题分析、结构分析以及文体分析。在英语专业课程的教学课堂讲解环节中，要突出语篇教学。句子水平上的教学只能培养语言能力，要培养交际能力，必须把教学水平提高到语篇水平。语篇分析对于学生了解文章内容、作者写作方法以及以英语为母语时的思维习惯很有帮助。一直以来，语篇分析广泛应用于英语专业的语言教学，但在高校英语教学中未受到足够的重视。高校英语教学要重视语篇分析，才能让学生准确地把握一篇文章的脉络和寓意。语篇分析在一定程度上可以促进非英语专业学生英语写作能力、听说能力的提高，能够激发他们阅读各种题材英语文章的兴趣。

（2）讲解环节的提问技巧。在课堂教学中，教师们已经习惯运用启发式教学方法即提问，提问已经成为课堂教学中必不可少的一部分。学生的学习过程实际上是一个不断提出问题和解决问题的过程。课堂提问有设问、追问、互问、直问和反问五种类型。教师在提问时，要注意问题的科学性，要有助于学生思维的发展，要遵循阶梯性原则（问题由浅入深、由简到繁）、量力性原则（面对不同水平的学生提出不同深度的问题）、整体性原则（围绕课文中心，提出相辅相成、配套贯通的问题）、精要性原则（提问要精简数量，直入重点）、学生主体性原则（引导、鼓励、欢迎学生善于发现和提出问题，发表创新见解）、趣味性原则（提问要有情趣、意味和吸引力，使学生在愉悦中接受教学）、启发性原则（学生回答机会均等，防止偏向）、激励性原则（说一些赞扬的话，加以鼓励）。只有这样，课堂提问才能启发学生领会教学内容，检查学生掌握知识的情况，培养学生的创造性思维，调动学生的积极性。

3. 学生活动环节

在课堂活动环节中，教师不再是传统意义上的“知识传播者”，而是学习的帮助者。在课堂活动环节中，学生应是核心。但教师的作用仍然很重要，在知识上、心理上帮助和支持学生，观察和分析学生的活动，了解和分析每个学生的长处和短处，发现教学中的不足并加以弥补等。交际性的课堂教学活动要比传统的教学活动更为有效，当然对教师的要求也更高，要求教师必须具备很强的观察能力、分析能力、对教学内容的临时整合能力和对课堂教学的组织能力（特别是在教学班人数较多的时候，这种组织能力就更为重要）。课堂活动环节有多个方面，这里主要探讨小组互动式教学。小组互动是英语教学课堂操练活动中的常见形式之一，也是有效教学模式的主要表现形式，它要求教师充分调动学生的积极性，有效地组织起以学生为中心的生动活泼的课堂活动，并从中发现问题，及时加以帮助和引导。

（二）英语专业课程有效教学的特征

有效的英语专业课程的教学除了应具备有效教学的一般特征以外，还体现在以下三个方面：

1. 合理的英语教学目标

适宜的教学目标可以为教师开展有效教学提供指导。制定目标要符合学生的实际情况及满足社会的需求，即基于学生目前的英语基础，让学生通过高校英语的学习可以达到怎样的水平，掌握怎样的技能。如果这个目标定得太高，学生通过努力也无法达到，这样的英语教学就不能称之为有效教学。高校英语教育的培养目标是为生产一线培养应用型人才，如生产技术员、设备操作员、现场管理员等，学生通过高校英语的学习，能够掌握将来在工作中涉外交际所需要的英语语言知识与应用技能，如能够看懂先进设备、器械操作的说明，书写简单信函、通知、备忘、合同，能进行简单的口头交流等。

2. 适宜的英语教学内容

一方面，教学内容要有实用性，其内容必须是高校学生在今后的工作中所需要的内容，如听说方面的内容包括问候、介绍、饮食、感谢、道歉等，写作方面的内容包括简单的信函、传真、产品说明、合同、简历等；另一方面，教学内容要体现交际性。内容围绕现实生活中丰富有趣的话题，通过情境的创设，培养学生的语言交际能力。此外，教学内容还要体现知识性。高校学生对英语的一些社会背景、民俗文化等了解得并不多，英语教材通过提供相关的知识，让学生对世界的认知能力得到进一步的发展，激发学生学习的兴趣与热情，提高学生的综合文化素养，以适应将来工作生活的需要。

3. 适用的英语教学方法

英语专业课程的教学要以培养学生实际运用语言的能力为目标，突出教学内容的实用性与针对性，即以应用为主。因此，教师要根据这一教学目标及学生的实际情况，采用适宜的教学方法，调动学生的积极性，有效地完成教学任务。以具体的交际环境及任务的指引来培养学生正确使用语言的能力的情景教学法、任务型教学法，则是达到高校英语教学目标的主要教学方法。

三、英语专业课程中有效教学的内容选择

英语专业课程的教学内容组织是一个复杂的系统，有效教学内容必须是一个整体概念，既能充分发挥各个不同层次的作用又能充分调动教师、学生两方面的积极性。“在教学内容的选择上，应该尽量选择跟实际交际更为接近的内容、与职业相关的内容，让学生能够学有所得，学有所用。”[①] 英语专业课程的有效教学内容选择包括以下原则：

第一，反馈性原则。教学工作，无论是就其纵向的各种序列、层次而言，或是横向的各个单位、教研室以及他们之间的关系复杂情况而言，显然需要做到信息传递迅速，信息沟通合理，信息及时反馈。在此基础之上，才能实施教学内容的有效组织，从而达到预期效果。

第二，灵活性原则。英语有效教学内容的组织要具有灵活性，内容包括：① 教学内容方法要灵活。语言知识主要是语言的语法和文法，语言技能主要是在语言实际运用上。不同的学习内容方法，其特点也不同，对于学习的主体，学生的状况也不同，教师要结合学生及其自身特点，改善课堂的教学情况，激发学生的兴趣，用兴趣引导学生学习，从而激发学生的学习热情。② 语言内容的使用要具有灵活性。语言的本质是交际工具。英语作为运用广泛的语言，要达到生活化，需要在日常生活中多用英语表达，英语作为活的语言，教师可以在课堂上用英语授课，以此达到灵活运用的目的。

第三，阶段性原则。阶段性原则要求英语有效教学内容组织工作既要重视全过程的管理，又要做好分阶段的管理，明确全过程的管理目标，加强对全过程的管理工作，以推动各个阶段工作朝着整理的目标前进。各个阶段的工作做好了，才能使整体目标的实施得到保证。过程由阶段组成，因而贯彻阶段性意义对于教学内容的组织意义重大。

---

① 韩宪武．新时期高校高专英语有效教学策略初探［J］．湖北科技学院学报，2013，33（3）：102．

第四，层进性原则。英语有效教学内容组织需要具有层进性原则，在设计教学活动时必须依据合理的、循序渐进的过程，切忌一次性推进，要有过程。过程是从感性到理性，从认知到思考，从思考到质疑，再从质疑到探索发现。只有将这一观点作为基础性原则，才能制订有效的教学方案。在教学过程中，教师也要遵循层进性原则，将学生已有的知识和生活经验，与学生自身所学的内容相联系，并构建框架：首先，教师应该做到使每一个教学环节都循序渐进，不仅要承担这一环节的教学责任，还要准备下一环节的衔接，从而起到承上启下的过渡作用；其次，思考和策划每一个环节，明确目标，才能更好地向目标迈进。

总而言之，上述原则以知识的纵向延伸、横向整合和逻辑顺序以及学生的发展顺序为出发点，是教学内容组织可以信赖和依靠的基本原则，它可以适用于所有学科教学内容的组织，因此，英语专业课程的有效教学内容的组织，也应按照以上四大基本原则来进行组织。

四、英语专业课程中知识与文化有效教学

（一）英语专业课程中基础知识的有效教学

1. 英语词汇的有效教学

英语教师进行词汇教学时的有效方法可以包括以下方面：

（1）利用语料库开展词汇教学。

第一，使学生在语境中掌握词汇的具体用法。与语境相关的实例在英语语料库中有很多。在具体语境中进行英语词汇的学习会使学生的词汇学习更加简单、容易。学生通过在语料库的语境相关学习中，可以了解到词汇的使用频率、使用方法，了解高频率词语的各种具体使用方法和语言现象，而且学生在具体语境中注意力也会更加容易集中，可以对相应的词汇运用规律进行归纳总结。例如，outline 这个单词的注释是“概要、轮廓、外形”，在实际应用中，教师可以在语料库中进行检索，找出其应用的几种使用方法和使用频率，或者让学生自行检索。通过检索，学生可以知道 outline 这个单词可以作动词，也可以做名词。在实际教学活动中，教师要先示范语料库的正确使用方法，让学生学会如何使用。通过语料库的使用，学生自主学习和动手能力得到了提升。

第二，对近义词以及同义词进行检索。通过在语料库检索同义词、近义词，可以帮助学生更好地理解同义词、近义词，然后总结出相应的规律

进行实际运用。例如，damage 和 destroy 这两个单词，都有摧毁、毁灭的意思，是一对近义词，为了方便理解，可以现在语料库中对 damage 和 destroy 进行检索，具体分析二者的使用方法，从而理解这两个单词的不同之处。同样的，也可以用语料库检测多个意思相近的词语。

第三，在检索过程中了解不同词汇搭配。词汇搭配的正确习得可以极大地提高学习者的语言水平，具体表现为输出更准确、更流利、更得体、更高效、更深刻。例如，trend 这个单词有趋势、倾向的意思，将这个单词在语料库中进行检索，可以发现与它有关的词语搭配，包括但不限于 development trend，trend up，short term trend 等短语，可以得知 trend 有多样的使用和搭配方法。通过语料库的使用，学生可以将学习中习得的词汇搭配与语料库中的词语搭配相比较，从而更新自己的英语学习认知，更好地进行词汇学习。

第四，进行词汇的复习与巩固。除了使学生在语境中掌握词汇具体用法、对近义词以及同义词进行检索、在检索过程中了解不同词汇搭配外，英语语料库在词汇教学中还可以对学生进行词汇的巩固。巩固的方式有很多，这里以练习为例说明。语料库中检索出的内容可以作为练习，练习题的方式多种多样，如判断题、选择题、填空题等。教师隐藏语料库中检索出的部分内容，让学生将正确答案填到隐藏的部分。语料库资源的丰富性使教师能够根据学生的学习阶段和学习情况进行习题的选择。

学生也可以自主地应用语料库对学习过的一些知识进行巩固，同时拓展已知词汇的课外内容。语料库内容的丰富性使学生可以根据自身的学习对性地练习针对性的练习。此外，由于语料库内词汇的应用范围远远大于教材，所以学生可以更好地理解词汇在实际中的使用。对于语料库的使用在促进学生英语水平提升的同时，有利于提升学生的信息技术素养，实现全面发展。

（2）讲授词汇记忆的不同方法。对于词汇的掌握和使用而言，词汇量的增长非常重要，词汇量的增长很大程度上是要靠记忆来实现的。记忆词汇的方法可以包括以下方面：

第一，按题材归类。英语交际中的话题很多，可以对某一话题的有关词汇进行归类，让学生形成系统的词汇学习方法，对某一题材的词汇有系统的认识和记忆，这样记忆更加系统、有效。

第二，归类记忆。按照词根、词缀归类。词汇的记忆异常枯燥，且没有捷径。通过一些方法可以有效提升记忆的效率，如通过词根、前缀和后缀的记忆来扩大词汇量，降低词汇记忆的枯燥感。

第三，联想记忆。联想记忆法是词汇学习中的一种重要方法，以某一词汇为中心，然后发散思维，联想出与这个词汇有关的词汇。联想记忆法不仅可以提升词汇量，还能提高记忆的效率，同时还可以培养发散思维的能力。

2. 英语语音的有效教学

（1）听音模仿方法。英语教学中，语音系统学习的主要方式是听和模仿，教师的发音是学生语音学习的重要标准，所以需要教师在规范自己的英语发音、提升能力。教师在进行语音教学时，让学生在听清、听懂的基础上观察教师的口型，模仿教师的发音口型和方法进行联系。此外，教师再对发音的要领进行讲解，促进学生更好地进行语音学习。例如，教师在英语口语教学时，向学生传递音标的知识，应使学生熟悉发音的器官，了解发音的方法和部位，让学生仔细观察教师规范的声音是怎样发音的，注意一些细节，如嘴唇的开合程度，最后让学生进行练习，掌握发声的正确方式。在学生掌握发音的方法后需要经过反复地练习来巩固，除了基础的发音练习外，高校英语教师可以制作国外原声的发音视频供学生进行听音练习，同时教师也可以根据学生实际演练中出现的发声问题进行指导。在听音模仿中，不只有单音模仿，重音模仿、语速模仿、情景模仿、情感模仿和节奏模仿同样重要。

（2）拼读训练英语。英语教学的拼读训练可以提升学生的发音认识和能力，要求学生掌握和读出单词中字母的发音。教师进行拼读教学时应该先易后难，先让学生从熟悉的内容开始学起，如元音字母、元音音素和单音节词；然后到双音节词、多音节词，在这里教师需要让学生注意重音的问题。经过长久的拼读训练后，学生才能够依据音标正确发音。

（3）对比训练方法。英语教师在进行英语语音教学时，可以采用对比训练的策略让学生对于语音学习有更好的理解。在学习英语时，汉语的语言习惯有时会运用到英语中，这是一种坏习惯，是一种负迁移。例如，有的学生有时会混淆汉语复韵母的发音和双元音，针对这种情况，英语教师需要向学生解释汉语复韵母的发音和双元音的概念、区别和联系，然后进行针对性的训练来养成良好的习惯。另外学生发音的训练也可以运用英语发音中的最小对立体。一般而言，把只有一个音位不同且意义有差异的单词叫作最小对立体。运用最小对立体的方法能够帮助学生牢记语音和语义，同时也有利益提升学生的听力和阅读能力。

3. 英语口语的有效教学

（1）注重网络测试与实施人机对话训练。在“互联网+”背景下，教师可以提供相应的技术让学生对自身的口语水平进行客观的评价，然后可以借助信息技术进行人机对话训练。现代信息技术的应用弥补了这一点。通过信息技术，教师可以让学生更多地练习课外的材料，展开自主学习。

（2）注重过程评价与教师科研相结合。在高校中，一些科研就是为了教学而服务的，科研的成功意味着教学效果的提升，为教学提供更好的指导，教学与科研息息相关。教师在教学中依据发现的问题、评价结果和工作日志来改进教学方法，教师的教学效果得到了改善，教师的科研能力得到了加强。

4. 英语听力的有效教学

（1）听英语通知。在公共场所人们能够听到很多的通知，通知在日常生活中扮演着重要的角色。在高校英语教学中，教师通过收集英语通知的教学资源，让学生体会实际生活中的英语应用，可以有效提升学生英语听力学习水平。在全球化的当今社会，学生有更多的机会出国留学，在机场等地区能够听到各种各样的英文通知，听懂英文通知是十分必要的。

（2）听英文影视作品。教师可以选取一些先进的影视作品作为听力教学的材料，尽量选用不包含中文字幕的影视作品，这样才能通过听觉的刺激和视觉的侧面影响，培养学生的听力能力。

5. 英语阅读的有效教学

教师可以通过信息技术建立网络阅读资源库和网络阅读平台，在网络阅读资源库中，教师不仅可以将阅读教学中的重难点上传，还可以上传一些课外阅读材料供学生阅读，提升阅读能力。教师通过信息技术建立的网络阅读平台可供学生在线参与其中，学生和学生之间可以交流经验，教师也参与其中，在学生遇到难点时提供指导。

为了提升学生的阅读兴趣，课外阅读材料的引进十分必要，同时还有利于学生掌握阅读方法和技巧。要想让学生真正地做到“愿意学，有所学”，教师需要为学生采取多样的方式创设灵活多变的内容，其中，吸引学生阅读兴趣的前提是阅读材料不能脱离学生所处的环境，而且要有相当的实用性。此外，校园价值和生活价值也需要在英语阅读教学中体现出来。教师可以通过在线学习平台培养学生素养，也可以在阅读材料中加入专业英语和学术英语来对英语阅读教学进行优化。

高校英语教师可以根据所教的专业从权威英文报刊摘取适合的文章，供学生阅读。英语阅读中的词汇非常重要，教师要让学生广泛阅读文献资料，以便他们能够认识和收集出现频率较多的学术词汇。教师可以向学生展示下定义、举例说明、描述、解释、对照等专业阅读中的主要语言功能来实现对教学素材的深度分析。进行阅读教学时的翻译层面的目标是使学生能够翻译学术文章的摘要，同时还要能够翻译与所学专业有关的短篇的学术报道和科普文章。进行阅读教学时的写作层面的目标是使学生有质疑读过文章中的一些作者的观点，同时初步具备撰写本专业相关的科普文章和学术报道的能力。

教师在设计阅读教学内容时，为了提升学生对于语言的兴趣度和敏感度，可以将一些时事、名人名言等融入教学视频之中。教师在设计在线作业时，应该加入一些多样化的作业方式，如闯关答题和字谜题。同时学生可以将自己阅读学习的视频录制好后上传到教学平台，供师生、生生之间互动。

6. 英语写作的有效教学

（1）延续性教学方法。延续性教学法将写作教学分为若干个阶段，这些阶段在写作教学中的功能和作用都是不一样的，但是具有完整的写作要素的文章在将这些阶段进行连接后就会形成，而且质量良好。延续性教学法有一个弊端，就是不适用于所有的写作教学内容，其中的重要原因是学生不可能将学习时间大量地投入到细节之中，而且学生的学习任务较重，但时间和精力都是有限的。教师在采用延续性教学法时需要注意这一点。

（2）平行写作教学方法。平行写作教学法适宜在学生还未进行写作时采取的写作教学方法，指的是教师针对某一主题、方向为学生提供一篇主题明确的范文。学生基于这篇范文来决定写作的方向，从而进行写作练习。平行写作教学法可以加快学生的写作速度，同时也可以保证学生写作方向的正确性。

（3）网络辅助写作教学方法。步入信息化时代后，计算机技术和信息技术在生活中的应用中越来越广泛，教育领域也不例外，这为网络辅助写作教学法提供了产生的基础，为解决写作教学中的一些问题给出了方案。网络教学相比传统教学不受时间和空间的限制，在网络的帮助下，学生和教师可以随心所欲地进行教学活动。

网络辅助写作教学法是从学生的角度出发，充分发挥学生的主观能动性，教师在网络辅助写作教学法需要扮演好指导者和监督者的角色。网络辅助写作教学法的具体步骤是教师先要为学生布置下写作学习的任务，学生需要主动地在网络上寻找资料、分析资料，将其应用在自身的学习中，化网络上的资料为己用。

（二）英语专业课程中文化的有效教学方法

英语专业课程中文化的有效教学方法，主要包括以下内容（图 1-2）：

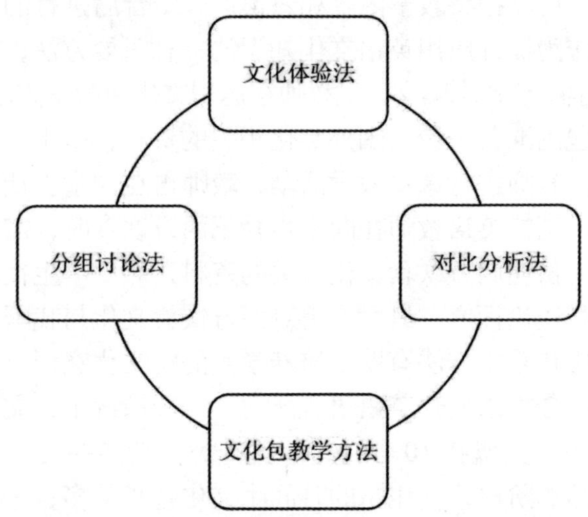

图 1-2　英语专业课程中文化的有效教学方法

1. 文化体验法

文化体验是培养学生跨文化意识见效最快的方式，文化是一个动态而又鲜活的现象，人们在漫长的历史进程中发展了不同民族的不同文化和历史。文化体验法包含四个步骤：参与、描述、解释和回应。在文化体验法教学中，学校和教师应该组织多样的语言实践活动，学生在参加语言实践活动后，在体验中更加全面、深入地了解英语文化。文化体验法的活动形式多种多样，如舞台剧等形式，这些能够调动学生感官的活动形式可以最大限度地隐去学生的注意力，使学生沉浸在文化教学中。另外，教师在文化教学中可以将英语文化进行整理，组织专门的课程来向学生展示英语文化背景、风俗习惯、历史等。

2. 对比分析法

对比分析法对于在文化教学中学生区分交际文化和知识文化因素有着重要的作用，同时可以加深学生对于本国文化的理解。例如，运用对比分析法分析英语与汉语效果极好，可以发现这两个不同干系的语言在各个方面都有着巨大的不同，如社会背景、文化发展和社会制度等。通过对比分析英语与汉语，能对比分析表层的语言结构形式的同时，对比语言内涵，这也就是对比分析法的教学效果。

3. 文化包教学方法

一般而言，可以把将教学内容和讨论形式结合后进行的教学叫作文化包教学方法。作为提升应用英语文化知识的一种重要方法，文化包教学方法同时有助于学生理解本国文化。教师在运用文化包教学方法进行教学时，通常要在文化包内准备一份与国外文化相关的资料，基于这份资料，学生进行自主学习，教师进行课堂教学活动，教师再在课堂上让同学们相互交流探究。例如，高校英语教师在向学生介绍西方饮食时，需要先为学生在文化包内准备一份与西方饮食文化有关的资料，然后学生在教师的引导下进行自主学习和谈论探究，最后小组对西方饮食文化与我国饮食文化做对比和分析。文化包教学方法有助于培养学生的跨文化意识，使学生通过认识、讨论、对比分析来提升英语语言能力。一般情况下，文化包占用的课堂教学时间较少，大概在 10 分钟，而具有类似功能的若干个文化包就可以上升到文化丛的阶段，文化丛的时间比文化包长的多，一般可以占一节课的时间，然后通过学生综合讨论来使学生内化文化丛的知识。

4. 分组讨论法

讨论法在文化教学中被普遍使用，是由于讨论法在教学活动中比较容易实施。在文化教学实践中采取讨论法，先要做的是分组，然后让小组内部进行讨论和探究，讨论和探究的内容可以是对教学内容的对比、分析等。经过讨论，小组的同学们可以更加深入地了解英语文化、感受英语文化。综合而言，讨论法可以使学生促进对知识的记忆，同时提高学生的学习兴趣。

五、信息化背景下英语有效教学实现策略

随着社会经济的发展，科学技术在教学中的应用越来越广泛，其中的网络技术和多媒体技术在高校英语教学中最为常见。充分运用现代信

息技术，可以使高校英语教学效果实现最大化，促进英语有效教学的实现。此外，在高校学生跨文化交际能力的培养过程当中，信息技术应用于教学是一种有效手段。信息化背景下高校英语有效教学的实现，可以从以下几方面着手。

（一）用信息技术建设立体教学资源库

在互联网十分发达的当今社会，对于英语专业课程教学而言，运用现代化信息技术建设立体教学资源库和教学平台非常重要。现阶段，高校教师备课的资源主要来源于教材、工具书、配套教参和网络上的资料等，可参考的内容有一定的局限性。在信息化的时代，未来的英语教学资源应该更多地运用其网络资源和网络平台基于现有的教学资源，运用现代信息技术促进教材结构向立体化、多媒化改进，构建立体的教学资源库、建设现代化的网络教学平台。建立现代化英语资源库、整合并利用多媒体资源是影响英语教学效果的关键因素。文化的介质多种多样，包括但不限于声音、语言和形象，在互联网上有大量的历史、文化、语言教学资源，随着互联网的发展，网络教学资源将会不断丰富，其与学生使用的教材相关联的网络链接资源的范围将日益扩大。对于跨文化交际能力的培养而言，高校英语教学中采用立体化、多媒化的教学资源库和网络教学平台大有裨益。

（二）用信息技术建构跨文化交际语境

学习者对于目的语文化的态度是二语习得的关键因素，态度的转化过程为接触、适应、接受和趋同。当前阶段的高校英语教学面临着全球化的背景和语境多元化的趋势，所以高校英语教学必须为学生创造相应的语境让学生进行联系，从而适应这种状态。在以往的高校英语教学中，语言教学多为指导和分析句子，而忽略实际语境中的应用，在今后的教学中，必须要强化高校学生在这方面的训练，使学生可以在广泛的语境中积累经验。在信息化的今天，网络环境为英语教学提供了更多、更丰富的教学资源，学生实际体会多元化语境的机会也增多。在高校英语教学中运用现代信息技术，为学生创设真实、自然、有趣的学习环境，让学生学习和领会非语言代码从而分析和对照非语言代码的文化差异。在高校英语教学中，利用现代化信息技术为学生建构跨文化交际语境，让学生增加跨文化交际的频率，弥补原来跨文化交际语境的缺失。另外，可以使用虚拟现实技术为学生创建仿真的交流情景，使学生体会跨文化交际语境，在立体化的文化输入、输出情境中提升跨文化交际能力。

（三）用信息技术丰富英语教学的方式

多媒体和网络正在对现有的教学方式方法进行改革，随着现代信息技术在教学中的不断应用，如移动电子设备的普及、智能计算机辅助语言学习、交际白板的使用等，人们对于教学中信息技术的应用越来越重视。在英语教学中的教育媒体多种多样，它们各自的功能是教学多样性实现的前提。

（1）现代信息技术在英语专业课程教学中的使用，有利于营造新型教学环境。利用现代信息技术营造的教学环境能够实现情境创设、启发思考、资源共享、信息获取、多重交互、协作学习和自主探究等多种功能。

（2）现代信息技术在英语专业课程教学中的使用，对于学生的语言和文化知识和语言运用能力的提升有非常大的帮助。信息技术采用的视听教学相结合的方法，是现代教学必不可少的教育手段。在互联网的背景下，通过信息技术寻找网络上的英语报刊等资源，让学生阅读这些资源来丰富文化知识、提高语言运用能力、培养良好阅读习惯和对文化的敏感能力。当下，视频线上会议随着社会需求的增加越来越普及，这也为学校展开师生、班级之间的线上交流提供了手段。

（3）现代信息技术在英语专业课程教学中的使用，有助于交际对话教学的实现。例如，信息技术在智能语言课程上的应用，对于二语习得过程中的对话框架的构建有很大的帮助。在信息技术中，网络上的博客、视频等使学生练习交际对话的方式，网络平台为学生提供互动的空间，微信使学生线上交流的渠道，模拟和智能计算机辅助语言学习工具提供了交际适应的环境，互联网上的模板为学生的自由产出提供了参照。

一些英语教师在教学中利用先进的电子设备，如摄像机、录像机、电视等为学生营造真实交际环境，促进学生了解跨文化语境，然后进行测试和评价并取得了比较好的效果。教师在高校英语课堂中运用微格教学法，采取分组的方式使学生完成教师布置的跨文化交际任务。学生在课上可以通过一些道具来进行真实跨文化交际语境的模拟，并可以用摄像机记录下来。教师将记录下来的交际画面展示给学生，让学生了解到自己和其他同学在跨文化交际中可能出现的问题并互相评价。基于观看的相关影视资料，学生在教师的指导下以小组为单位进行活动，学生在课外进行角色扮演来训练交际能力。利用现代信息技术进行英语教学，学生普遍可以提升语言、文化、交际知识，通过微格教学法和观看视频、录像，学生可以发现自身的优点和不足。

总而言之，将现代信息技术应用到英语专业课程教学营造出来的教学环境，有助于丰富英语教学的方式和内容，对于教学过程和教学结果有着强力的推动作用。

第三节　英语专业课程教学的不同维度

一、英语专业课程教学的生态维度

（一）英语专业课程教学的生态系统

英语专业课程教学的生态系统是一个完整系统，从属于教育生态系统，由一定教育环境的相关要素组成，这些要素可以分别归结为自然环境社会环境和规范环境。教育生态系统以人的活动为生态环境主体，按照人的理想建立一套相应的系统要素。教育生态系统特点包括：社会性，即受人类社会作用和影响；易变性，即不稳定性，容易受到各种环境因子影响，并随人类活动而发生变化，自我调节能力相对较弱；目的性，系统运行的目的除了维持自身平衡外，还需要满足人的需要。教育生态系统的运行，既遵循自然生态系统的某些规律，也遵循社会系统的某些规律。

"教育生态学是将生态系统内在机理映射到教育领域，并针对二者的相互作用和联系性开展深入研究的新兴学科。"[①] 从教育生态学而言，教育生态系统是由生态主体和生态环境构成的有机整体。教育的生态主体主要指学生和教师；教育的生态环境指对教育活动发生作用和影响的环境体系。

教育生态环境包括三个层次，实际上也是教育生态系统的三个层次：①围绕教育的综合自然环境、社会环境和规范环境所组成的单个或复合的系统，如整个教育工作教育事业；②以单个学校或某一教育层次的某一教学单位为中心，构成、反映其内部相互关系的系统；③围绕学生个体发展而形成的外部环境，即由自然、社会和精神因素组成的系统，如学校自然环境、教育政策、教学活动、教师学生生理心理条件等，高校英语教学生

① 魏丽珍，张兴国．高校英语教学的生态特性及教学定位探究 [J]. 环境工程，2022，40（2）：2.

态系统处于第三个层次。

1. 英语教学生态系统构成要素

英语教学生态系统是围绕高校英语教学活动而构建具有生态特性的教学系统，由教学主体（如学生、教师等）及其相应的教学环境组成。该系统有其特定结构，正是由该特定结构，决定高校英语教学生态系统的特定功能。教学环境是指影响高校英语教学活动的一切外界因素的总和，有自然环境、社会环境和规范环境之分。

自然环境是实施教学行为的基础，直接或间接作用于人的身心、认知及审美能力的发展。教学的自然环境更多地指教学的物理环境或称教学条件、教学资源等。高校英语教学的自然环境是社会环境的物质基础。

社会环境是人类生存及活动范围内的社会物质、精神条件的总和。社会环境在教育生态学中，主要指对教学活动产生作用和影响的各种社会条件，也指教学活动与其他社会组织发生的各种关系，包括从社会、政治、经济、文化到家庭的亲属关系、学校的师生关系、同学关系乃至学生个人的生活空间心理状态对教育的影响。教学规范环境是社会普遍的、符合教学群体需求期望的教学规范、教学态度和价值观，包括教育传统、教育政策、社会风气、文化传统、伦理道德、科学技术等环境因子，也是教学要求、评估标准、课程设置目标的教学理念、师生的认知观念。

英语教学环境既包括课堂教学环境，也包括学校环境与社会语言环境，但主要指课堂教学环境，还包括学生个体生理心理环境。应该特别注意的是，要重视高校英语教学生态系统内外环境的多维镶嵌性。总体而言，在高校英语教学的一个时空内，教学主体（如学生、教师等）和教学环境（非生物因素）共同构成一个互相影响、互相作用，具有物质、能量和信息传递功能的统一整体，以上是高校英语教学生态系统。作为一种独特的生态系统，高校英语教学生态系统同样表现出生态系统的若干基本特性。

2. 英语教学生态系统等级分类

（1）个体生态。英语教学生态关注教育过程中学生个体的存在状态和学生生命体的健康成长。在教学过程中，作为教学生态主体的学生，有着不同的生理特征、心理特征、成长背景，也有着不同的知识结构、语言观、价值观、人生观和世界观，本身就是一个相对独立的生态系统。周围环境（物理环境、社会环境和规范环境）对学生个体生态发挥的作用、产生的影响都不相同。个体生态的物理环境是学生所处的物理教学环境，主要指课堂环境和学习条件。个体生态的社会环境，更多地指学生个体与其他个体（学生和教师）之间的关系及其对学生个体的影响。无论是主动或是被动，生态个体总会与其他个体形成某种关系并相互影响、相互作用，而且生态个体往往会把其他个体作为自己的一个镜像。

生态个体的规范环境既有外在的教学规范，如教学要求、学习要求、评估标准等，又有内在的师生教学理念和语言认知观。现代教育强调个性化的教学，对高校英语教学的个体生态进行分析，有利于发掘不同学生的个体潜能，发展学生的个人才智。

（2）群体生态。生态学中的群体生态指一定栖息地范围内同种或异种生物群体所处的环境状况。在高校英语教学生态系统中，由不同的学生个体、教师个体组成为不同的教学群落，如一个教学班级，一个教学小组。教学群体可以有正式的和非正式的。正式的群体具有较强的稳定性，最典型的正式教学群体是英语教学班级；非正式群体的流动性较强，群体的组成往往出于兴趣、情感或是完成某一教学任务，如学习小组、任务小组、兴趣小组等自然或半自然的群聚体。

在生态教育学中，群体性质不同于生态学上的物种内和物种间的关系，是由于生态教育学的生态群体是由人组成，人除了自然性，更多的是社会性。因此，群体生态包括群体内人与人之间的关系以及心理效应。教育者和教育管理者通常运用心理学中的群体动力学原理研究人和群体的发展。

（3）系统生态。生态系统的生物成分有生产者（主要是绿色植物）、消费者（主要是动物和人）、分解者（主要是各种微生物）。生产者、消费者和分解者各司其职，保证生态系统内外物质流、能量流和信息流的顺利移动和交换，使系统处于动态平衡状态。高校英语生态教学系统中也有生产者、消费者和分解者之分，但是在划分时不同于生物生态系统中生物功能划分得绝对和明晰。

就高校而言，学校、教师等是物质、能量、信息的生产者，学生不仅是消费者又是分解者，学生通过消费、分解学校提供的资源，生成自身的知识、能力和素质，创造社会财富，也为高校提供生存、发展所需的物质能力和信息，由此形成动态平衡的生态循环。教师开发教学资源、传授知识、引导学生学习和思考，实际上是教学生态系统中的开发者；作为消费者的学生接受并内化从教学开发者获得的知识和技能，是对知能和信息的分解利用，学生也会发挥主观能动性，与教师共同开发教学资源，在这个层面，学生又成为教学生态系统的开发者；教师通过教学和科研活动，其教学、专业能力获得提升，教师又成为教学生态系统的消费者和分解者。

总而言之，在英语专业课程教学生态系统中，每个生物体的功能都是多元多维的，作为教学主体的学生和教师，通过履行职责，使物质流、智能流（信息流）和能量流在教学系统内外循环和转移，保证教学生态系统的有序运行。

3. 英语教学生态系统构建原则

英语教学作为一个生态系统，拥有系统所属的基本特征。按照生态系统的基本特性和教育教学的基本规律，要构建相对理想的英语专业课程教学生态系统，必须充分体现以下主要原则。

（1）整体性原则。英语教学系统是由教学主体（教师和学生等）、教学物理环境（自然环境）、社会环境、心理环境、规范环境（教学目标、教学策略和教学阶段等）等要素构成的统一有机整体。教师和学生脱离教学环境，便不再是严格意义上的教师和学生，而没有教师或是学生的教学，同样不再是教学活动。教学系统中的教学目标、教学策略也不是先于教学系统而存在，而是在教学系统不断优化和发展中逐步形成和完善。关注各个要素的同时要考虑系统整体的平衡性，而系统整体的稳定和发展也是各要素共同作用的结果。因此，在构建相对理想的高校英语教学生态系统时，必须把系统的整体性放在首要位置，并发挥其作用。如此强调整体性，关键在于要使组成系统的各种要素在有规则用的过程中整体发挥作用。

需要特别注意的是，在研究教学系统中各个要素时，既要将学生看成是整体系统中的一个重要部分，又要把学生看作是一个完整的生命有机体，尊重其认知、情感发展的规律，赋予学生完整的生命教育。英语教学策略与教学方法也有各自特点和规律，在尊重这些规律和特征的同时，需要考虑如何优化和加工，才能使其为英语教学系统的整体目标服务。

（2）相关性原则。高校内的教务部门、英语教学机构、学生班级、教务人员、教师、学生、校园环境、实验室、实践基地、教学制度、教学要求、教学模式、教学管理、教学方式等，都是紧密联系、相互依赖、相互作用，作为系统要素，表现为一种相互关联的共生态，各要素互为条件并相互影响，就是系统的相关性。

教师为学生的学习提供服务，学生又是教师存在的条件。同时，学生之间也存在共生性。不同教育群体处于同一个教育生态系统中，为全面发展而创造良好的校风、班风，彼此间相互学习相互鼓舞、相互提高，体现互助和互惠关系。因此，必须高度重视系统相关性的特质，正确处理各要素之间的关系，使之相互协作、相互支持、相互补充、相互理解，才能充分发挥各自的积极性、创造性，形成强大而健康的合力，使高校英语教学环境成为一个充满活力、生机勃勃、有序运行、高能高效的教学生态系统。

（3）有序性原则。构建相对理想的英语专业课程教学生态系统，遵循有序性原则显得尤为重要。在高校英语教学生态系统内部，各个子系统、各个要素均是层次等级结构，其形态特征是稳定有序的。但事实上，形态特征的稳定有序并不能说明实际运行一定稳定有序，这是在构建相对理想的高校英语教学生态系统时所关注的一个核心问题。需要特别指出的是，对高校英语教学活动总是希望其过程稳定有序，是完全正确的，但这种愿望和追求又不能过于绝对，因为波动和无序也是客观存在、不可避免的。

有序使人们便于驾驭局势，便于操控实际工作，实现既定目标，但这样的有序也会束缚和限制人们主动性、创造性的发挥；无序会干扰有组织、有计划、有目的的工作，但是会带来自由发挥和机动调整的新因素，带来可供选新机会，由此而纠正或者完善既定计划方案中实际存在的误差和不足。因而，有序和无序都是人们在工作中发挥主动性和创造性的必要条件，同时又互为限制因素，两者彼此适中才能构成系统的不断优化，这一点对于创建相对理想的大学英语教学生态系统格外有启示，因为要构建的系统是一个自由活跃、充满和谐和生机的系统。

（4）协变性原则。协变性是当系统出现变化，特别是出现无序时，通过系统内部的协同作用，使系统实现有序。实际上，高校英语教学过程是一个动态起伏的过程，有智慧、有经验的教师会把这种动态起伏把握得恰到好处，做到动静有度，起伏有序。在英语课堂上，教师、学生以及他们的心理情感总是相互作用、相互影响，一个因子的变化会导致另一个因子发生变化，这种变化作为系统要素因子可能是维护系统的有序性，也可能是影响系统的有效性。如果是后者，则要通过系统内的协同组织功能消除这种影响，使系统重现有序。

教师的教学理念将决定其选用的教学模式、教学方法和教学资料，不同的教学模式、方法和教材对学生的知识结构和认知能力将产生不同影响。学生也许一时不适应，但会努力作出心理调整，使知识结构和认知能力适应教师教学发生的变化。学生的认知结构和认知能力变化，又可以改变教师的教学理念，教师或将坚持其教学理念，又或将对已有的教学理念重新理解，甚至放弃。协同变化还表现在教师和学生间的情绪变化，学生的情绪会直接影响教师的情感，在积极的课堂情感环境下，学生的主动参与会提高教师的教学热情。

英语教学生态系统的可持续发展在于系统的生命力，即生命存在的能力和生命发展的能力。对于构建相对理想的高校英语教学生态系统并充分体现其可持续发展能力，主要依赖于：一是系统本身的科学性、合理性。换言之，该系统不完全是主观产物，而是客观需要的产物，它的存在、发展、运行是有规律的，是合乎历史逻辑和常理的；二是该系统运动的动力是源源不绝的，有持续不断的信息、物质、能量输入和输出，维持和更新系统本身的动态平衡和发展需要；三是系统运行的可靠性和可控性，即该系统是有序和无序的有机结合，是可靠的，也是可以驾驭和控制的，能够通过有效调节，维持其正常运行的状态；四是系统的各个子系统、各个要素的主动性和能动性，是积极的而不是消极的，是主动而不是被动的，是求新求异的，而不是守旧保守的，都有使系统更优的普遍心理追求和实际行动。

4. 英语教学生态系统构建规律

英语教学生态系统的运行有其自身特有规律，结合教育生态学比较有共识的基本规律用于高校英语生态系统中，主要包括以下几方面：

（1）平衡与失衡。自然界中的各种因子都是彼此间互相联系和制约，并由此构成统一体。因子之间的相互作用达到一个相对稳定的平衡状态就是生态平衡，可见该平衡状态是通过自然生态系统的自我调节而达成。生态平衡是动态平衡而不是静态平衡，是相对平衡而不是绝对平衡。当生态系统受到外部干扰超过生态系统自我调节能力的可控范围时，生态系统将无法维持相对稳定的平衡态，被称为生态失衡。一旦出现生态失衡，各种生态问题会陆续出现。在高校英语教学生态系统中，智能信息、物质在各个因子间转换和循环，各教学因子间的相互作用和制约，使教学生态系统处于相对稳定的状态，但是局部生态中教学失衡现象也会发生，需要通过外部干预或内部自调自控机制干预进行调节，使得教学生态系统达到新一轮的稳定平衡。

（2）迁移与潜移。生态系统的物质流、能量流和信息流的循环与交换，表现为宏观上的迁移和微观上的迁移。高校英语教学生态系统的物质流、能量流和信息流同样也表现出迁移和潜移特性。教师讲授课程、向学生演示语言技能，语言知识、信息流动有明确的流向和路径，这是知识、信息的转移（迁移）。知识和信息通过感官进入学生大脑后，学生的认知结构会发生变化，知识、信息被分解为数据，再由数据合成信息，建构成新的认知，这些新的认知将对学生的身心发展产生影响，特别是由于语言是文化和思维的主要承载，这些新的认知将促成学生或是认知的发展，或是情操的陶冶，又或是价值观、人生观和世界观的发展等，这是知识和信息的潜移。

（3）竞争与协同。同一生态环境中的不同物种之间存在竞争，从长远观点而言，物种间的相互竞争最终会导致协同进化。环境的不断变化给予生物个体进化的压力，而环境不仅包括非生物因素，也包括其他生物因素。在高校英语教学生态系统演化和发展过程中，学生之间的关系也有竞争与协同发展的关系。在教学生态环境中，协同发展表现得更为明显，但竞争关系也使学生学习更有动力。要实现协同发展，需要调整竞争与合作之间的关系。

5. 英语教学生态系统构建要求

英语教学生态模式是高校英语教学系统、高校英语教学政策系统和教师、学生心理情感系统以及高校所处自然环境、社会环境的复合体。构建相对理想的高校英语生态教学系统模式，最关键的是两个条件：① 组成该系统的各要素应比现有要素更优越、更强健；② 由这些要素所组系统结构比现有的系统结构更优越、更科学，才能保证系统更优越、更高效、更强劲，实现人们对高校英语生态教学模式所期望的功能效果。因此，构建相对理想的英语教学生态系统，至少有以下五个方面的基本要求：

（1）英语教学的生态系统必须是一个紧密联系系统。联系是事物本身的固有属性。系统是由一定数量并相互联系的要素组成，是事物普遍联系的一种状态。联系导致事物之间及事物内部各要素之间相互影响和相互作用。在相对理想的高校英语教学生态系统中，作为要素的高校各有关部门（尤其是教学管理部门）、各院系（尤其是承担高校英语教学任务的外国语学院）、各专业、各班级以及教师、学生、教学空间等，还有高校英语教学政策系统、教师学生情感系统及其各要素，均应是紧密结合、有机联系的。换言之，这些要素的存在和组合需要紧密联系，其组织、机制和秩序要便于系统有目的地运行。因为紧密联系才能构成系统的整体性，才有可能实现整体大于部分之和，这种紧密联系是各要素相互依存、相互制约、相互作用，是系统高效的反应。紧密、有机的联系也是系统的结构性和相关性的保证，而结构性和相关性又是决定系统整体功能的关键，结构越合理，相关度越大，整体内能越好，反之亦然。

（2）英语教学的生态系统必须是一个开放创新系统。开放系统是与周围环境和相关系统发生信息、物质、能量交换的系统，是一个活的系统。开放系统一旦切断与外界信息、物质能量的来源，便会影响系统的稳定有序。同时，系统的自组织能力能够在一定条件下应对和抗拒外部干扰，保证系统的稳定性。开放的系统一定要不断吸收外来事物，以维持和发展自身运动。构建相对理想的高校英语教学生态系统，必须是一个开放系统，也必须吸收外部信息、物质、能量，保证自身运行。教育的开放与交流是人类文明进步的表现，创新是事物发展的不竭源泉，也是系统不断进步、不断优化并朝着最优状态接近的强大动力，对于相对理想的高校英语教学生态系统建设尤其重要。因此，相对理想的高校英语教学生态系统必须是一个改革创新的系统，是一个兼收并蓄、对外开放的系统，以保证系统的可持续发展。

（3）英语教学的生态系统必须是一个稳定有序系统。系统具有严密的结构和稳定等级层次，以体现系统的组织化及各要素之间不可分离的相关性，也是系统运行稳定有序的基础和前提。相对理想的高校英语教学生态系统则，是一个稳定、按规则运行、易于调控的高效高能系统，必须限制、消除无序，保证和扩大有序，也要正确处理有序和无序的辩证关系。高校的高校英语生态教学系统，其结构关系、等级层次、运行秩序都应是严密的、明确的，校级的教学行政管理部门及各相关部门的职责、任务、工作方式与内容，院系及外国语学院的职责、任务、工作方式内容，教师、学生的任务和教学方式、学习方式内容，都要明文提出要求，并要有严格的执行和检查督导机制，才能够及时消除工作中的无序和干扰，保证整个教学活动稳定有序地进行。

（4）英语教学的生态系统必须是一个自调自控系统。为了保持和发展系统的稳定、有序和高效，相对理想的高校英语教学生态系统必须具有自我调节、自我控制、自我纠错的机制和功能。对此，要求系统的自组织能力、环境适应能力、协同调处能力、信息反馈能力强。最关键的是系统不仅能够很快发现外界干扰，而且能够很快发现自身运行中出现的问题，既可以及时对抗干扰，又可以及时自我纠错，使系统按照既定目标继续有序运行。相对理想的高校英语教学生态系统，应该展现自调自控的能力。高校的英语教学是一个庞大复杂的系统，系统本身和系统运行受到外界干扰是不可避免的，随时都有可能发生，但出现这些问题的系统，首先要有自己解决问题的能力。

（5）英语教学的生态系统必须是一个充满活力的系统。活力是旺盛的生命力，行动、思想和表达上的生动性以及积极的情绪和心境状态。活力包括三个方面，即体力、情绪能量、认知灵敏性。把“活力”的概念移植到高校英语教学生态系统中并作为一个特定功能，要求相对理想的高校英语教学生态系统具有旺盛的生命力，充满无限生机。具体而言，该系统中的人（管理人员、教师、学生）身体健康，精力充沛，饮食、睡眠良好，业余活动积极向上，思维敏捷、工作和学习效率高，充满自信，追求卓越，动机强烈。

英语教学生态系统的管理人员应该恪尽职守，既坚持原则，以人为本，实行人性化管理；教师不断改进教学方法，因材施教，倾听学生意见，课堂生动活泼，既教书又教人；学生学习积极主动，能够把握情感情绪，以饱满的热情上课听课，并热衷师生互动。该系统所遵照执行的各项政策、规定制度，其指导思想正确，内容切合实际，既能规范各项教学活动，又能体现民主管理，调动师生员工的积极性和创造性。

（二）英语生态课堂教学的构建路径

1. 教师教学构建

教师是教学活动的力量源泉，是教学实践的中心，是教学活动的设计者、领导者、组织者，也是教学的执行者。教学，是一种让同学认识其他事物的活动，学生作为活动参与者，教学内容作为活动中的认识对象，教师作为桥梁和媒介，将两者串联在一起。在教学过程中，特别是有着生态化语言的环境下，教师不仅要善于引导学生在学习中找到适合自己的学习方式，使之合理运用并获得新的知识，用所学解决遇到的问题，还要深化生态化语言学习，让学生真正获得实际效用。

学生作为活动的参与者，应该知道如何学会学习，而教师要做的，不仅是引导他们的学习方法和思维转向，还要引导他们形成正确且良好的人生观和价值观，更要对学生在语言学习上进行启迪、激励和引导。在学生自主学习方面，教师应该学会引导学生提出问题并能够自己解决问题、自主选择适合的学习方式、自主选择学习目标、自己能够控制和调节学习进程。总而言之，教师在英语生态教学模式中作为有机组成部分之一，有着重要作用。为了实现生态化英语语言教学模式转向，教师需要让自身语言知识文化观、教学角色意识和教学方式发生根本性转变。

（1）转变教师教学的角色意识。高校英语教学发展至今，已经不只是要达到单一地对英语基础理论知识传递的要求，还增加了英语交际能力与实践能力、语言掌握能力等，对英语教师提出了更高要求。教师要转变自己的教育理念，从传统英语基础理论知识的教学逐步转变成多方面的英语教学。为此，教师要从教学实践前期开始改变，要对学生进行分析，根据学生的个性化特点，制定教学目标、确定学习方法，从而适应各个阶段、各个层次的学生教学。另外，教师要在原有传统教学手段基础上，增加新的教学手段，引入多媒体以及网络教学资源，丰富教学内容、提高教学效果。教师要改变原有的单一内容型教学传递方式，改变原有仅重视理论知识传递的教学方式，应在教学过程中引导学生学会自主学习，调动学生学习的积极性，从而达到更好的教学效果。

在新的教学模式中，要以学生为中心，教师作为教学实践的实施者，要逐步改变原有知识传递者的角色。在新型的教育体系中，教师的作用侧重于引导学生进行自主学习。在学生自主学习过程中，教师又扮演着观察者的角色，观察学生在自主学习过程中遇到的问题与解决问题的方法，并且在观察过程中提出问题，协助学生利用自身能力，寻找问题的解决方法，这个过程对教师观察问题的能力有着很高要求。新型的教学实践对于教师的组织教学能力也有很高要求，因为教学实践已经不仅局限于课堂上的讲解以及课下考核，而是要在课堂实践过程中组织活动，让学生在活动实践中进行学习，这些都是教师角色的转变。

（2）提升教师语言知识文化观。语言学和语言哲学中的一个主要命题是语言知识文化观，因为决定是否能够形成正确的英语教学观。语言观是人们如何看待语言本质，一般而言，教师的语言观对英语教学影响包括：在教学过程中，如设计教学大纲、回应学生在学习中的反馈、组织课堂教学等方面遇到很多问题，而这些都会受教师在英语课堂教学过程及组织的影响。当然，在英语教学过程中，并不是所有的教师都会直接运用语言学知识，而且教师如果只是掌握其中一点语言学知识，并不能解决所有问题。相互联系但是意义不同的参照构架之间的相互作用，才会产生有效解决语言教学问题的方法。

受到教学语言观影响，教师会在教学内容上选择广泛的知识范围，而语言知识选取则会被教师的语言观所影响。英语教师对所教语言性质的认识，也会受到教师语言观中语言学对于语言描写的影响。语言学家从不同的角度，对语言有着不同的理解和描述，工具论的内容指语言只是一种交流手段，作为人类在社会交往时的一种必要手段和人类生存与发展的必要工具，也就是用于交流、表达思想、讨论工作。文化论认为，实际上人类赖以生存和发展的基础是文化，每一个人都是在一定文化气息中长大和生活，而语言则是社会文化大系统的主要构成要素之一。

（3）多元化的语言教学方式。随着社会发展和教学体系的改革，教师在语言教学方式上也要进行丰富，即从最开始完全讲授与接收的课堂教学方法，逐步转变为课本剧表演、课堂讨论等新型的教学方法。此外，教师还可以设计更多的教育教学方法。教师在制定教学方法时，要以能够促进学生发现并掌握新的知识为原则。教师在教学方式设计上要有创新，只有新型的教学模式，才能激发学生自主学习兴趣。兴趣是最好的教师，学生对课程有兴趣，易于取得更好的学习效果。

2. 学生主体构建

（1）提升语言学习时空流变性。时空流变性的建设基于时空的三维性。空间有三个维度，即长、宽、高，同样，时间也有三个维度，即现在、过去和未来，时间的三个维度与空间一样，都需要引起足够重视。从人文角度和心理视角可以观察和体验到现在、过去和未来，也能够确认三者之间的区别与联系。离开时间的三个维度，则谈不上时间流程和时间观念。

语言学习也是一种学习模式的延续，在学习第二语言时不可避免地会受先前母语学习影响。第二语言的学习遵循母语学习规律，并且母语学习的思维将影响第二语言学习思维，表明语言学习也具有时空思维。与英语的生态教学模式理论相吻合。因此，语言学习分维模式是先有各种规模水平的现象和事件的复制与投射，语言学习在空间上也表现出其流变性。

空间流变性是语言的学习会受身边文化变化影响，这个过程会对学习母语过程中养成的习惯与经验进行改变，甚至是重塑。语言学习受时间以及空间的影响，是两者综合作用的结果。

（2）增强语言学习历程影响力。英语教育在进行改革后，将英语课程的启蒙年级降低，在低年级阶段引入英语教学，并且在课堂教学结束后引入评价过程。在每一个阶段学习后，教师都给予学生一个评价，让学生能够通过评价了解自己对于语言的掌握程度，增强学习语言的信心，从而培养学习语言的兴趣，逐步达到自主学习。在评价体系设置上，不能仅依据考核结果，因为会培养出一批应试教育的学生，不利于他们将来语言交际的实践。

评价体系分为两个方面：① 过程评价，即对于学生学习英语的过程进行评价、对学习的态度等进行评价；② 结果评价，即在每一个学习阶段结束后，对学生的掌握情况进行结果评价。在这样的教育体制下，教师需要进行自我提升。教师要利用自己的教学能力，为学生提供更多的教学资源和更为丰富的教学方式。如今，互联网技术如此发达，教师应该引入互联网教学资源、视频教学资源等，让学生在模拟实践过程中获得更好的学习效果，甚至让学生参与视频教学资源的制作过程，可以充分调动学生的积极性，更好地提高学生的英语使用能力。

3. 英语语言构建

（1）英语与汉语的对比。

第一，汉语句子重心在后面，英语句子重心在前面。从语言的逻辑角度而言，汉语的表达方式通常将重心放在句子后面，例如，先说事实再说结论，先说原因再说结果或者先说假设再说推论。但是英语则不同，句子的重心一般是在前面，先说结论或者判断，然后再进行说明。以汉语为母语的学生在做听力练习时，依照汉语习惯，不重视句子的开头而听句尾，所以容易错过英语句子的重点所在，抓不住听力内容重心。

第二，汉语习惯于补充说明，英语倾向于使用省略表达。以英语为母语的人，相比于使用汉语的人群，更经常性地省略部分说话内容。英语中，省略方式更加多样，比较常见的有省略句中表暗指的动词或者名词，除此之外，还有句法省略和情景省略等。例如，当多个句子是并列关系时，英语表达中会习惯性地省略听者明确其所指的内容或者在前面句子中已经出现过的内容。但是在汉语中，通常会习惯于将这些词重复一遍，以起到强调或者补充说明作用，这种对于内容的补充或者省略，是学生进行汉英互译工作的一个难点。

第三，汉语一般都使用主动句，英语更多地使用被动表达。英语中，尤其是科技英语中，会经常性地使用被动句式。尽管汉语中也有被动句，通常也有明显表示被动的词汇，但是相比于英语，汉语的被动句较少，而且汉语中的被动句还带有贬义。因此，在英语学习中，应习惯性地把英语中的被动理解为汉语中的主动表达。

第四，汉语更倾向于使用短句，英语习惯于使用长句。汉语具有很强的穿透力和延伸力，有时通过几个字词能够直接表达出整句意思或者通过短句表达出超过句子范围内的意蕴。英语中，经常会出现很长的句子，其中包含多层意思和复杂的句法结构。习惯于汉语语句短小精悍的人们，在阅读英文文献时，遇到最大的困难在于对长句的理解。理解长句往往需要进行语法分析，正因为它的复杂性，英语长句的翻译经常出现在英译汉的考试中。

第五，汉语使用分句频率较高，英语则常用从句。汉语表达中，句式较为松散，短句形式十分常见，也习惯于通过语词的意义传达句意。但在英语中，则经常使用包含大量修饰语的长句，或者用引导词在主句之外连接从句，使句子较为复杂，难以理解。在理解这样的长句时，需要对复杂的句子结构进行梳理，通常可以使用语法分析法进行解决。

第六，汉语倾向于使用名词，英语则使用代词。在汉语中，名词具有重要地位，松散的句式和短小的句型使名词的理解在句意理解中占据首要地位，但是在英语中，由于长句更为常见，且句法结构对句意理解起到决定性作用，代词则变得十分重要。

第七，汉语表达较为具体直观，英语则抽象生涩。英语经常使用抽象的表达方式，而汉语则偏爱具体的意象。尽管汉语的表达极为形象直观，但是在表面意义背后可以拥有更深的意蕴，给人留下想象空间，但在意义表达上又是含蓄的。

（2）语言知识与技能的融合。语言能力由语言机能和语言知识共同构成，两者相互促进，也相互影响。语言学习不仅是为了语言知识内容的获得，也是为了发展包括听、说、读、写、译在内的语言技能。能够理解和运用语言知识，对于培养语言技能具有重要意义。但只学习语言知识是不够的，在英语教学中，在知识传授之外，还要将知识运用到语言实践中，将听、说、读、写、译等实际语言能力的训练和语言知识的学习结合起来。

在学习语言知识时，要具有在语言实践中运用知识的意识而不是仅将知识作为头脑中的储备；在语言实践中，又要将实践作为巩固知识的手段。只有使语言机能和语言知识相互促进，才能让语言教学取得更好的效果。

4. 教学环境构建

语言环境对语言学习有着非常重要的作用，人所处的语言学习环境中各种要素综合产生的作用，最终决定一个人的语言能力。当一个人所处的语言学习环境利于学习时，能够调动学习者学习语言的积极性，使其产生原动力，推动自己积极主动地学习语言。学习语言的环境对于语言学习起到至关重要的作用，语言环境是语言学习者的摇篮。

阅读、写作、听力、口语学习对语言环境的要求不同。我国学生一直是在母语环境中学习英语，英语和其他学科一样，也被视作一门普通课程，因此，学生在英语听力和口语训练上投入的时间，并未达到学习英语最低的时间标准，而培养阅读能力的语言环境相对简单。所以，在汉语环境中学习英语时，阅读能力的培养则成为比较容易的方面。阅读能力是基础性的能力，决定对语言知识的掌握程度，对信息的获取程度，也决定着学生的听力、口语、写作、翻译能力。在高校英语教学中，要始终贯穿提高学生阅读能力训练，因为学生走上工作岗位后，阅读能力对其十分重要，而且现阶段，大部分学校的教学模式更利于培养学生的英语阅读能力。

（1）英语教学与生态课堂的联系。课堂和英语教学有着密不可分的联系，对学英语的人的学习效果和人才培养模式有很大影响。对很多学生而言，几乎是在英语课堂上完成学习英语的过程，课堂的学习氛围会对英语教学质量产生极大影响。英语教学要尽可能地多运用英语，再加上母语辅助，在学英语时要有用英语的教学思想，要将课堂环境变成良好的语言教学环境。在英语课堂教学时，课堂氛围可以提高学生的学习积极性，让学生对英语产生兴趣，帮助学生很好地利用课堂生态环境，培养用英语交流的习惯，让学生在课堂教学时一直处于活跃的状态。

教师应尽可能地运用英语来教英语的优点是将英语作为交流的介质，这样可以将学习主体（学生）、学习客体（英语）两个要素连接成一个整体。因为英语教学的目的和中间介质是英语，无论是学生还是教师，他们在课堂上都运用英语，为英语输出提供环境。学生在学习英语的同时，也在运用英语，可以把英语教学形式和内容很好地结合在一起，从而提高英语教学效果。“使用语言学习语言”是交际教学法倡导的理念，是在沟通时通过刺激语言系统本身和激活固有语言信息自身的发展而得到语言。

（2）英语教学语言生态环境的构建。英语教学需要建立一个和谐的生态语言学环境，需要激励学习者在现实和自然语言学习环境下，尽可能地运用现代化的学习条件和信息，不断提升语言使用能力，把社会文化和语言结合在一起。

第一，收看英文电视节目或原版影片。语言承载着文化，学习者在看英文原版电视剧时，除了能够学习英语和练习听力外，还能够了解文化和语言之间的相互关系。在观看过程中，除了留意节目中的日常生活用语，还能了解英语文化。所以，看原版影片是一个提高英语应用能力、丰富英语文化知识的有效途径。经常看英文原版影片，还可以提升学生听力，因为在观看电影或者电视剧时，有相关画面帮助听力理解。听音的过程也是一个繁杂的学习过程，学习者不仅要注意节目中的语音，还要记忆和学习听力材料中的新知识，要正确区分日常口语、正式口语和书面语言的表示方法。

第二，阅读英语原版书刊。阅读英文书籍不仅能够增加读者的语言知识，还可以让学习者了解英语文化、开阔视野。因此，阅读原版英语书籍和英文读物，能够使阅读者感受英语语言的节奏感，通过其他人的遣词造句，提升自己的整体英语水平。

第三，利用网络，畅游英语世界。英语学习者要运用互联网和计算机媒体学习英语。随着网络的飞速发展，学习者通过互联网除了能够找到不同国家科技、经济、文化等方面的英文信息资料以外，还可以听到各种英文演讲。互联网上的音效、文字、图片效果，可以让学习者产生学习兴趣，让学英语变得有乐趣。

学习者是英语生态教学模式中的中心，除此之外，还与英语教师、英语语言及英语学习的整个环境有关，他们具有相辅相成的作用。提高大学英语课堂教学的质量，“优化大学英语教学的情感环境、社会环境、评价体系及网络环境，创建一个动态、和谐、平衡的大学英语教学环境”[①]。在学习中，教师的教学方法与整体教学效果有很大关系，学生对语言的学习与教师的教学具有相互推动关系；在教师教学过程中，教师能够学到从未学过的知识。在整个英语学习过程中，学习者的学习状态与学习环境有很大关系，如果学习环境和学习氛围好，学习者能够从中获得更多知识。学习者与英语语言经常被人们看成是相互对应的关系，但实际上却是英语生态教学模式的主要组成成分。在学习者学习英语语言的过程中，英语语言对学习者又具有极大的影响力。

英语教师和英语语言联系的重点，是英语教师把握好英语语言的同时，英语语言存在的意义又会影响英语教师对教学方式与教学内容的确定。在当今的英语教学模式中，良好的学习环境和学习氛围，可以为学习者提供一种学习动力，让学生能够更好地融入学习氛围中，进而提高他们的学习效率。

---

① 郭坤，田成泉．高校英语生态教学环境的优化［J］．教育理论与实践，2016，36（24）：56.

二、英语专业课程教学的文化维度

（一）英语教学文化维度的内容

第一，文化因素。在跨文化交流中，正常会话往往会受到诸多文化因素的影响，社会准则占据着重要地位，在日常生活中运用语时，往往需要遵守各种风俗习惯及规则。社会价值观念、个体人生观价值观和社会道德等均属于文化因素范畴。

第二，文化知识。为提高学生对英语文化的认识水平，教师应重视扩大文化知识范围，从多个层次和角度出发，对英语国家的经济、历史、艺术等文化背景加以介绍。英语文化教学应重视教学内容的丰富和扩展，给予学生以引导和帮助，这样才能有助于学生国际化视野的形成。

第三，词语文化内涵。在高校英语文化教学中，学生对很多词汇比较熟悉，但学生并未真正把握词汇的含义，这就导致学生的英语水平难以得到显著提升。从高校英语文化教学实际出发，教师应保持讲授的英汉词与词组的对应性，重视不同文化内涵，使学生掌握成语、格言等的文化内容，深入领会词语文化内涵，为英语文化教学的推进奠定坚实基础。

第四，词语和语篇的文化差异。词语和语篇的文化差异主要包含三种类型：① 话题选择。应坚持安全性原则，如英语教材中多见有关城市和天气状况等的词语，应尽可能避免隐私话题和敏感话题。② 语法选择。围绕某一话题，应确保语言和方言使用的恰当性。③ 话语组织。一般而言，英语语篇中的主体是直线型的，通常在段首出现主题句，之后通过平铺直叙的形式来展现文章，运用分论点逐步发展文本中心思想；而汉语语篇则不同，倾向于螺旋形主体，体现出整体性思维，其特点为委婉、含蓄和迂回。

（二）英语文化维度教学的策略

1. 注重学生主体地位，形成正确文化价值

在全面素质教育大环境下推进高校英语教学中的文化教学，需要充分尊重学生的主体地位，调动学生的主观能动性，保证英语文化教学的层次化，激发学生的英语学习兴趣，增进师生之间的沟通，促进学生英语文化知识学习效率的提升。为促进学生正确文化价值观念的树立，在高校英语文化教学过程中，教师应重视学生文化认同感的培养，确保学生文化人格得以成熟化建立，对中西方文化形成正确认识。英语学习是一个循序渐进的过程，需要在深化学生对英语文化了解的基础上，加强

学生对中国文化的学习，促进学生跨文化意识的养成，为本土文化修养的增强奠定坚实基础。

在高校英语文化教学中，应坚持平等、尊重和理解的原则，实现兼收并蓄，凸显教学特色，以中国文化为出发点开展语言沟通，在面对其他文化时应当保持开放和包容的心态。高校英语文化教学活动的开展，需要将素质教育特色充分展现出来，激发学生的民族自信，中西方文化均衡学习，确保学生英语运用能力的强化，提高中国文化表达的精准度，这就能够为学生英语学科综合素养的强化奠定坚实的基础。

2. 建构英语文化情境，促进多元文化融合

高校英语文化教学活动的开展，应立足实际，对英语文化教学氛围进行创设，确保与教学内容相符合，给予学生以引导，在情境下开展高效的学习活动，促进师生之间深度沟通。在情境的推动下，学生发现问题并探寻恰当的解决方式，英语文化教学质量与效果均可得到显著提升。

为促进高校英语文化教学目标的实现，需要制订合理的教学大纲，保证文化教学的常态化。换言之，明确常规英语教学内容，将文化教学渗透其中，明确教学目标、深度、结构及方法等，凸显文化教学的重要性，在日常英语学习中渗透英语文化，在潜移默化中培养学生的文化意识，把握不同民族的文化差异并给予充分尊重。

3. 创新文化教学方法，提升文化教学水平

在高校英语教学过程中，文化教学的推进必须要以先进的教学手段为支持，大力提升教师的文化教学水平，在文本翻译方面对英语语法加以熟练运用，并创新文化讲解手段，打造生动有趣的英语文化课堂，对学生的英语文化学习兴趣和积极性加以充分调动，通过环环相扣的英语课堂来激发学生学习的主观能动性，巩固学习效果，为学生英语综合能力发展奠定基础。

为确保高校英语教师的文化教学水平得到显著提升，应提高教师自身文化修养，确保文化立场公正且客观，重视多元文化情境的创设，保证其价值性，尊重学生主体地位，对学生文化包容与解释能力进行有效培养。教师必须具备强烈的跨文化意识，发挥自身主动性，参与到教学研究工作中，对案例进行分析，以切实提升自身文化教学能力，保证教学方法的丰富化，高校英语文化教学质量与效率均可得到显著提升。

总而言之，为促进复合型人才的培养，在高校英语教学过程中应重视

文化教学的推进，引导学生树立正确的文化价值观，强化学生的英语综合应用能力。为促进高校英语教学目标的实现，在英语文化教学过程中可从教材中挖掘文化素材，创新教学手段，组织开展丰富多彩的文化活动，培养学生的文化素养，切实提升英语文化教学质量，从而为社会培养优质英语人才。

第四节　英语专业教学的职业素养提升

在高等教育发展的新形势下，提升英语专业教学的职业素养势在必行，教师是教育的根本，教师的职业素养对于教育高质量发展至关重要，而教师职业素养的培养和提升是一个漫长的过程。

一、英语专业教学的职业素养构成要素

教师素养是教师旨在养成胜任教师职业所需的各种素质而进行的自觉、持续的修习涵养过程及其综合发展水平。在全球化大背景下，英语教师必须要把对教育的研究作为最重要的工作，并站在专业角度去思考，不断提升自身的职业素养。高校英语教师职业素养是英语教学改革发展的重要支撑，不断提升高校英语教师职业素养已经成为我国高校英语教学改革的重要方面。要想有效地对英语教师的职业素养进行培养和提升，先需要明确英语专业教学的职业素养构成要素，即师德素养、信息素养、知识素养和心理素养。

第一，师德素养。教师的职业具有示范性、公众性、教育性，因此教师应该具备更高的职业道德修养，高校教师的道德品质和人格对于即将踏入社会的大学生有着重要的影响。英语教师须严格遵守职业道德，形成良好的师德师风，为即将踏入社会的大学生做好榜样。当前，在我国众多高校，师德师风建设已逐渐成为师资队伍建设的一项重要内容。教师的师德和品质不仅能够影响到教师的教学工作，而且还能够影响部分大学生的学习成绩。

第二，信息素养。信息素养是人们有效地利用信息工具和信息资源获取信息、加工信息以及利用信息的能力，这是人在信息化时代重要的生存能力，也是终身学习的能力。在信息化时代的大环境下，许多高校的英语教学过程中运用了多媒体计算机和网络技术等信息技术，部分高校英语教

师利用信息技术获取教学资源和解决教学难题。开展网络教学、利用网络媒介进行交流和分享等，已成为当今教师常常采用的手段。高校英语教师要想获得较高的信息素养，可利用网络上丰富的资源，对信息技术进行学习，并且在实际的英语教学环节尝试运用学到信息技术开展教学活动，通过新方式来满足大学生获取大量新知识的需求。同时，高校英语教师还可以参加学校以及相关部门开设的有关信息素养的学习课程，深入了解信息技术及其未来发展趋势，通过培训和学习掌握前沿的信息技术操作技能，以提高自身运用信息技术教学的能力和数据分析能力。

第三，知识素养。英语教师需要具备过硬的专业知识，必须要对英语的语音、语法、词汇掌握熟练，具备综合的听说读写能力。同时，由于网络的发达，学生获取信息的能力有所增强，部分学生不再满足于课堂所学。面对这类学生，高校英语教师必须要有充足的知识储备，才能不断满足学生对多样化信息的需求。因此高校英语教师除掌握本学科专业知识之外，还应掌握与教育教学有关的知识。

第四，心理素养。只有健康的教师，才能有健康的学生和学校教育，英语老师要具备过硬的心理素养，具有开朗的性格和坦诚平和的态度，通过各种方法化解自身的心理压力，不将负面情绪带入课堂，永远保持坚定的信念和强大的心理来面对学生，将爱带入课堂、将爱带给学生，以较好的心理素养来影响学生，进而达到提高学生心理素养的效果。

二、英语专业教学的职业素养提升路径

（一）树立终身学习意识，提升专业素养

终身学习是每个人需要树立的意识，尤其是高校教师。近年来，终身学习的意识逐渐树立，学习型社会和组织越来越多。一方面，英语教师可以积极参加各种形式的学历进修和培训活动，通过集体学习或者培训来提高自身专业素养；另一方面，可以通过多种途径自主学习，这也是英语教师提升自身素养的有效途径。现在网络比较发达，书籍也很多，教师要想提高自身专业素养，可以通过网络课程或者购买书籍学习，学习方式多样化，便于教师随时随地学习。

（二）提升信息技术运用能力，培养信息素养

英语教师作为信息化教学的主要参与者和践行者，其信息技术运用能力和信息素养，是推动教育信息化建设的关键动力。随着高校智慧校园建

设的推进，高校网络教育资源和环境有了巨大改变，信息技术和多媒体技术在校园内的应用也越来越广泛，新技术、新环境、新理念正在逐渐进入大学校园。高校英语教师可以利用网络资源和书籍资源学习信息技术操作技能，并且不断运用到教学中。通过改变教学方式和教学理念逐渐探索现代信息技术与教育教学的深度融合，高校英语教师可以通过多种方式不断提升自身的信息技术运用水平和信息素养。教师应主动转变自身角色，实现从教育者转向信息化时代的学习者。

（三）增强教师科研意识，提升教学能力

教育科研是连接教育理论与教育实践的桥梁，英语教师参加教育科研是自身实现理念与实践相结合的最佳形式，因为教育科研是以教育理论为指导的，总结了教育教学实践中的问题。教师在参加教育科研过程中，一方面要学习研究相关理论，努力为实践寻找理论依据；另一方面要深入进行实践探索，努力把经验上升到理论层面。这是一种创造性的问题解决过程，同时也是教师自身素质全面提高的过程。高校可以将科研成果和科研能力作为教师年终考核和职称评定的一项指标，这对英语教师增强科研意识是一种外部动力。

总而言之，英语教师为培养具有高素质和国际视野的学生发挥着重要作用，是英语专业教学的核心力量。面对高校教育教学改革和对外交流的实际需要，提升英语教师的职业素养势在必行。英语教师可以通过培养师德素养、信息素养、知识素养和心理素养来提升自身职业素养，不断提升自身教学水平和适应新时代教育变革的能力，为祖国培养出具有国际视野和水平的高端人才。

第二章　英语教师人才培养与专业发展

第一节　教师教育人才培养目标与重构

一、教师教育人才培养目标分析

“培养目标的确立属于人才培养模式及活动的顶层设计，是任何人才培养活动开展的必要前提。”[①]教师教育的实施同样始于人才培养目标的设置与确立，教师教育人才培养目标是引领教师教育落实以及评价教师教育人才培养质量的重要依据。教师教育有别于大学所开展的其他学科或专业教育，其应是一种特殊且专门的专业训练与准备，因此，主动关注并自觉回应教育教学的现实发展需求应是大学确立教师教育培养目标的基本价值取向。当前教师教育人才培养目标设置的诸项影响因素中，最不容忽视的要素为现实发展需要和改革需求。

教师教育人才培养目标，即开展职前教师教育的大学培养师范专业学生担负起的专业角色及支持角色胜任的最为起码的素质能力要求之统合。明确的教师教育人才培养目标之设立关涉大学对于时代及社会赋予教师群体之角色要求的积极回应，也是影响学生习得、提升专业素质能力以及检验其效果的重要参照标准。

影响学生培养目标设定的来源因素：首先，教师为一种专门职业所要求的与学生主修学科（即未来任教学科）及教育教学专业相关的专业知识能力，教师教育人才培养目标的设置必须契合学科专业的知识逻辑和发展需要；其次，大学还应积极关注并结合教育对于教师角色的期待和要求。针对此应守持的一个基本立场是，大学开展学生人才培养活动的直接目的

① 俞婷婕．教师教育学研究 [M]. 杭州：浙江大学出版社，2019：94.

是为学校输送合格、称职的师资，所以教育的现实发展需要和改革动向趋势给教师角色承担所带来的变革与挑战是作为教师培养机构的大学必须正视并接受的影响教师教育人才培养目标设置的重要因素；再次，根据大学的办学定位和教师教育传统及优势来“因校制宜”地制定培养目标才能有利于促进多样化类型的师资人才之培养；最后，大学在设置教师教育人才培养目标之时还应适当兼顾并考虑到时代及公众对于教师群体肩负责任的迫切愿望及要求。人类社会在进入全球化、互联网时代后，国际化、信息化、人工智能、大数据等时代因素对教师工作的影响已是势不可挡，由此决定了大学要将这些与时代背景及特征密切相关的因素整合并吸纳到学生培养目标的设置中来。

二、教师教育人才培养目标重构

（一）教师教育人才培养目标新定位

在教育改革的推广与实施下，全面推进的素质教育、个性化和创新型的人才培养模式、全新的招生选拔及录取方式等皆极大地影响学校教学系统中的学生、教师、教学内容及方法、教学组织形式等相关要素。教师肩负的职责和扮演的专业角色也由此发生着有别于传统的重大转变与转型。依据传统教学观，教师作为知识权威承担着知识传授者的主要角色，由于其主导着学生学习和师生间关系，因此亦为课堂的掌控者与学生的管理者。承担教师教育职能的大学应及时关注并考虑将善于研究的实践者、学生学习的合作者、信息及资源的整合者、学校教育利益相关者的沟通与协作者等教师须担负起的新型专业角色采纳至教师教育人才培养的目标定位中来。教师教育人才培养目标的新定位如图 2–1 所示。

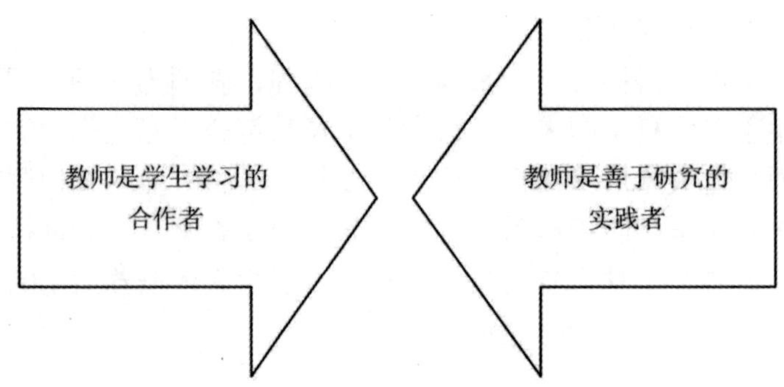

图 2–1　教师教育人才培养目标的新定位

1. 教师是学生学习的合作者

在不断的教育改革中，学生自主学习已然成为现实需求与必然趋势，教师应能够承担起“学生学习的合作者”之专业角色，即要理解其与传统的“知识传授者”之间存有本质上的角色差异，其中关键在于教师对待学生观念与态度的根本转变，教师不再以知识权威的身份自居，而是秉持以生为本的基本理念，一切教育教学工作都围绕该理念而展开，把学习的权力与责任真正还给学生。此外，基于充分理解并信任学生来调动学生的自主性和积极性，亦为大学培养未来教师应养成的专业态度。分层教学、走班制等新型教学组织形式，在提升教师教学管理难度之同时也削弱了传统的班主任职能，教师要信任学生且懂得与其合作，才能在各司其职中实现教学管理。教师教育应鉴于高考改革所引发的学校教育教学深刻变革，从观念更新入手来引领学生对于有关“学生学习合作者”角色定位的了解以及相应素质能力之养成。

2. 教师是善于研究的实践者

教师的核心职责是教书育人，几乎所有专业角色的赋予都围绕该核心职责承担而展开。教师每天在校从事的工作及面对的学生可能出现的状况都颇具不确定性，这一工作特性决定教师在行动中不断积累自身经验并经由反思、研究形成实践性知识，用于指导行动以改善教育教学质量是教师个体专业成长的重要途径。作为当今时代教师，具备一定研究能力才有可能胜任教书育人实践者的基本角色。教育改革所引发的学校教学改革亦要求教师在承担教书育人实践者角色之时必须辅以“善于研究”的特质。

对大学而言，依据教育改革的新形势与变化，将“善于研究的实践者”这项专业角色纳入教师教育人才培养目标中来，始于对“研究”与“实践”间关系的深刻理解和清晰把握。教书育人工作的特性使然，教师研究能力的掌握与发挥都要以服务及改善教育教学实践为主要目的，基于此，大学要培养学生成长为善于研究的实践者，就要为其配备教育改革背景下有利于学校教育教学实践开展的学科相关研究知识与能力、有关教育教学的研究知识与能力以及在日常工作中善于反思与研究的教育观念和专业态度等。

（二）人才培养目标重构的具体要求

1.“以学生为中心”专业理念

新形势下的教师专业角色承担有一明确的共同价值指向即以生为本、以学生为中心。尽管“以学生为中心”的教育理念及专业态度是作为合格及称职教师所必须持有的基本专业精神，教师教育应致力于造就关爱学生、热爱教育的称职及优秀教师，这一专业态度与精神是影响乃至决定学生未来专业行为的重要内部动力。大学通过学生课程结构的调整及优化、教学实习体系的构建与完善、学生综合素养评价系统的建立与实施，以及大学文化等隐性育人手段的共同作用，来使学生树立尊重学生人格与权益、关爱学生、以学生为中心的基本观念与态度，着力培育其保护及培养学生的个性与主动性、理解并能遵循学生的身心成长规律等。

2. 广博的跨学科与通识性知识

教师教育要集中为学生解决多元化的专业知识体系配备的关键问题，除本体性知识、条件性知识以及实践性知识外，大学应尽可能地通过开设高品质的通识课程、研究性课程以及多样化的专业实践与社会实践等方式，使学生有机会接触并了解通识性知识以及其他学科的知识，如此才能有助于其未来具备跨学科知识整合能力来培养学生的跨学科思维与知识，以及创新精神和能力。

第二节　英语教师人才培养专业化发展

英语教师人才培养的专业化发展主要从以下几方面论述（图 2–2）：

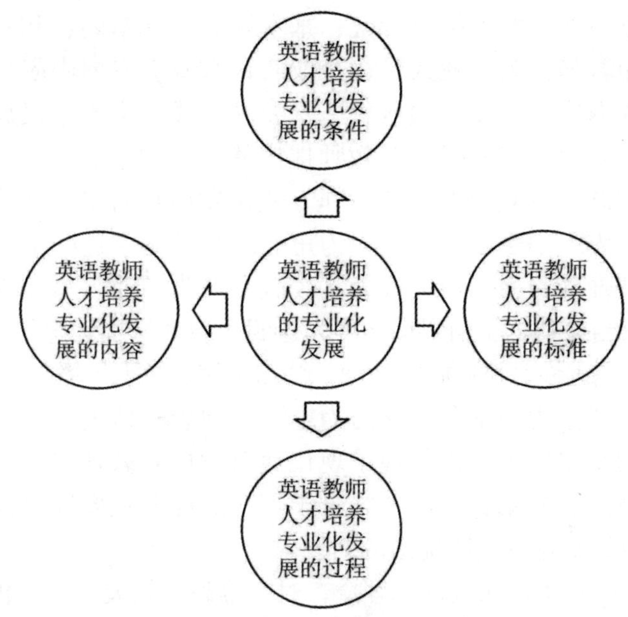

图 2–2　英语教师人才培养的专业化发展

一、英语教师人才培养专业化发展的条件

英语教师专业化不仅是教育自身的问题，而且也是社会职业发展的问题。就英语教师而言，不仅关心职业的经济层面，考虑经济收入，也关心教学生涯的社会层面，考虑其所享有的社会地位，要关心教师职业的组织层面，考虑是否有升迁的机会，教学工作中的自主权力大小，是否有参与学校政治决策的机会，教育教学的物质条件等。所以，教师专业化涉及社会资源的重新配置、观念的改变等，其成功与否很大程度上依赖于社会环境的支持和保障。

英语教师面对的是一群背景不同、需求各异、身心不成熟的学生，英语教师身负多种角色的职责，随时要评价学生的学习结果，对不良行为进行校正，扮演多种角色，并且要处理许多无关的事务性工作，其工作不仅在课堂之内，而是延伸到学校以外。英语教师是个充满压力、任务繁重的职业，可能造成教师没有时间和精力去思考研究教学、与同事交流及专业研修来提高其专业水平。英语教师行业要提高社会地位、吸引优秀的社会人才，必须改善教师的经济待遇和工作环境。

二、英语教师人才培养专业化发展的标准

教师专业标准一般包括三部分：基本理念、基本内容和实施建议。基本理念，即教师作为专业人员在专业实践和专业发展中应当秉持的价值导向；基本内容由维度、领域和基本要求组成；实施建议是对教育行政部门、教师教育机构和学校及教师提出的相关要求。其中，“教师专业标准基本理念”对教育发展和教师专业化发展具有定向作用。我们可以将“师德为先、学生为本、能力为重、终身学习”这四个基本理念直接用于高校教师的身上，使之成为高校教师作为专业人员在专业实践和专业发展中应当秉持的价值导向。因为这四个教师基本理念，科学合理，凝练准确、有先进性，并且简明扼要、贴切实用、易于传播与接受。其中，“师德为先”“学生为本”“能力为重”的理念既体现了对中国教师群体长期坚持的基本追求，也体现了现代教育发展对教师素质的新要求，是传统与变革的有机结合。而“终身学习”的理念更多地包含了信息社会背景下对教师专业发展所提出的新要求。

英语教师树立了这四大基本理念，对高等教育发展具有积极良好的导向和评价作用。因为有怎样的教师理念就会有怎样的教师实践，教师理念虽然不同于教师实践，但教师工作实践却反映了他的教师基本理念。英语教师应当用这四个基本理念规范自己的教育思想和日常的教育教学行为。

当然，英语教师“师德为先、学生为本、能力为重、终身学习”的四条基本理念，也可以落脚在大教育家孔子所提出的“学而不厌，诲人不倦”八个字中。勤奋好学，永无停止，历来就是中国知识分子的传统美德。《论语》开宗明义讲“学而时习之，不亦说乎？”孔子一生食无求饱，居无求安，敏于事而慎于言，就有道而正焉，可谓好学也已。孔子认为“三人行必有我师焉”“敏而好学，不耻下问”“十室之邑，必有忠信如丘者焉，不如丘之好学也”。向一切比他高明的人学习，其学习热情达到了“发愤忘食，乐以忘忧，不知老之将至”的地步，即使在弥留之际孔子还坚持读书。王充在《论衡·别通》篇中提到：“孔子病，商瞿卜期日中。”孔子曰：“取书来，比至日中何事乎？”孔子病危，商瞿卜后知道过不了中午。孔子曰：

拿书来，从现在到中午还有什么事呢？”还要看书学习。这印证了孔子的另一句话：“朝闻道，夕死可矣。”也正是孔子这种好学乐学，从而奠定了他终生为师的条件。当然，在现实中，有些教师自身很有学问，但却对当老师不感兴趣，对作为教师的教学工作敷衍塞责，能做到学而不厌，却很难达到诲人不倦。

热爱学生是一个教师必须具备的条件，也是一个英语教师做好教育工作的前提。所以，古代教育家都把热爱学生看成是教师的基本美德。孔子就最懂得爱护学生，他主张“有教无类”，无论贫富、贵贱，即使“难与言”的“互乡”之人，他也能用一颗爱心善待他们，不厌其烦地给他们以热诚的教育，真正做到了“诲人不倦”。在日常生活中，孔子十分关心他的弟子，学生有病定去探望，弟子有困难设法帮助，他的伟大人格力量和对弟子的真诚呵护，赢得了弟子们的尊敬和爱戴。

总而言之，英语教师要有自己的理想追求，有自身的理论武装，有自觉的职业规范和高度娴熟的技能技巧，具有不可替代的独立特性。英语教师不仅是知识的传递者，而且是道德的引导者，思想的启迪者，心灵世界的开拓者，情感、意志、信念的塑造者；英语教师职业的专门化和达到教师专业标准，既是一种知识，更是一个奋斗过程；既是一种职业资格的认定，更是一个终身学习、不断更新的自觉追求。

三、英语教师人才培养专业化发展的过程

（一）英语教师专业化是全社会努力的过程

英语教师专业化并不存在于真空中，离不开教育和社会的大背景要与社会系统中多个主体发生联系。学校系统肩负着多种社会职责，同时也反映着现存社会结构的属性，体现一定的社会基本权力关系。教师的专业化涉及教师职业地位的改善、职业报酬的提高、教育权力的重新划分、教育资源的配置及教师社会关系的调整，因此必然受到社会多层组织机构的制约，也必须得到社会各界的认可。由于不同国家或地区、不同历史时期社会政治、经济和管理体制等因素的影响，出现广义和狭义的教师专业化之分。广义的教师专业化意味着教师对课堂外的教育事务也拥有一定的自主权，其职业角色可以描述为自由职业者，其知识基础不仅局限于学科知识和教材教法，而且也包括有关改革目标和地方学校发展状况的知识。狭义的教师专业化与集权式改革实施策略相对应，教师处在改革的接受端，根

据上级的指示和规章制度来行动，其自主权局限在他们的课堂教学、学科及其教学方法上。当前的教师专业化应该把改革的目标放在整个社会背景中，使之成为整个社会的职责，以合作的方式，争取社会各界的支持，因为教育是关系到整个社会的事业。

（二）英语教师专业化是内容不断丰富的过程

如今教育学者已逐渐认识到：教师地位尽管重要，但更重要的是教师专业人员本身，因为教学实际工作的改进，自然会成为地位加强的依据。所以，不管公众是否承认教师职业地位，都应该把教师专业化作为一种追求，促使教师专业人员致力于提高其教学质量，改善同事关系，重新界定最佳教学行为的标准，展现其独特的服务理想。当前的教师专业化改革更集中于教学专业化的内涵发展上，即教学的品质、教师的专业行为表现，这种教学品质具体包括四个方面的内容：服务的理想、教学认识论、专业团体和专业的责任感。

第一，服务的理想。关心所有学生理智和情感的健康发展应该成为英语教师的理念，缺少这种服务的理想和角色的道德观念，就无法理解英语教师应该拥有培养学生的权力。

第二，教学认识论。任何专业都有自己独特的知识基础、技能体系，而且专业的理论研究和实际工作之间有着亲密的关系，理论工作者所追求的专业知识恰好是实践者赖以工作的基础。而就英语教学和教育研究而言，理论和实践间的鸿沟还是比较明显的。师范教育发展史中一直存在着学术性和师范性的分离，关于“教什么”和“如何教”还没有形成一个统一的知识体系。虽然许多特定专门知识确实在逐渐发展进步，但实际的教学历程中仍然是直觉多于理性分析。

第三，专业团体。在学校中，教师是各种组织机构和附属组织机构，如教研室、校委员会、工会、专业学会的正式或非正式成员，拥有团体所固有的一套社会关系，即有着共同目标、相互信任的同事关系。尽管团体间存在差异，但作为教师职业的成员都有着共同的角色身份：教书育人，寻求最佳的教育方式，促进学生知识的掌握、身心的健康发展，以实现教育的目标。无论实际情境如何，我们都可以把此类团体看作是一个专业社会，向社会公众展示其特有的社会功能和服务志向。英语教师的专业化必须致力于形成一个统一的专业团体，使所有投身于教育教学的教师拥有共同的价值观念、专业的理想和志向。

第四，专业的责任感。一个人一旦成为一名英语教师，那么他（她）就应受到教师职业的责任、价值和规范的约束，不仅要以先进的科学文化知识影响学生，而且以“为人师表”的姿态将自己的道德、人格、情操、责任感及献身精神潜移默化地渗透到教育过程中，影响学生的发展。这种专业责任感也成为专业化的一个重要成分，具体包括教师的道德品质、专业的伦理规范和积极的进取精神。这些不仅体现于课堂教学的行为中，而且体现于英语教师角色的各个方面，如与同事、家长和专业团体的关系上。

（三）英语教师专业化过程是教师与环境互动的过程

教师生活在一个多样化的教育组织背景中，包括学校的类型、学科差异、教师组织网络等，每种背景都影响了教师团体的特征，不同程度地影响教师专业化的发展。

第一，学校的类型。国外大学有公立、私立等之分，我国也存在重点和非重点大学的区别，其中英语专业教师在与教学有关的工作任务、价值观念、自主权力上存在着差异。学校类型不同，其英语教师之间的教师专业指标，如专业文化、服务伦理、敬业精神等存在差异。

第二，学科差异。学校内不同学科的教研室在教师目标一致性、同事间为人处世的原则、对学生的要求等方面是有差异的，教师对课堂教学的期望、教学检查的态度、具体备课的参与等方面也有着实质性的不同。有些系科为教师提供一个富有成效的学习环境，以利于同事间分享教育资源，交流教学经验，反省教学结果。这种差异对教师的专业归属感的形成具有根本性影响。

第三，教师组织网络。专业社会中的教师网络是影响教师专业生活的有效背景。如学科专业网络可以促使成员间切磋教学的技术、交流教材教法、开拓新的教育观念，为教育改革提供有力的支持。尤其是校外的教师网络，为交往面比较狭窄的英语教师提供了一个广阔的专业社会。

由学校、学科、教师网络共同组成了教师社会背景，培育着教师的专业化——形成共同的知识基础或技术文化，满足全体学生发展需要和志向及持久的专业身份;相反,缺乏积极获取新知的欲望、反思教学实践的思想、与同事分享成功的经验和失败的教训的机会，教师是无法形成专业品质的。

四、英语教师人才培养专业化发展的内容

英语教师要进行终身学习、终身提升，我们可以将英语教师发展理解

成对刚开始进入大学工作的教师进行能力方面的培养，让英语教师尽快完成自身角色的转变，更好地适应这个职业，从高校的角度来讲，对英语教师进行在职培训、注重教师的发展可以让英语教师更好地适应学校工作。

（一）英语教师需要先站稳讲台

从20世纪80年代末到90年代初，我国高校教师队伍开始出现新老交替，许多有着丰富教学经验的老教师相继退出教学第一线，接班的都是一大批刚刚毕业留校任教的青年教师。高校师资队伍面临青黄不接，青年教师在教学经验还没有准备充分的情况下直接上岗，这在一定程度上影响了高等教育的质量。21世纪以来，伴随高等教育的跨越式发展，高校教师队伍面貌发生了历史性变化，大批青年教师成为高校教学科研的主力军。虽然青年教师对于英语专业知识了解透彻，但一上讲台还是无法立即适应，他们也希望自己能够很快过教学关，把课上好，成为新一代优秀的英语教师。为此就必须采取一些有效措施促进青年英语教师先站稳讲台。

第一，给予青年英语教师更多教学上的关心和指导。一般而言，新入职英语教师经验少，教学胆怯，这就需要老教师和领导给予他们更多的关心和帮助。除鼓励青年教师参加进修和培训外，要通过互相听课、评课等形式，共同探讨和研究教学中遇到的问题，寻找解决问题的方法；特别是要从备课抓起，指导青年教师做好教学设计，写好课程实施大纲，选择好教学内容和方法。同时，青年英语教师在现代化教学媒体和手段的应用方面有优势，可以通过帮助青年教师将现代化教育教学思想与信息技术结合，调动青年教师研究教育教学的积极性。从长远着想，还要通过指导青年教师阅读《高等教育学》《心理学》等书籍，提高他们的教学理论水平和对教学的反思总结能力，不断改进与完善课堂教学方式。同时，老教师也要处处为青年教师做好表率，积极宣传青年教师的教育教学成绩，关心青年教师的生活，加强交流与切磋，不求全责备，通过认真、耐心和热情的指导、督促和检查，严格要求，避免走弯路。可见，促进青年英语教师专业成长，不只是单纯强调教学技能，要关注教师职业能力的提升，使青年教师获得职业安全稳定与成功。

第二，全面开展“青年教师授课竞赛”等活动。青年教师授课竞赛在激励青年教师不断提高教学水平的同时，也让青年教师们更加热爱教育事业。授课竞赛的过程使得自己对英语教学的每个环节都有了更多的思考，竞赛的结果使得自己对教学更有自信、更有兴趣，对以后的英语教学工作也是一种鞭策和激励。在竞赛的鞭策、激励和督导下，青年英语教师会迅速发展和成长，尤其是能促使一部分青年教师很快脱颖而出。很多曾经参加过青年英语教师授课竞赛并获得奖励的教师，很快就成长为英语教学科研的骨干力量。为此，“青年教师授课竞赛”等活动，如今已成为衡量青年教师教学水平的重要标准赛事，参赛对象的职称已不再限于讲师及以下职称，参赛者的参赛目标也已不仅仅在于职称的晋升，而在于使自身的英语教学水平得到广泛认可和展示。

第三，建立和完善青年教师助教制度。高校有实施青年教师助教制度的悠久传统，虽然青年英语教师在入职后都要参加系列的岗前培训，但培训往往流于形式，即使有一定的收获和提高，但并不持续，新教师本人对高校的认识，对教学的理解很有限，教学能力持久全面提高的机制不完善，因此，推进教学工作的老中青相结合，发扬传、帮、带的作用，以加强青年教师的培养。此外，一些高校恢复了青年教师助教制度，由学校指定教学经验丰富的老教师担任其指导老师，形成“师徒制”，强化青年教师的培养与培训，使青年教师学习先进的英语教学方法，积累教学经验，增强他们教书育人的责任感和使命感，提高教学能力。许多高校还组建了英语教学团队，实施了新、老教师结伴成长计划，老教师要帮助青年英语教师尽快站稳讲台，这都是当前提高英语教学质量的有效举措，需要继续坚持下去并不断更新和完善。

（二）正确处理科研与教学关系

高校能够良好发展主要依托于教学工作、科研工作，英语教师除了日常的教课之外，也要参与科研工作。从理论的角度进行分析，教学和科研是相互促进的关系，但是，无论是教学工作还是科研工作都需要教师付出时间和精力，所以教学和科研有的时候会有矛盾。目前，很多英语教师也无法正确处理教学与科研之间的关系，有的教师将大部分的注意力放在科研方面，对教学工作的开展积极性不高，没有关注教学问题，这导致教学质量受到了影响，甚至存在这样的情况，有一部分教师完全把科研活动看成是自身职称评定的途径，没有关注科研活动本身具有的重大价值和意义。

英语教学对科学研究的影响是重大的，如果科研脱离了教学，那么科研没有办法向更高的水平提升，如果教学脱离了科研，那么，教师也很难真正向学生传递科学探究过程当中的无限可能性，很难让学生感受到科学探究所带来的巨大创造力。换言之，教学和科研之间的关系应该是相互促进的，高校发展过程中，教学是其基本任务，与此同时，科研活动的开展也是它发展的重要任务，在知识发展过程中，教学一直处于前沿状态，只有了解现代的技术和知识，教师才能真正地提高教学效果。只有参与科研，英语教学水平才能真正提升。

在参与科研的过程中，英语教师也可以从科研研究当中获得教学灵感，如果教师不关注科研，不参与科学研究，那么没有办法及时了解本学科的领域内的发展动态，也不会对学科发展产生更深刻的理解，也就没有办法和学生分享自己参与学科研究的领悟体验，没有办法传递给学生参与科研的严谨态度，也不会让学生掌握参与科学研究的基本方法、基本思路。如果没有科学研究的相关工作经验背景，那么上课的过程中英语教师能做的只是宣读教材当中的内容，没有办法真正培养学生对专业学习的兴趣。

高等学校的发展离不开科研工作，学校想要教学水平有所提升，那么必须依赖一流的科学研究，科学研究是高校进行创新的根本，高校发展过程中不进行创新就没有办法培养出优秀人才，也没有办法培养出优秀教师。只有成为优秀的研究者，才可能成为优秀的教师，因为只有研究者才有能力引领人们去探求知识的本源，也只有优秀的研究者才具有科学精神，优秀的研究者就是学问的化身，和优秀的研究者进行交流探讨可以发现科学的本质面目，在这样优秀的人的引导之下，学生也会形成科学探究的兴趣。而且只有优秀的研究者才能向别人传授新鲜的知识，普通的教师只能传授课本当中的固化的知识。

除此之外，作为英语教师，想要提升自身的水平不能仅仅依赖于听课的方式，而是要真正的实践，真正的动手，真正参与科研。对英语教师提出科研方面的要求其实为了助力科学发展，也是为了提高教学质量，只有参与科研活动才能获得学问、获得知识，才能创新思想。

英语教师想要做到教学和科研之间的关系协调，他们需要考虑自身条件，科学的分配自己的精力和时间，教师想要开展科学研究，那么必须先做好基本的教学工作，在此基础上去搞科研项目，去提升学校的教学质量、教学水平。正确的做法是同时进行教学和研究，让教学成为研究的指导，让研究成为教学的实践，教师可以利用科学研究的方式了解学科的发展动态，了解社会各领域对人才的最新需求，在了解的基础上，才能为学生做出正确的指引。如果缺失了科学研究，那么教师只能变成熟悉理论知识的职业教书工匠，没有办法为本领域的发展做出贡献。对于年轻教师来讲，正确看待科研和教学之间的关系是尤为重要的，只有有了正确的认识，才能做出正确的行为。教学工作、科研工作的开展都要求教师投入精力、投入时间，在真正进行选择的时候，教师还要结合实际情况，如果学校本身有非常强的科研能力，能够为自己的科研提供硬性条件方面的支持，那么就可以将更多的精力放在科研方面。相反，如果学校自身的科研水平有限，那么教师应该尽可能将自己的注意力时间放在教学方面。

除此之外，年轻教师还要思考自己擅长哪个方面，如果自己擅长英语教学，那么可以将更多的时间和精力放在教学方面；如果自己擅长科研，那么可以将自己的时间和精力放在科研方面。一个在英语教学方面取得良好成果的教师不一定会在科研方面也获得优秀的成果，同样的道理，在科学研究方面取得大量成就的教授不一定能够很好地开展教学活动。作为年轻教师，必须认真思考这些问题，然后决定自己成长过程当中的侧重点，这样才能避免自己做过多的弯路，才能尽快找到自己的职业发展方向。当然这一切的前提都是教师必须把教学当作是基本任务、首要任务，在此基础上去正确看待科研和教学之间的关系。

总体而言，无论是英语教学还是科研，意义都是多方面的，二者之间的联系也不是简简单单就能讨论清楚的，对二者关系产生影响的因素过多，所以，在实际操作的过程中要分析多种因素的影响。但是，本质上二者是相互促进的，高校的发展目标始终是培养出优秀的人才，所以大学一直把教学作为自己的根本任务，但是，因为科学研究能够助推教学的发展，所以大学也要关注科学研究。对于大学来讲，教学和科研是大学发展过程中不可或缺的两个翅膀，只有让二者协调发展大学才能稳定发展。

（三）建设英语教师教学发展中心

英语教师教学发展中心是新近在我国大学中得到广泛设置的一种机构。引导高等学校建立适合本校特色的教师教学发展中心，积极开展教师培训、教学改革、研究交流、质量评估、咨询服务等各项工作，提高本校中青年教师教学能力，满足教师个性化专业化发展和人才培养特色的需要。国家级高校英语教师教学发展示范中心建设的具体内容包括以下方面：

（1）对英语教师进行培训。英语教师培训应该覆盖学校的所有老师，培训应该重点针对青年教师、中年教师、研究生助教教师，培训内容应该关注教学理念的更新、教学技术的掌握、教学能力的提升。

（2）对英语教师提供教学咨询服务。英语教学咨询服务应该覆盖全体教师，也要重点针对青年教师、中年教师，教学咨询服务主要是为了培养出个性化的教师，为教师的专业成长提供帮助。

（3）注重英语教学改革方面的研究。我国的教育改革可以借鉴国外的优秀经验，可以学习并且引入国外的英语教学理念，英语教学改革应该注重公共基础课程以及核心课程方面的改革与创新，探索出全新的教学模式、教学方法，让教师了解新的教学理念，学习现代化的教学技术，改变之前的教学策略、教学技巧，更注重教学环境的营造，关注学生的教学需求，打造出具有特色的中国教学文化，持续推动我国教学质量的提升。

（4）注重英语教学质量评估。学校应该对所有英语教师的业务水平、业务能力进行检查，考核教师的教学效果，通过评价的方式促进教学效果的提升。

（5）为英语教师的成长提供优质的教学资源。学校可以利用优秀教师带动青年教师发展的方式让教师之间彼此分享教学经验，切实提高学校整体教师的业务能力水平。

（6）为区域内的英语教师教学发展提供支持，为区域内的英语教师提供培训和实践机会。针对区域内的骨干教师展开全面培训，向区域内的主干教师传授英语教学经验，充分发挥英语教学发展示范中心的引领和作用。

第三节　英语教师专业发展能力与策略

一、英语教师专业发展能力之教学反思

（一）英语教学反思与教师反思的认知

1. 英语教学反思的内容

教学反思是英语教师对于教哪些内容和如何教的问题进行理性和有伦理性的选择，并对其选择负责任。英语教师的反思不应当被仅仅看作是一个客观的、理性的逻辑推理过程，而应当将反思看作是一个与情感、关怀密切相关的过程。此外，英语教师主体对自身、教学实践、教育观念、教育经验和教育行为等进行思考、审视、批判以及自我调控的一种积极的认知加工过程，是一个动态的过程，包括以下方面：第一，用新的理论重新认识自己的过程；第二，用社会的、他人的认识与自己的认识、

行为做比较的过程；第三，不断收集寻求他人对自己认识、评价的过程；第四，将自己转化为他人，站在他人的角度反过来分析、认识自己的过程；第五，在解构之后又重构的过程，一个在重构的基础上处于更高水平上行动的过程。

2. 英语教师反思的特性

（1）自省性。英语教师的反思是教师自身自觉地把自己的教育教学实践作为认识对象进行的反观自照，对自身教育实践和活动进行多视角、多层次的观察、思考、分析和评价，从而重新做出价值判断和选择的过程。在这个过程中，有新旧观念的激烈交锋，有对与错、优与劣的价值判断，有为与不为的重要抉择，有自我评价与他人评价的矛盾，有习惯行为与现实需要行为或理想行为的行为选择。这些都是在心灵深处展开的，看不见摸不着，他人也无法窥视和描摹。因此，自省性是英语教师反思的首要特征，教师自身既是反思的主体，又是反思的客体。

（2）主动性。无论是何种反思，都是英语教师主动对教育实践过程进行的回顾和审视，是教师对自己已经做出的教育决策、教育行为及其产生的结果主动进行的反观自照和思考。因此，反思的过程是通过教师主体独立地、自觉地对自己的教育教学实践活动进行认知加工的过程，既有主体的认知因素的参与，也有非认知因素的参与，具有主动性的特征。

（3）自我调控性。英语教育实践是一个复杂、动态的过程，为保证教育教学活动高质、高效地进行，有效的教育反思要求教师提高自我教育调控能力和应变能力，能够在教育实践活动的全程加强自我监控，及时地反思自己的教育教学观念和行为是否适宜，时刻关注学生的学习和发展状态，关注所使用的教育方法和手段，善于捕捉教育教学中的灵感，及时调整教育策略的选择，顺应学生发展的需要，以达到最佳的教育教学效果。而这一系列的措施，实际上是英语教师根据自己相关的专业知识和已有的经验知识对自身教育教学实践中所遇到的问题进行的自我调控活动。

（4）自我批判性。批判是一种思维方式，是指基于事实进行合理的质疑、推断和辨析的思维过程。反思是一种行为方式，是指思考过去的事情，从中总结经验教训；如果人们能够在对过去的事情进行回顾、总结、分析的过程中，加以辩证的质疑、比较、评价，就能够得到更多、更为深刻的结果，甚至从中能得到一些规律性的认知，以便得到更好的指导。有效的反思具有自我批判性，需要英语教师对自己的教育教学行为进行构建、审视和回顾，对自己的教育实践和行为经常持有一种积极、健康的怀疑和自我批判态度，有较强的问题意识，能够排除定势思维和行为的传统惯性，尤其是勇于否定自我，对自己的教育教学活动进行持续的自我评价和改进，是一种定势的思维和对自我的超越。

批判反思是众多形式中较为特殊的一种，它可以围绕问题的中心点进行严密而连贯的思考，从而引出相应的概念或知识。这种批判反思的方法在教学中的应用是跳出英语教师自我思维束缚，重新审视整个教学过程，客观全面地剖析教师日常教学行为，从而产生新的更趋合理的教育教学方案以指导自己后续的教育教学行为。具有批判反思意识的英语教师善于从不同角度对自己的教育教学活动进行审视，并在实践中进行原因分析及改进方案，英语教师需要具有以下三个方面的特质：

第一，英语教师渴望自身能够得到持续的职业发展和能力提升，这是教师进行批判反思的内在动机和深层次的需要。这种积极向上的内在动机，使教师提高了对教师职业的深层认识，在发挥自身主观能动性、提升专业水平，提高教师综合素质方面起到至关重要的作用。英语教师在逐渐掌握这种批判反思的技能后将其应用到实践中，对提升教师的专业修养、升华自身的专业知识和促进教学创新能力的发展起到重要作用。经过长期锻炼，教师逐渐形成批判反思的习惯，称之为高校教师的职业批判反思习惯。

第二，英语教师批判反思的基础是具备谦虚自悟的品质。英语教师要敢于承认缺点和不足，并具有渴望努力弥补的需要。谦虚是一种高尚的品德，是勇于承认自身知识非常有限并采取积极措施努力改变的一种态度。承认自身有缺点是寻求进步改变自身的良好开端。英语教师具备谦虚的品质才能懂得学习是一个对未来充满好奇并努力探寻的过程，通过这个过程的实施将教师打造成可以被塑造的人、不断学习的人。工作谦虚的教师具有包容心和开放性，能够主动客观的接受外来思想、知识和技能，渴望获取新知识，希望努力学习提升自我。力求远离保守和自我封闭，不愿墨守成规，对各种有价值的观点反复斟酌、认真研究，积极吸纳各种新的东西充实自己的知识与能力结构，在各种挑战中质疑、检验自己的固有价值体系和方法能力，最终能够成为自我世界的批评家和创造者。

第三，教学相长，师生互动获得成长。英语教师要主动和学生交流，加强自我监控，教学相长。大学生是高校教育教学过程中主要参与者，也是教育教学活动成败优劣的获得者、评价者。透过学生反馈，英语教师可以检查自己的教育教学实践是否达到预期目标，检查达成目标的路径、方法是否值得优化。为此，英语教师要从学生口中得到对自身教学成果的真实评价，要不断提高自身心理素质，重视学生的地位，勇于并正确的面对学生指出自身在教学过程中出现的问题。以学生为根本，尊重和理解学生，以学生的视角感受问题的发生并诚恳接受学生的合理建议。这样良性互动就会形成融洽向上的学习氛围，既有利于学生健康成长也提升教师的教学质量，最终促进师生互动发展和提高。

（二）反思性教学对英语教师专业发展的作用

第一，反思性教学能改善英语教师的理论素养。反思性教学是在理论指导下进行的，同时反思型教师对教育理论、语言学、第二语言习得理论和实践常常提出一种健康的怀疑，这就意味着大学英语教师需要不断对领域内的知识进行批判性学习和反思性评价，学会系统地将程序性知识和诊断性经验以反思或前瞻的形式在自己的职业体系中形成稳定的结合。在这种理论的重构与重建过程中，大学英语教师不仅积累了大量的行动中的知识，而且将那些在反思中已经意识到但通常又难以表达的“缄默知识”加以激活、评判、验证和发展，使之升华成一种“明白的知识”，不断创造出新的知识，其理论水平和专业能力逐渐增强。

第二，反思性教学能赋予英语教师一种主体地位。反思性教学是以探究和解决教学问题为基本点，因而它赋予大学英语教师新的角色定位，改变他们被动接受教育理论、语言习得理论的传授，被动适应专家教授的指导地位，使他们真正成为学者教师。反思性教学赋予大学英语教师一种主体地位，使他们认识到教师不仅能传达他人的观念，也能提出并解决与他们教学实践有关的问题。在这种背景下，英语教师会主动检查和验证自己的价值和假设，以研究者的眼光审视和分析语言教学中的各种问题，并对自身的教学行为做出科学的分析和评价。英语教师作为研究者，要求能从自己的教学实践出发，以已有的经验为基础，以所学的理论为指导，对教学实践中的问题进行反复的观察、审慎的反思，以改进自己的教学行为和提高自己的教学水平为出发点，从检查、分析自己的教学行为开始，观察并思考在接受新理论知识后所出现的变化，因而在实践中不断检验、修正、内化相关的理论和思想，其目的在于建立和发展能解决教学实践的个人教学理论。随着这种理论的建立，大学英语教师的专业能力不断增强。

第三，反思性教学能增强大学英语教师的科研能力。一般而言，大多数课业负担繁重的大学英语教师，除非迫于外界压力，否则不会自觉加强对科研的重视。而反思性教学的本质就在于追求更合理的教学实践，教师在日常教学中，对某些教学现象认真反思，并在教学活动中实施和进行验证，以形成对教学现象的新理解和新认识。而这些新理解和新认识将成为他们论文写作的扎实基础，同时形成良好的反思习惯，不仅有助于改善教师教学实践上的不足，而且能反思教学实践，成为他们走上科研之路以及自身素质和职业能力发展的有力助推器。

二、英语教师一体化课程体系建设策略

“随着我国市场经济的高速发展，我国国际市场进一步打开，国际化程度进一步加深，而英语作为一种国际化的交流工具，在国与国之间、人与人之间的经济合作、文化沟通、思想交流、政治交流方面发挥着越来越重要的作用。”加强英语教师的职前、职后一体化培养是有效提高师资力量的重要环节。下面主要探讨英语教师职前职后一体化课程体系建设。

（一）教师一体化课程体系建设的目标

培养目标是为满足一定的教育需求，推动预期教育目的实现的教育导向标志或标准。构建英语教师一体化的课程体系先要正确清醒地认识各阶段一职前培养和职后培训应达到的目标。

1. 英语教师的职前培养目标

英语教师的成长需要一定的时间和过程，并且教师的成长在很大程度上要靠在实践中的锻炼、摸索。所以，我们在职前培养阶段的目标是打基础，塑造新手教师，或者叫准教师，重在奠基。在这个阶段应该使学生做好从事教师职业的思想准备、业务基础准备和心理准备。培养学生产生明确的从教意向，使学生热爱教师这个职业，使学生掌握广博的基础知识，综合的、系统的学科知识，教师应该具备的教育教学技能，如普通话和语言表达能力，书写规范和书面表达能力，现代教育技术教学工作技能和班主任工作技能等，使学生成为具有终身学习和自主发展的预备教师。从实际来讲，职前教育阶段要解决的是择业和就业的问题，而掌握了以上所提到的这些知识和能力，对于学生的就业而言也是非常必要的。总而言之，英语教师的职前培养应着重于为有志从事教育者做好必需的职业准备，并为他们奠定能够提高其业务能力的基础。

2. 英语教师的职后培训目标

英语教师的职后培训可以划分为两个阶段：入职教育与在职教育。但总的而言，职后阶段是为了解决在职教师履职的胜任和优秀的问题。

（1）入职教育的培养目标。入职教育的培养目标是新教师职业生涯的开始阶段。在这一阶段一系列新的问题会摆在新教师面前，课堂管理与纪律问题、教学问题等。新教师往往会在这个阶段感到茫然不知所措，因此，这个阶段的主要任务就是如何把在学校中学到的系统的科学文化知识运用到实际的教育教学中去，使他们能够较快地适应环境，实现从学生到教师的角色转换。在这个过程中要指导他们如何将理论与实践相结合，如何用理论来指导实践，弥补他们在职前教育阶段实践能力方面的不足，逐步完善其教学能力，加速完成从一个学生转变成一个正式的教育教学专业人员，并成为合格教师的进程。

（2）在职培训阶段的目标。在职培训阶段的目标不仅仅是知识的补充，更应该是思想和观念的转变、业务素质的全面提升，引导教师在实践过程当中逐步形成自己的教学风格，并将风格特色向理论高度发展，引导教师将广博、全面、可利用的知识运用到实际的教育教学当中，使教师从一个经验型、技能型的教师向专业型、研究型教师成长。总而言之，教师在职培训阶段应将其培养目标定位在适应和提高，造就合格教师或优秀教师、专家型教师。

总而言之，英语教师是由不同的培养阶段组成的连续的发展过程，各个阶段之间有必然的内在联系，因此，各个阶段的培养目标不能孤立地实现，我们应该从英语教师整体发展的角度来确定并协调各阶段的培养重点。

（二）教师一体化课程体系建设的原则

教师一体化课程体系的构建并不是盲目的、无序的，而是必须在一定的原则指导下进行，英语教师一体化课程体系建设的原则如下：

1. 实用性原则

英语教师课程的设置应考虑课程的实用性价值，不合理、不实用的课程要砍掉。职前教育的实际目标主要是解决学生的就业问题，培养符合社会所需要的教师，而职后教师继续培训的目的是为了更好地把知识应用到实际中，更好地指导自己的教育教学，因此在课时门类过多，课时紧张的情况下，我们要精简一些过时的、不合理的课程，为增设一些实用性的课程创造条件。

2. 面向社会原则

英语教师的发展并不是孤立的，它必须满足社会发展的需求，而“社会发展需求”这六个字所包含的内容实在太丰富了，因此我们要对社会发展需求进行分析，这是教师教育发展的大方向，只有方向对了，英语教师教育才能得到迅速的发展。从宏观到微观来对社会发展需求进行层层的分析，首先是进行社会分析。这是最宏观的一层分析，了解现在这个社会需要怎样的人才是非常重要的。社会需要具有以下七个特点的人：融会贯通者、创新实践者、跨领域融合者、三商（智商 + 情商 + 灵商）皆高者、沟通合作者、热爱工作者、积极乐观者。我们培养的教师当然也要朝这个方向努力。其次是对整个教师行业进行行业分析，即从宏观上进行行业需求分析。最后要进行职业分析和技能分析，对教师这个职业及其所需的技能进行分析。

3. 综合性原则

现在专门人才的培养不能囿于过去那种狭窄的知识面，而必须有比较宽厚的知识基础和广博的文化素养，唯有如此才能适应科技和社会发展的需要。英语教师同样也如此。因此我们在设置课程的时候就要遵循综合性的原则，这也是英语教师教育课程设置的一个趋势。开设一些综合性的科目，开设跨学科和边缘性的交叉学科科目，消除各个学科之间明显的学科界限，以主题或者其他方式将有关学科的内容整合在一起，进行综合的教与学的活动，这样既可以节省课时还可以学到更多更广的知识。

（三）教师一体化课程体系建设的模式

课程目标和课程内容只有付诸实践才能收到实际效果，英语教师的职前培养和职后培训的课程内容既相互沟通，又各有特点。英语教师职前培养属于教师教育体系内部的基础性教育，它追求全面提高学生的素质，主要是向学生传授科学文化知识，使学生具备初步的教育教学技能和教育能力。长时间的发展已经使职前培养形成了自己独特的模式，而英语教师的职后培训侧重于再造性、补缺性、更新型的教育，它一方面要帮助教师更新知识和技术；另一方面帮助英语教师矫正不恰当的教育观念、教育方法和教育技能，且帮助教师逐步提高自己的教育教学能力和解决实际问题的能力。这就要求职后培训也要有与自己的教育特点相适应的教育模式和课程实施模式。

1. 一般培训模式

（1）校本培训模式。校本培训目的是为了提升学校的发展水平。在目标方面，校本培训是从学校和教师的实际出发，通过培训解决学校和教师的具体实际难题，促进学校自身的发展，提高教师的教育教学和教育科研能力，提高教育教学质量。在内容方面有很强的针对性，根据英语教师的实际情况来安排培训的内容。校本培训要与其他的培训方式结合起来，扬长避短，并进行合理的规划和安排，才能使英语教师职后培训的效果更加显著。

（2）院校培训模式。院校培训模式是指由师范学院、教育学院、综合性大学、非师范高等院校参加的对英语教师实施继续教育的一种培训方式，院校培训模式是目前我国教师继续教育的一种主要模式。在这种培训模式中可以充分利用高等院校的教育资源、学科优势以及前面我们提到的高等院校的潜课程资源，这些对于英语教师而言都是非常宝贵的，也是在校本培训中所不具备的。

（3）远程教育培训模式。远程教育的优势在于能充分利用现代信息技术，以生动形象的方式将大量信息展现在受教育者面前。英语教师教育职后培训的实施模式是多种多样的，我们在实施的过程中应该根据学校中教师的实际情况来决定采用怎样的培训模式，而且应该多种模式相结合，充分利用各个模式的优势来提高教育培训的效果。

2. 职后培训模式

第一，以专题为中心的培训模式。以专题为中心的培训模式是围绕某一门课程内容来展开的，把理论学习、学术研讨、课堂实践、经验总结有机地结合起来，提高教师的综合能力，它的运行程序是专题性理论辅导—文献研究—研讨活动—课堂实践—撰写经验总结。

第二，以案例为中心的培训模式。以案例为中心的培训模式是以课堂实践为基点，采用观摩研讨的形式，力求解决教育课堂中所遇到的实际问题。它的运行程序是选择要观摩研讨的问题—观摩示范课—专题研讨—反思撰写经验总结—迁移延伸。

第三，以课题为中心的培训模式。以课题研究为中心，提高教师的教育理论素养，掌握教育科研方法，培养教师的教育科研能力和教学实践的创新能力，其运行程序为确定课题—理论学习—合作研究—交流研讨—指导实践。

第四，师徒制。这种培训方式是采用导师带徒弟的方法，进行的是个别辅导，主要是为了让青年教师不走弯路，加速成长，其运行程序为确定导师—导师根据徒弟的实际制订培训计划—考核验收。

第五，学术研讨模式。学术研讨模式是以教育教学改革中的热点问题为中心，引导教师关心教育改革中的热点问题，并运用自己学到的教育理论知识来解决实际中的问题。首先确定学术研讨的题目，然后进行学术的专题研讨。

第六，参与互动式。参与互动式强调的是培训教师与学员、学员与学员之间的多项交流与互动，使学员参与到教学当中，掌握知识，发展能力，其运行程序为确定重点和热点—教师与学员、学员与学员交流讨论—总结—形成新知识。

以上这些模式并不是固定不变的，在英语教师教育的培训当中应该根据培训机构以及教师的实际情况来决定。要采用灵活多变的方式进行，调动学员的积极性和主动性，提高教师教育培训的效果。

英语教师一体化课程设置更多的是一种思想，是课程设置的一条主线，强调的不是从始至终的课程设计流程，考虑更多的是职前教育与职后教育的融会贯通，使两者在平等的地位上进行更好的沟通和交流。

第三章　英语专业教师教育中的教材分析

第一节　英语专业教师教育中教材演变与发展

一、英语专业教师教育中教材教学设计演变

（一）英语教材教学设计的目标

教育的发展，社会的进步，赋予了学校和教育者更为崇高的使命和更为艰巨的任务，这些使命和任务类型多样，但最终都指向“育人”。英语专业教师应认真学习新课标，遵循英语教学的规律，使自身的教学发展顺应时代发展的变化，紧跟英语教学变革的时代潮流。大学英语教学是育人的有效平台，大学英语教材教学设计必须通过教学自身的改革，以及大学英语教师自身的专业发展，更好地转变英语课堂教学的理念，提升教学质量，以促使英语学科更好地承担起时代和教育发展赋予的“育人”使命。

作为一门工具性与人文性并重的学科，英语学科具有极为丰富的育人价值，如何充分挖掘和发挥英语学科的育人价值理论应成为每个大学英语教师认真思考和实践的重要命题。英语学科的学习是学生整个学习过程的重要组成部分，意味着英语学科的教学对学生成长、成熟具有重要意义。大学阶段的学生正处于人生观、价值观和世界观的完善时期，也是学生接受人类最新、最高智慧成果而达到某种完善阶段的重要时期，这一阶段的英语教育具有独特而鲜明的价值。促进人的发展，实现育人的功能，是当下大学英语教学的核心价值与使命，而且，从英语学科自身的性质与发展状况而言，英语教学完全有能力通过自身的变革实现社会与教育发展所赋予的育人使命。英语教材教学设计的目标如下：

第一，促进学生运用英语。大学英语课堂教学的过程其实就是教师教和学生学的过程，学生学习英语的目的就是学会运用英语，英语教学的目

的就是帮助学生学会运用英语。在这一过程中，教师扮演指导者、设计者、组织者等角色，而学生扮演行为者的角色。教师应该采用多样化的教学方法来促进学生英语的学习，从而达到帮助学生学会英语的目的。在实际教学中，教师应坚持以学生为中心，充分发挥自己的指导作用。教师可以让学生进行自主学习，学生决定自己的学习内容与学习方式，在学习过程中，学生由被动变为主动，英语使用水平也会提高。由此可见，在这一教材教学设计过程中，英语教学的目标十分突出，即帮助学生学会英语。

第二，讲授英语语言知识。从本质上而言，教师讲授语言知识的过程就是交流的过程，这一过程离不开教师和语言知识；从教学方式而言，教师将英语知识传授给学生，使学生能够学会这些英语知识，这些也成为英语教学的目标；从教学内容而言，教师教给学生许多其自认为是好的语言知识，特别是文学语言知识，并不会考虑这些语言知识是否在实际交际中有用，这是传统英语课堂教学的特点。

第三，提高学生英语技能。从人际交流层面而言，教学离不开教师和学生。教师在实际教学中把语言作为表达教师与学生关系的一种手段，教师通过训练学生，提高学生的英语技能，也能够达到英语教学的目标；从教学方式层面而言，教师应采用训练的方式来提高学生的英语技能，这种教学方式仍没有脱离传统的以教师为中心的教学模式。教师训练学生的目的就是提高学生的语言技能，需要指出的是，这种语言技能与语言运用能力存在着一定的差异，其基础主要是结构主义理论。

（二）英语教材教学设计的文化使命

英语专业教学既是语言教学，也是文化教学，英语课堂教学的目的是讲授英语语言知识，提高学生的语言技能。更为重要的是，英语专业教学的最终目的是培养和提高学生的跨文化交际能力，随着多元文化格局的形成，英语在中国对外交流与合作中的地位越来越重要，英语教学的重要性不言而喻。为了适应多元文化的发展，当代英语教学必须注重文化教学。了解英语教学文化目标，对英语课堂教学的发展具有十分重要的意义。英语教学除了注重语言知识和语言技能教学以外，还要注重学生文化能力的培养。英语教材教学设计的文化使命如下：

第一，合理运用英语表达。母语文化在信息化背景下英语教学中起着不可替代的作用，学生在学习英语的过程中，要注重母语文化的学习和传播。学生在英语学习过程中，应该能够利用英语来表达和讲述自己的母语文化，并在学习英语的过程中逐渐提高自己的文化表达能力，这是英语教学的目标之一，同时也是英语人才培养的重要层次。因此，英语教材教学设计方面也要对英语表达运用方面给予重视。

随着文化多元化的发展，要想使中国文化在世界范围内广泛传播，就应该注重中国文化的传播。用英语对母语文化进行表达，是中国文化在国际上传播的重要途径。英语是国际通用语言，用英语来表达母语文化可以为文化的国际传播提供保障。在用英语来表达和传播中国文化的同时，学生的英语能力和水平也会不断提高，同时也能实现中国文化的广泛传播。

第二，深度理解英语文化。在英语教材教学设计中，要想理解英语并恰当地运用英语，就必须理解英语文化及深层内核，这是英语教学设计的重要目标，也是国家、社会和学校对英语人才培养的必然要求。在英语学习中，学生要想理解英语文化的深层内核，就必须不断提高自己的文化理解能力，只有具备了理解文化的能力，才能更深入地理解和掌握英语文化的深层内核。此外，教师在英语教材教学设计中中必须注重文化教学，并将理解英语文化的深层内核作为英语人才培养的重要目标，同时还要采取多种方法来提高学生的文化理解能力，这样才能促进英语课堂教学的顺利进行。

（三）英语教材教学设计的原则

英语教材教学设计育人使命的实现不是自然而然的，没有先进的学科教学理念，没有适切的学科教学方法，没有适应学科教学改革的高素质的英语学科教师队伍，难以生成高质量的英语学科教学，缺少了高质量的学科教学，英语学科育人能力的实现也就会受到制约。因此，明确大学英语的育人价值和使命仅仅是一项基础性的工作，更为重要的是要通过系统的改革更好地提升英语学科育人能力的提升。育人是一项系统的工作，教育教学改革也同样如此，改革的过程涉及诸多的影响因素，也需要解决大量的现实问题。推动英语学科教学育人能力的提升，最为重要的落脚点应该有两个：① 大学英语学科教学本身的改革，特别是教学理念、教学方法、教学内容等学科教学核心维度的改革，是提升英语学科育人能力的重要前提和基础；② 英语教师专业素养的提升，特别是教师理念与意识的更新和研究探索能力的提升，是提升英语学科育人能力的重要保障。英语教材教学设计的原则如下：

第一，促进英语学科教学改革。对于大学英语教学改革而言，教学目标的改进也同样重要。信息化背景下大学英语“知识与技能、过程与方法、情感态度和价值观”的“三维目标”，是对传统教学目标的一种根本性变革。时至今日，“三维目标”已经深刻地影响了教师的课堂教学行为，“三维目标”为设定当下的大学英语教学目标提供了基本的维度和框架，教师应该以此为基础，着眼于人的发展，从培养学生指向于未来社会的幸福生活的角度设计更为多元化的教学目标，帮助学生实现全面的发展，也为他们今后更好地走向社会、融入社会，并在更为广阔的空间中实现自己的价值奠定坚实的基础。

第二，完善英语教师专业发展。教师是教育教学改革的直接执行者，也是学科教学质量的最终决定力量。如何提升教师的专业素养，不断推动教师队伍的专业化建设一直都是教育主管部门和学校的重要工作，教师专业发展也同样越来越成为教师的使命与追求。任何好的教学理念都需要通过教师的劳动进行落实，任何好的教学方式都需要通过教师的劳动进行实践，教学领域中的任何改革都不能缺少教师队伍专业素养的提升。因此，要使大学英语教材教学设计更好地承担时代与教育赋予的育人使命，除了英语学科教学自身的变革与创新之外，还需要以英语教师的专业化发展作为保障。

二、英语专业教师教育中教材的开发与发展

（一）英语教材的全新开发

开发和出版网络教材是信息时代英语专业教材建设的必然趋势，英语网络教材有自己的特点，应将计算机网络技术与英语课程全面整合，充分发挥现代信息技术的功能，以期更好地满足英语改革的要求。在当今信息化时代，新的英语教材的开发与编写，应将计算机网络技术与英语课程全面整合，全面把握学生的学习动机、学习需求和学习心理等因素，建立一个总体的教学过程模式，指导整个教材的设计。新的英语网络教材将听、说、读、写、译融为一体，是一个综合性的英语教学系统。

新的网络教材的开发应有理论基础，应该本着兼容并包的态度，创造性地采用有关语言学习理论、二语习得和教育心理学等理论的一些基本教学方法和策略，形成一套符合我国大学英语教学实际的学习和教学策略，其中包括行为主义心理学对句型练习、语言模仿的强调，学习理论和认知主义心理学中重视学习主体的语言信息处理过程的方法。交际法以学生为

中心，注重语言交际中的有效性的思想，建构主义任务型学习活动的参与，语法翻译法的合理成分，如教学中适当的母语参与，在语言学习活动中可以产生语言习得的正迁移作用，也为学生的语言输入提供认知导向作用。从我国大学英语教学的实际出发，综合运用各种教学理论，总结我国大学英语教学的独特经验，编写和出版符合我国大学英语教学实际的网络教材。

在新的英语网络教材的编写上，要注重语言有意义的信息输入，尽可能实现学生对同主题语言输入信息形式多样的认知、模仿、交流和语言实践活动的有意义展开，逐渐让学生形成以听说能力为重点的英语综合运用能力。要充分利用计算机技术创造出适合内容的语言环境，以便增强课文的讲解效果，既解释疑难，又唤起学习热情，提高学习兴趣。可以充分发挥网络教材易于变更的优势，将教材内容经常变更，及时的内容变化和更新能使整个教材与时俱进，更加先进、灵活，符合实际和具有可操作性。新的网络教材要充分利用计算机网络技术进行广泛的、个性化的语言体验活动，个性化学习、情景化学习、自主化学习、协作化学习应贯穿其中，

新的网络教材要以语言有声交流为起点，进行有意义的语言信息输入、多种形式的互动交流学习，循环利用各种教学手段，以期培养学生较强的听说能力和英语综合运用能力。大学英语教学改革要求进行个性化的教学，新的网络教材的开发应体现个性化的教学理念。教材的个性化与教学大纲密不可分，英语教材从“一纲一本”到“一纲多本”，是一个很大的飞跃，但“一纲多本”很难做到教材的个性化。不管哪个版本的大学英语教材都是以一个大纲为指导，词汇、语法、结构、功能意念等都不可能超过大纲规定的范围，只是编写形式有所不同。大纲本身的不足会在教材中反映出来，编者很难跳出原有框架，编写出个性化的、有特色的教材。高要开发个性化的大学英语网络教材，课程设置应转向“多纲多本”。国家大纲由政府和教育行政部门进行编制；地方大纲在国家大纲指导下，根据地方特点组织编制，在一定区域内实施，符合本地区英语教学的实际需要；学校大纲由学校按国家大纲、地方大纲的规定而自主编制。在确定了各级大纲后，可根据国家大纲、地方大纲和学校大纲提出的不同要求，组织大学英语教学的专家和有关人员编写个性化网络教材。只有在多种大纲的指导下，才能开发出符合学生培养实际需要的个性化教材。

（二）英语网络教材的发展

从近年来各大出版社更新英语网络教材的内容和市场上各类英语网络

学习平台产品，可以展望英语网络教材的一些发展趋势。

第一，系统稳定。稳定的系统是各学校层面用户的首选要求。稳定的系统对学校而言，不仅仅是易于维护，还在于能增加师生使用网络教材的信心和兴趣，出版社需要优先考虑的问题是如何保障信息化背景下大学英语网络教材的系统稳定性。

第二，便于操作。友好、人性化的操作界面能增加应用者的认同感。网络教材对应用者而言应该做到简单易学、操作方便，能够极大地提高应用者的学习应用兴趣。

第三，教学评估功能强。充分发挥计算机的统计功能，精确统计学生、教师学习应用网络教材情况，给学校各级管理层提供及时精确的评估数据。

第四，开放性。各校的学生层次、学科方向皆有不同，不可能有一套能够完全满足所有高校要求的通用教材。因此，信息化背景下的大学英语教材应该让各校教师根据各自特色进行二次开发，增加各学校特色内容；同时网络教材的特色能够也容易实现这一要求。

第五，教学资源丰富。各单元课程内容符合场景、构建等教学理论。此外，网络教材具有与教材各单元知识相关的丰富素材背景资源，给师生更多的知识扩展空间。

英语专业教师教学改革是我国大学教学改革的先期探索，而作为大外教改重要组成部分的大学英语网络教材是我国高教首批建设的网络教材。作为高校网络教材建设的里程碑，其应用与发展及其所积累的经验将为大学其他各学科的教改带来深远影响。

第二节　英语专业教师教育中教材形式与特点

英语课程有着推广和普及英语语言文化知识，从而增强交际能力的作用。而且高校英语课程所选择的课程内容有着深厚的文化底蕴，因此，它在一定程度上对我国整体素质的提高起到积极的作用。英语课程为社会提供具有英语应用能力的人才，“以学生为中心，尊重学生的主体地位，培养学生的主动参与意识和自主学习能力”成为重点之一，这有利于培养大学生的个人与合作意识。

高校英语课程的教材具有深厚的人文底蕴，对英语的学习和使用，会促使学习者主动学习文化知识，并有利于激发其民族自豪感和爱国情操。

大学英语课程为学生个体提供交际的对象、环境，在课堂中，学生和学生、学生和教师，以学习英语语言为目的进行交际。在英语课堂中建立的人际关系，还可能会延续到课堂以外。例如，学生与学生、学生与教师在大学英语课程中交流，进而成为好朋友。此外，大学英语课程的内容是英语语言文化知识，它是有别于母语的另一种交际手段。有了这种交际手段，学生的交际面也得到扩展。在语言学习的过程中，大学生的交际能力也会相应地得到提高。

下面主要基于信息化背景，探讨英语专业教师教育中教材的出版形式与多元特点。

一、英语专业教师教育中教材的出版形式

网络出版作为一种全新的媒介，迎合着出版产业多元化，不拘文本的信息服务。网络出版的英语教材在信息化背景下大学英语教学中有以下出版形式：

第一，电子课本。教师和学生利用个人电脑在线下载所学的网络出版课本，如北京英语教学与研究出版社网络版的《新视野大学英语》课本和上海英语教育出版社网络版的《大学英语》课本，出版者将已数字化的课本内容在其网站上发布，学生和教师有一台联网的计算机，有偿或无偿在线学习或下载资料，做电子笔记。

第二，电子阅读图书。出版者将英语的图书内容制作电子文本，如英语词典、英美文学、英美报纸等在网上发行，电子书一般为 32 开本，在外观上与传统书籍相近，符合学生的纸质阅读习惯。学生可以用网上交易形式付款下载，进行离线阅读，教师能向学生提供一种动态的立体信息组合，并可以通过超链接加入相关的各种知识和信息。

第三，测试与评分。在大学英语教学中，网络出版还包括了测试与评分，利用网络试题库提供的试题，学生可以在学校局域网上进行测试，可以组织教室同步测试，教师可以根据教学进度和学生学习英语情况自主选择单元、题型、测试的时间等。

二、英语专业教师教育中教材的多元特点

信息化背景下网络出版是信息时代计算机技术、通信技术和网络技术发展的产物，网络出版的教材，不仅是出版工作技术上的延伸，更重要的是知识的传授手段、教学理念与教学模式的改变，信息化背景下大学英语

网络教学其时效性、共享性、交互性和个性化特点在大学英语教学中占很大优势。信息化背景下英语专业教师教育中教材的多元特点如下：

第一，英语教材丰富了教学内容，有利于情景教学，激发学生学习兴趣。网络出版的教材将图像、声音、文字有机地结合在一起，使教学资源丰富而形象生动，增强了学生对所学教材的热情，使学生由被动学习向主动式学习转变，形成以学生自学为主的学习模式。使用网络教材授课，教师更多是一个管理者和引导者。

第二，英语教材的教学内容能充分地、有效地照顾到学生个体的学习需求。新的教学模式应以现代信息技术，特别网络技术为支撑，使英语教学不受时间和地点的限制，朝着个性化学习，自主式学习方向发展。网络版的《新视野大学英语》教材迎合了这一要求，利用网络教学资源，教学可以随时随地进行，教师可以利用屏幕及影音广播功能，将教师机屏幕、影像、声音、音乐等信号广播给某一个学生或全体学生。通过网络，教师可以解答学生的问题，还能对学习差的学生个别辅导。学生在学习的过程中也有充分的灵活性，可以选择自己方便的时间和地点，可以有选择性地购买学习资料，制成适合自己需要的个性化学习材料。

第三，英语教材向教师提供了丰富的高质量的电子教案。电子教案可以及时资源共享，还可为教师提供不同版本的内容丰富的涉及面广的资源。教师还可以进行选择性应用并修改，融入自己的教学理念。

第四，英语教材有利于学生创新能力和自主学习能力的培养。网络版的英语教材内容以学生为中心，以学生的自主学习为主，不受教师的主宰与课堂限制，建立平等互助的师生关系。

第三节　英语专业教师教育中教材资源与机制

英语网络教学资源是通过计算机网络收集并加以利用得以用于英语教学中的各种信息资源的总和，立体化教材是一种充分利用现代科学技术来完善英语教材建设的新观念，是融英语教学资源与多媒体、网络于一体的资源信息。随着信息技术的快速发展，其在英语教学资源建设领域的涉入，对高校英语教学制度的改革，人才的培养等方面都起着巨大的推动作用。

第一，运用遗传算法将网络教学共享资源优化。遗传算法是从代表问题可能潜在的解集的一个种群开始的，而一个种群则由经过基因编码的一定数目的个体组成。在进行英语网络教学资源、立体化教材数字资源建设时，充分利用计算机网络共享特点来整合教学资源，使网络教学媒体与其他教学媒体融合并用。例如，运用搜索引擎技术，学习者可以很方便地查找到自己感兴趣的内容，需结合遗传算法将搜索的共享信息优化。可以将网络教学资源的搜索和共享分为资源搜索、资源优化、资源信息库更新及资源共享等过程，将搜索到的信息运用遗传算法进行优化。遗传算法是基于自然选择和遗传学原理的优化搜索方法。遗传算法能在短时间内获得满意的优化结果。用遗传算法进行网络教学资源信息优化，主要在于种群规模、染色体表示、优化参数、适应度函数和优化目标的确定。参照遗传算法的优化过程，输出优化后的网络教学资源信息列表。通过优化后的网络教学资源信息提供给教师和学生共享，其顺序是最优个体中网络教学资源的排列顺序，综合考虑网络教学资源的内容、收费情况、网络传输带宽等多项因素，从总体上反映了各种网络教学资源参数对优化排序的影响，方便教师和学生快速选取网络教学资源。

第二，建立基于代理的自适应学习模型来完善网络教学资源的建设。代理是模拟人类行为及人与人之间的关系，能根据所感知的环境自主运行和提供相应服务的程序，通过建立一个基于代理的自适应学习模型来实现对英语网络教学资源和立体化教材的有效利用。

学习模型的底层是资源层，是系统建构英语学习内容、学习策略、学习环境的基础，它主要包括知识库、策略库、试题库等。在英语自主学习中，大量的网络共享资源的识别，学生快速搜索到自己感兴趣的内容，以及通过反复学习、测试后的自适应调整学习模式是基于代理学习的主要内容。学生自适应学习模型的建立是通过学习者初次登录时完成的问卷调查、学前测试、练习模式和测试模式形成的，以后在学习过程中通过学习跟踪行为不断更新模型中的相关数据，使其能及时反映学生的当前状态。用户层为学习者提供学习界面和学习环境，将资源层中的相关资源进行合理组合生成的适应性学习界面和学习环境，是学习者进行适应性学习的场所。搜索引擎是学生访问教学资源时不可缺少的辅助工具，它可以帮助学生更快、更准确地找到所需的信息。自动文摘能在搜索引擎抓取内容后，自动从原始文件中提取能够反映资源信息的摘要，当学生进行查询时，学生就能对摘要信息有清楚的了解，代理系统也能记录学生的行为，再根据学生学习的时间，跟踪学生的学习行为，进一步给出下一次学习的推荐。

第三，基于粗糙集理论的网络教学资源与立体化教材有效利用研究。资源利用的研究通过训练样本数据实验，对英语网络教学资源利用进行分析，以此指导大学生网络学习资源管理，实现规范网络学习资源的目标。为此网络学习资源利用的研究设计要做以下基本工作：①明确网络学习资源利用研究需求，在现有网络环境下，获得资源利用原始数据；②设计基于粗糙集理论的网络学习资源利用研究系统一般模型。根据基于粗糙集理论的知识发现过程并结合研究目标，设计了基于粗糙集理论的网络学习资源利用的研究系统模型。

基于粗糙集理论的英语网络学习资源，是通过需求分析，明确研究问题，以此确定研究样本原始数据。根据网络学习资源利用的研究需求，利用样本原始数据，设计建立网络学习资源利用的研究决策表；按照粗糙集理论方法，对决策表进行预处理、离散化和属性简约一系列操作，生成决策规则集；对规则集中的规则进行提取，以获得网络学习资源的研究结果；将网络学习资源利用的研究结果应用到网络学习资源的管理测试、分析中，最终实现对网络学习资源的管理的决策指导。基于粗糙集理论的网络学习资源利用的究研究实际上是一个知识发现和知识应用的过程，属于知识管理范畴内容。知识管理包括知识获取、知识交流、知识应用和知识创新等过程。知识获取是指对现有的知识进行收集、整理和分类的过程；知识交流是指学生通过平台、社区等途径促进知识共享的过程；知识应用是指利用获取的知识去解决问题否认过程；知识创新是学生通过知识共享和应用产生新的概念、新的思想和新的感知行为。因此，在实现网络学习资源知识利用的研究，有助于创新的发现。各功能模块按照网络学习资源利用的研究需求设计了多种网络学习资源利用的研究策略和处理方法。

第四，各种理论方法研究性能评价分析。对英语网络教学资源、立体化教材进行建设有多种理论技术，每种技术都有各自的优点和不足。随着信息技术的发展，计算机网络的深入应用，网络教育这种远程教育模式引入到教育教学中。英语网络教学资源平台、立体化教材数据资源共享平台的建设已成为培养人才的一个新趋势。在立体化教材建设中，重要的不是英语教学资源的堆积，而是它的教学设计。当然要运用网络传播教与思想和理念，运用网络检验英语教学效果，英语教学资源的丰富是重点。

第四节　英语专业教师教育中教材数字化改革

随着教育改革的不断深入，互联网信息化新技术的日益成熟，正在不断影响着传统的教学模式。为了紧跟时代发展步伐，在英语教学实践中，数字化英语教材已成为新的发展趋势，各高校都在对英语教材进行不断创新，不断丰富教学内容和方式。英语专业教师教育中教材数字化改革迫在眉睫，只有不断丰富和完善数字化英语教材，才能更好地完成信息化环境下大学英语的各项教学任务，培养出更多的英语专业人才。

英语教材是教师课堂授课的重要媒介和互动的桥梁，是学生对语法、词汇学习的方向标。[①] 数字化英语教材是以现有网络为媒介，可为教师提供丰富教材，全方位地教授学生英语知识。还可根据学生的需要，为其提供英语学习所需的各种影音资源。因此，数字化英语教材应包括各种视频、影音、图片、文本和课件等资源。

通过数字化英语教材的应用，教师可把数字化资源中的英语教材与英语教学实践有机结合，根据学生的具体情况量体裁衣，选择适宜的教学模式。目前，一些高校也在寻求数字化英语教学之路，以期为教师和学生间打造一条“线上 + 线下”“课内 + 课外”资源互补、相互配合的平台，全面提高高校的英语教学效率和学习效果。数字化信息技术这一全新的教学媒介，以其特有的特征，有效带动了教学模式和教学方法的革新。

一、英语教材数字化改革的作用

随着互联网和信息技术的快速应用，以及电子设备的迅速普及，极大地改变了人们获取信息与阅读的习惯。数字化大学英语教材契合了这一时机，大学英语教材数字化是必然趋势，数字化大学英语教材的作用主要体现在以下方面：

第一，数字化大学英语教材有利于科技与教育的融合。信息技术与教育的深度融合不仅是把信息技术当作教学手段，更重要的是塑造一种新型的教育理念。

① 杨欢．信息化环境下数字化大学英语教材研究［J］. 黑龙江科学，2018，9（17）：82.

第二，数字化大学英语教材有利于创新教学模式。数字化教材有着丰富的教学资源，可以满足不同人群的需求，改变传统的教育方法，有利于推动教学模式的个性化。教师可以根据学生的现实情况，选择学习策略和方法指导，并有针对性地设计学习方案；学生的数字化教材教学资源丰富，受时间、空间限制小，自主选择性更强。

第三，数字化大学英语教材有利于教学管理的智能化。运用云计算、大数据等信息技术，可以在后台进行数据综合分析，综合各项因素，为师生提供智能、切合实际的建议，有效提高教学管理水平，促进教学管理工作的智能化，推动大学英语教学更好的发展。

二、英语教材数字化改革的对策

第一，积极应用电子书教材。目前，我国电子书教材尚处于起步阶段，这也成为数字化英语教材的短板，制约着数字化的进一步发展。因而，发展应用电子书教材刻不容缓：①使用方便，借助智能手机、平板电脑等电子设备可以储存所需要的电子书教材，便于携带，不占空间，最大程度地减少时间和空间的限制；②更新速度快，电子书教材更新成本较低，更新速度快，可以随时进行教学内容的更新，便于传输。

第二，构建科学的大学英语教材评价体系。教材质量的优劣至关重要，构建科学合理的教材评价体系非常必要。师生在教材应用过程中，如存在疑虑或其他问题，可对问题做出相应的说明，在全面理解整个数字化教材评价过程的基础上，做出符合客观实际的评价。

第三，丰富数字化大学英语教材体系。在数字化大学英语教材使用过程中，应注重推进数字化教材与教材内容的匹配，不断完善数字化教材体系，实现数字化教材的多元化。一方面，大学英语教材在内容上要呈现丰富性和多元化。学生来自五湖四海，专业各异，对于英语学习中的资源诉求也大相径庭。大学英语教材数字化过程中，必须充分考虑到服务主体的差异性。另一方面，要符合学生的学习习惯，了解学生的兴趣所在，满足不同需求，这样才能最大限度地激发学生的学习兴趣。

第四，创建指尖上的学习终端。随着智能手机的普及，已经逐渐成为人们的信息窗口，通过手机终端 App 软件，大量的推送消息被发送到手机上，并迅速被阅读传播，形成了全新的内容获取模式，推动形成了一种全新的学习方式。高校要借助这种新型媒介力量，充分利用社交网络、在线平台、移动工具等搭建大学英语教学平台，让学生借助互联网在移动终端上自由学习，不受时间、地点限制，此外，还可借助腾讯QQ、新浪微博、微信等平台进行交流互动，营造积极主动的学习氛围，发挥信息化背景下数字化大学英语教材的独特优势。

总而言之，在信息化的大背景下，数字化英语教学已经渗透到大学英语教学中，数字化大学英语教材是今后大学教学模式的必然趋势。随着科技的不断进步，数字化英语教材的普及应用程度越来越高，对高校大学英语教学的进一步发展起到不可估量的积极作用。因此，高校与教师必须顺势而为，在探索中不断前进，在前进中不断变革。

第四章 英语专业教师教育的课程体系探究

第一节 教师教育课程体系的指导思想

课程体系构建是指为实现职前教师教育的目标，包括课程目标厘定、课程宗旨、结构与组织、教学科目、方法与时间分配等而设计课程结构。[①] 教师教育课程可以分为七大范畴：① 内容知识，即学科本位的知识基础，学生必须对所任教的学科有专业的和深刻的认识；② 学科教育学知识，即教授这些知识所需要的教学技巧；③ 学习者的知识，即认识学习理论和学习者的特征，如教育心理学、发展心理学和学生辅导等；④ 一般教学法知识，即针对课堂管理与组织的理念和策略；⑤ 课程知识，即课程的基本理论及对学校课程的认识；⑥ 教育脉络知识，即了解教师群体的文化特征，学校、社区及政府政策之间的关系；⑦ 目的、价值、哲学和社会背景知识，即教育哲学、教育社会学、教育价值的知识。

教师教育课程体系直接影响专业化教师的培养质量和水平，要提高教师专业化的素质就必须改革现行教师的培养模式，重构教师教育课程体系，即教师教育课程的设置是教师教育的核心与关键，教师教育的改革重心在课程改革，而教师教育课程必须根据教师职业的专业标准来确立教师教育的培养目标与规格。

一、建立教师教育与课程现代化的新理念

教师教育课程设计及其实施的目的旨在改变部分师范院校教师教育课

① 聂志成．教师教育与教师教育课程研究 [M]. 成都：西南交通大学出版社，2007：197.

程结构不科学、不合理的状况，重新设计和建构一套适应教师教育和教师专业发展的教师教育课程体系及其标准要求和实施模式。

改变以往以师范院校为独立体系的封闭、单一的教师教育课程设置方式，建立开放、多元、综合、灵活的教师教育课程设置方式；改变以往教师教育课程体系中普通文化课程、学科专业课程与教育专业课程，教育理论课程与教育技能性、实践性课程及必修课程与选修课程比例严重失衡的状况，增加教育专业课程，教育技能性、实践性课程和选修课程的比重，增强教师教育课程标准的教师专业性、实践技能性、开放灵活性和选择适应性；改变以往教师教育课程中内容陈旧、过时、庞杂、烦琐、重复的现象，使课程内容反映当代社会、经济、科技、文化及教育发展日新月异和个体发展呈现出多样化、个性化、加速化的特点及其要求，实现课程内容的精简、整合和串行化；改变传统教师教育课程被动吸收、机械训练的培养方式，倡导问题研讨式、实践探究式、自主体验式、参与合作式、主题互动式的课程实施方式，实现课程教学方法和教师培养方式的改造和创新：改变以往教师教育课程设计及其实施与教师专业发展严重脱节的现象，实现课程设计及其实施与教师专业的同步协调发展；改变以往单纯注重满足教师数量而忽视教师质量提升的教师教育培养模式；改变以往注重教师的外在职业资历而忽视教师内在专业素质的教师课程评价标准。

教师教育课程必须使未来的教师在充分尊重学生多元化的价值取向的基础上，能够完全树立以学生发展为本的教育理念，充分认识到发挥学生主体能动性的作用，充分体现出为学生发展服务的意愿，主动实施素质教育。在这一要求下，为素质教育培养未来教师的教师教育课程设置必须能够给学习者提供所需要的素材，必须体现教育教学的新思想、新观念。

二、课程设置体现培养高素质教师的要求

随着素质教育的推进，要求师范教育培养的师资是能适应教育进一步改革与发展的复合型、创造型的人才，是在学校教育这一专业领域能真正把握教育的真谛，以学科知识为纽带，培养学生的思维品质和探索知识、学习方法的教师。教育的实践迫切要求师范教育培养能适应教育发展的应用型人才。教育事业是培养具有创新精神人才的摇篮，这就要求广大从事教育工作的人员，具有培养学生创新意识、创新能力的素质。教师的职能不仅是传授知识、树立道德观，还应该促进学生能力的养成。因此，通过教师教育培养出一大批思维活跃、有开拓进取精神、创新意识强烈、创新

欲望高涨的教师具有重要的现实意义。

尽管培养创新型教师的相关因素很多，但教师教育课程的设置是一个重要因素。设置创新性的、研究性的、开拓性的教师教育课程，是培养、造就合格教师的重要前提。教师教育课程不仅要开发学生的智慧，更要激发学生创新的欲望和潜能。教师教育课程设置中必须要包括专题研究、反思性教学训练、创造性思维训练等方面的内容，有意识地培养教师的创造意识和能力。

第二节　教师教育课程体系的目标、原则

一、教师教育课程体系的目标

作为一名专业的教师应具备普通文化知识、所教学科知识和教育学科知识三方面的知识相互结合和交融的知识体系。教师的专业技能应包括六个方面：学科教学技能、综合教育能力、教师基本功和职业技能（包括运用电化教育和使用计算机的能力）、班级组织与管理能力、专业反思与交流、终身学习能力、教育科学研究能力。教师的专业情意包括专业理想、专业情操、专业人格和专业自我。要提高教师专业化水平和学生的职业素养，应按照以上培养目标来教育高等师范学生，构建与教育改革相适应的教师教育课程体系。

第一，树立现代教育观念和具备专业精神。树立与现时代相适应的教育观、学生观、教师观、课程与教学观；形成教育的理想并尊重教育的现实，养成对学生负责、对社会负责、对自己负责的专业责任感；在专业上不断进取、不断创新，为人师表。

第二，掌握和理解教育的基础知识、理论和技能。了解教育的基本史实和事实，掌握教育的社会学、心理学基础，懂得并思考现代教育的政治、经济、文化的功能及对个人的发展价值，掌握教的内容、怎么教、教得怎么样等教育基础知识、理论和技能。

第三，培养教育实践能力和创新的意识。关注教育实践，善于从教育实际场景中发现问题、解决问题；有研究和创新的意识，了解并掌握课堂观察、教育调查、文献整理、实验及质的研究等基本的教育研究方法；能够在教育教学实践中发现和提出问题、设计研究方案并展开实践研究。对

教育的理论及现实有自己的判断，能够批判性地反思自己的学习和实践活动，创造性地完成学习任务。

二、教师教育课程体系的原则

第一，适度超前性原则。课程设置力求面向现代化、面向世界、面向未来，反映当代社会经济、文化科技发展的趋势，贴近国际教师教育改革的前沿，反映当代教育科学发展的成就和教育改革发展的要求，体现现代教师教育理念。为适应全面推进素质教育发展，培养具有创新精神和实践能力的合格人才的需要，适应新一轮课程改革实施与发展的要求，适应教师教育专业化发展的要求，教师教育的课程门类与内容的改革构思必须适应教育全球化与教育发展对教师自身素质的要求，培养未来社会所需的新型教师。

第二，开放性原则。纵观世界范围内部分国家和地区课程改革的情况，有三个发展趋势：一是调整目标，使新一代国民具有适应社会、科技、经济发展所必备的素质；二是改变人才培养模式，实现学生学习方式的根本变革，使现在的学生成为未来社会具有国际竞争力的公民；三是课程内容进一步关注学生经验，反映社会、科技评价在促进学生潜能、个性、创造性等方面发展的作用，使每个学生具有自信心和持续发展的能力。教师教育课程设置既要吸取国外教师教育课程标准的先进经验，又要反映我国教师专业发展的客观要求；既要基于现有教师教育机构的办学实际，又要兼顾其他教师教育机构的发展要求；既要继承弘扬教师教育的成功经验，还应反映教师教育改革创新的实际需要。

第三，弹性原则。教师教育课程设置，应当应遵行教师专业化的基本要求，以保证教师教育的基本质量。统一性的实质是教师成长的连续性、阶段性和发展性的统一。统一性要求对教师专业发展进行全程规划、总体设计、通盘考虑，但也应当富于弹性，允许各地各校根据各地经济、文化、教育发展及学校办学水平不平衡的实际，设置教师教育课程体系。因此，教师教育课程设置改革应在遵循教师教育的统一性原则的前提下，对职前培养和职后培训的课程加以整合，使整个教师教育阶段的课程体系既具有阶段性、针对性和连续性，同时又要有灵活性，形成各校培养人才的特色。

第四，效能性原则。教师教育的课程设置要考虑教师成长和人格形成的需要。现代教育的发展需要专家型教师。学生对教师的评价提出了特别的标准，他们期望实力派教师。教师教育问题面临全新的考验和挑战。我们必须重新审视教师教育的培养目标，必须根据教育发展需要，根据学生对教师的要求确定教师教育的培养目标。教师教育的培养目标是决定教师教育课程设置的根本依据。实行多种知识内容和多种课程的立体综合。实现课程标准的目标多元化、水平分层化和功能多样化。同时，按照全面发展与自由发展、专业发展与个性发展的要求，扩充传统课程概念，创建形式多样、功能完善的课程类型。所以，教师教育的课程设置必须考虑教师成长、发展和人格形成的实际效能，高效能地推进教师培养，促进教师教育加速发展。

第五，综合性原则。课程结构的“综合性”主要通过开发和设置综合课程的方式体现出来，如交叉课程、相关课程、融合课程、广域课程、核心科学和经验课程等模式。这一原则明确了设置综合课程、减少学科门类的趋势，同时强调学科间的联系，重组课程内容，它体现了教师教育的基础性和专业性。教师教育课程既要体现大学本科教师教育的基础性，即在本科教育阶段为教师的成长发展打下广博的教育知识、技能和素养基础；又要紧密结合当今课程改革的趋势和要求，针对教师教育的专业特征，构建教师专业特色突出、有利于教师专业成长发展、推进教师专业化的科学的教师教育课程体系。教师教育课程体系的综合性不仅要注重学科交叉、文理交叉渗透，还要注重各类知识的综合和各种能力的综合，除了要处理好分科课程与综合课程的关系外，还要拓展课程视野，开设如心理教育课程、环境教育课程、创造教育课程等。

第六，理论性与实践性结合原则。力求根据教师教育要求和教师职业特点，既必须科学合理地安排教育理论课程，为教师专业发展打下坚实牢固的教育理论知识基础，又必须加强实践环节，注重教育实践和科学实验，重视教师职业技能训练和职业能力培养。

第三节　教师教育课程体系的方案设置

一、教师教育课程体系构建的思路

（一）以课程设置模式改革为基础

根据实际情况，教师教育主要实行两种培养模式：第一种是保留我国传统的师范教育专业；第二种是对全校非师范专业选修教师教育课程。

模式一：本科师范教育定向式。学生进入大学后即确定把教师教育作为主修专业。入校后，在各专业院系学习一般文化课程和学科专业课程，第 3 ~ 4 学年到教育院系选修教育学科专业课程，毕业时授予教育学士学位。这种模式在我国传统师范教育专业（中文、数学、化学、英语）中实施。

模式二：主辅修双学位制。所有非师范专业的学生都可辅修教师教育课程，培养方式为四年本科 + 辅修教师教育专业（30 学分），毕业时发专业学士学位 + 中学教师资格证（教育学士学位）。

（二）以课程结构改革为根本

第一，打破传统的课程设置模式，向现代化、综合化、系统化和多样化方向发展。教师教育课程基本上可由普通文化课程、学科专业课程、教育学科课程、教育技能课程和教育实践课程组成。

第二，课程比重上，在巩固深化学科专业课程的基础上，大力增加教育学科课程的比重，并大量增加实践课程的比例，突出师范性。

第三，打破以往单一的必修课形式，增加选修课的比重，可由必修课、选修课、实践课、活动课、教育专题性讲座等多种研习方式相结合，满足学生多方面发展的需要。

二、设置合理的教师教育课程结构

一般而言，教师的知识结构应当由素养性知识、通识性知识、本体性知识、条件性知识、行为性知识、实践性知识等几方面的知识所组成。与此相适应，教师教育课程也应当由教师修养课程、文化通识课程、学科知识课程、教育理论课程、技能技术课程、实践训练课程几方面的课程所组成。

文化通识课程和学科知识课程分别是通识教育和学科教育的任务。因此，教师教育课程就包括了教师修养课程、教育理论课程、技能技术课程、实践训练课程四大模块。教师教育课程模块及其相互关系在教师教育课程设计与实施过程中，应当针对目前我国师范院校教师培养课程存在的问题，注意处理好以下方面的关系：

第一，建立由四类课程（教师修养课程、教育理论课程、技能技术课程和实践训练课程）有机组成的教师教育课程体系，以形成未来教师合理完善的教育知识结构，包括教师素养知识、教师条件知识、教师行为知识、教师实践知识。

第二，提高教育专业课程在教师培养总课程中的比重（其所占比重由现在的 8% ~ 10% 提高到 25% ~ 30%），以切实提高学生的教育专业素养，促进教师专业化。

第三，教师教育课程体系由教育理论课程和教育实践课程、必修课程和选修课程所构成，适当提高教育技能性、实践性课程在教师教育课程结构中的比重，以训练学生的教育教学技能和教育实践能力。

第四，适当增加选修课程的比重，使课程结构具有灵活性、开放性、自主性、选择性和创造性，以养成未来教师的和谐个性和教学专长。教师专业素质的培养需要相应的学科专业与课程体系的支持。目前，高等师范院校教师培养模式的各种改革中，主要有两种不同的取向：一种是强调应该加强教师所教专业和学科的知识与能力的培养；另一种则强调应该更多地发展教师职业本身的专业化知识与能力。

广博的学科知识和教师的专业能力，均为教师专业化的要求。而长期以来，我国教师教育的目标偏重于培养学科专家型的教师，课程体系呈现单一学科纵深发展型，没有体现出教学工作的专业特点；在课程结构上，教育专业课比重明显偏低，课程设置过于单一；理论与实践相脱离，对学生从教技能的锻炼起关键作用的教育见习和实习也存在时间短、次数少、实习基地少、指导教师少、流于形式等诸多问题。同时，师范院校的学科和专业结构往往具有两个比较明显的特点，即单一性和基础性，缺乏新型的、应用的、边缘的和交叉性的学科与专业，这就限制了学生的学科基础和知识面，也限制了学生的视野，难以适应现代教师应具有宽厚与综合性的知识与理论结构的要求。因此，教师教育的学科专业与课程，应该进行具有全程规划性的调整与改革。

我国教师教育课程结构一般由普通（公共）课程、学科专业课程和教育专业课程三部分组成。总学时约 2600 学时，总学分约 170 学分，完成全部实践教学环节，方能达到专业培养的基本要求。普通（公共）课程是所有受高等教育的人必须学习的课程，也是作为教师需要掌握的内容，在课程结构中处于基础学科地位，一般由人文科学、自然科学、社会科学和工具类课程构成。其主要的教育旨趣是正确的人生观、世界观的培养，认识事物观察并解决问题能力和处理社会关系及交往协作能力的培养，人文精神的培养和健全人格与教师结构特征的塑造。

教师教育专业课程是为学生开设的教育教学理论、方法、技巧等培养教师专业化内涵的课程，这类课程体现了教师的专业特点，是教师教育区别于其他教育的重要标志。其新课程体系的构建要考虑以下两点：第一，增大教育专业课程比重，以占课程的 25% 左右为佳，充分体现教师教育的师范性质；第二，改革教师教育专业课程的内部结构，强化教师职业技能与方法课程。其课程结构可设想为四个部分：① 教育理论（解决为什么而教的问题）8 学分，旨在教育基本知识、基本观念、基本精神的获得和形成；② 教育实践（解决怎样教的问题）12 学分；③ 教育科研（解决如何教好的问题）4 学分，旨在教育科研意识、科研能力、创新能力、专业精神的培养。④ 教育实习和见习 12 学分。

第四节　英语专业教师教育课程体系设计

高校应根据实际情况，将综合英语类、语言技能类、语言应用类、语言文化类和专业英语类等必修课程和选修课程有机结合，确保不同层次的学生在英语应用能力方面得到充分的训练和提高。英语专业教师教育课程体系设计，应充分考虑听说能力培养的要求，并给予足够的学时和学分；应大量使用先进的信息技术，开发和建设各种基于计算机和网络的课程，为学生提供良好的语言学习环境与条件。无论是主要基于计算机的课程，还是主要基于课堂教学的课程，其设置都要充分体现个性化，考虑不同起点的学生，既要照顾起点较低的学生，又要为基础较好的学生创造发展的空间；既能帮助学生奠定扎实的语言基础，又能培养他们较强的实际应用能力，尤其是听说能力；既要保证学生在整个大学期间的英语语言水平稳步提高，又要有利于学生个性化地学习，以满足他们各自不同专业的发展需要。

第一，英语课程教学的专业设计。部分学生在大学学习的时候，会需要掌握某类专业的英语知识。例如，学生主修计算机专业的时候需要学习计算机英语，学生主修经济学知识的时候需要学习商务英语等。教师可设计专业化的英语课程，引导学生加强专业英语的学习。教师可以设计商务英语的选修课程，引导商务经济管理类专业的学生在这门选修课上加强商务英语知识的学习，商务英语课堂教学中以项目式的方法开展商务实践技能的训练，这些训练能够取得良好的教学效果。

第二，英语课程教学的个性设计。“科学合理的高校英语课程体系，必然要基于对学生的个性化需要的分析，划分多个难度层级，同时提供相互依存的、动态平衡的课程模块。因此，个性化高校英语课程体系应以课程咨询与定制为先导，横向上考量语言知识、应用技能、人文素养，纵向上区分难度层级，测评上以阶段水平测试为评估手段，跟踪监管、动态评价课程体系的执行效果。”[①] 高校在开展英语课程设计的时候，需要通过英语课程培养学生的英语基础，这些英语基础包括基本的听、说、读、写能力，学生只有具备一定的英语词汇基础、句型应用基础和英语语法基础，才能够持续地向前发展。如何为学生奠定听、说、读、写能力的基础是部分英语教师的教学难题。英语教师需了解到，为了让学生愿意自主地吸收英语知识，教师要设计出具有个性化的英语课程，使学生觉得在学习英语的基础上，自己的兴趣爱好能得到满足，从而使学生愿意自觉地学习英语知识，奠定扎实的英语基础。

第三，英语课程教学的应用设计。当前社会，人们要求学生能应用流利的英语与他人交谈，能即时写出各类英语材料，能跨文化地与其他国家的人交流，这就意味着高校英语教师除了要帮助学生奠定良好的英语基础以外，还要加强学生的应用能力。为了提高学生的英语应用能力，大学教师要在英语教学中加强英语翻译能力的训练、英语交际能力的训练、阅读写作能力的训练等。

① 江琳．高校英语课程体系的“个性化”构建［J］．福建江夏学院学报，2022，12（1）：103.

第五章　英语专业教师教育的课程教学模式

第一节　英语专业教师教育的网络教学模式

信息技术正在给大学英语的教学模式带来巨大的影响，有了互联网，学生获取知识的便利性、灵活性有了非常大的提高，这就使得教学模式的多样化、开放化和专业化有了客观的必要性。英语专业教师要探索多样化的网络教学模式。

一、英语专业教师教育的网络教学模式内涵

英语专业教师教育的网络教学模式，其内涵主要涉及英语教学思想与理论、计算机网络技术参与、英语教学目标与资源、教学活动结构框架与教学方式等层面。

（一）英语教学思想与理论

任何教学模式都是建立在一定教学思想和教学理论基础上的，同样教学思想和教学理论也是网络多媒体教学模式的基石。换言之，英语网络教学模式需要依据一些教学思想和教学理论，这些思想和理论可以从两个层次来分析：一是宏观层次；二是中观层次。宏观层次主要是建立在哲学思想的教育学理论上，其主要内涵覆盖了教育心理学、教育学、教育技术学、学科教学论等；中观层次是基于外语教学的各种教学法，如语法翻译法、听说法、任务法、交际法等，而各种教学法的背后也离不开理论的指导。

（二）计算机网络技术参与

英语网络教学模式与传统教学模式相比，其最大的优点在于计算

机网络技术的参与。由于信息技术的发展，外语教学中的师生交流方式、信息呈现方式等都发生了重大改变，且人们已经形成了一个共识：网络多媒体技术并不是万能的，再先进的技术也需要教师的辅助，即教师需要对学生进行督导、监控及情感层面的支持。就外语教学层面而言，最为合理的方向是充分发挥计算机网络技术在多媒体信息呈现、信息查询、网络交流等方面的优势，辅助教师完成教学，减轻教学压力，也让教师有更多的精力和时间对存在差异的学习者进行情感交流和个别监督，解决他们的问题。换言之，网络多媒体与教师都有其自身的优势，因此在外语教学中应该将二者的优势都充分发挥出来，使学习者能够从低阶语言能力转向高阶语言能力。计算机网络技术在外语教学中的工具作用有如下几点。

第一，知识演示与传输工具。计算机具有明显的多媒体特征，其在外语教学信息的呈现中也具有明显的优势，可以通过文字、图像、图片、声音、视频、动画等多种传递方式。目前，外语教学也多提倡使用网络多媒体教学，目的是能够为学习者提供更多刺激感官的信息接收形式，从而促进学习者的记忆和理解，同时还能够增强教与学的趣味性。

第二，交流工具。当前，网络已经成了一种普遍的交流工具，在外语教学中也普遍运用。基于网络的外语教学交流工具有很多，如电子邮件等，这些都为教师、学习者提供了便利。

第三，个别辅导工具。人机交互式网络多媒体作为个别辅导工具所具有的一大特色，主要体现在各种交互类的外语学习课件中。目前，计算机网络技术作为个别辅导工具主要具有个别指导、操练和练习、学习监测和反馈等。

第四，教学信息记录工具。计算机网络可以对教师与学习者的各种与教、学相关的信息记录下来，这些信息可以为评价教师的教学行为、分析学习者的学习情况和进度、帮助教师和学习者进行反思等提供数据。

第五，学习情境创设工具。计算机网络技术可以为学习者创造真实的学习情境，通过逼真的语言环境，可以促使学习者进行探究和思考。

第六，教学管理工具。随着计算机网络技术在教学领域的应用更加广泛，计算机管理教学也应运而生。简单而言，就是运用计算机网络技术来帮助学校和教师进行教学管理。

第七，教学资源储存工具。计算机具有强大而便利的储存工具，这也逐渐成了外语教学资源的储存仓库，储存的内容包含课程教学课件、师生电子档案、电子教案、文献资料、多媒体语料库等。

第八，学习认知辅助工具。为了提高学习者网上学习的效率，网络查询引擎、在线电子词典、电子笔记本等被开发出来，这些都是计算机网络技术的学习认知辅助工具，从而不断提升学习者的学习效率和效果。

（三）英语教学目标与资源

任何学科教学都离不开教学目标，大学英语网络教学模式也不例外，教学对象不同，确定的教学任务、教学目标也不一样，其选用的教学模式也必然会不同。例如，对于听力教学而言，以提高学习者理解和记忆能力的教学目标适用于采用人机交互型教学模式。如果教学目标是让学习者掌握知识，那么教师可以采用以传递为主的教学模式；如果教学目标是培养学习者的思维和运用能力，那么网络写作项目、网络英语角等人机互动教学模式更为符合。当然，采取怎样的教学模式并不仅依靠教学目标，还涉及教学任务、教学内容、教学环境、教学对象等因素。

基于网络多媒体的英语教学的教学资源主要是以文本、音频、图片、视频、动画等形式呈现的数字化教与学的支持内容，是辅助教师展开教学的直接工具，也是学习者获取知识的直接途径，这些也构成了基于网络多媒体的英语教学模式的核心要素。无论是怎样的形式，教学资源本身的难度、选材等都应该从学习者的实际情况出发。与传统的纸质教学资源相比，基于网络多媒体的英语教学资源更易于共享、易于更新，且能够海量存储。

（四）教学活动结构框架与教学方式

大学英语网络教学，在宏观与中观教学思想、理论的指导下，需要将教师、学生、网络多媒体技术、教学资源等融合起来，形成具体的教与学的干预措施，包含教学内容的顺序、学习内容的组织、媒体呈现的设计、教与学的安排与设计等，这些都属于教学活动结构框架和教学方式的内容。

二、英语专业教师教育的网络教学模式类型

英语专业教师教育的网络教学模式类型，主要包括以下几方面（图 5-1）：

图 5-1 英语专业教师教育的网络教学模式类型

（一）英语网络自主接受模式

英语网络自主接受模式一般由三种要素构成：① 学习者个体；② 学习内容，指网络课件，通过网络传输的、由计算机作为媒介呈现的图文声像等语言材料内容；③ 学习指导者：指计算机和教师。网络自主接受模式所传递的主要是客观类的知识和技能，训练主要以选择、填空、拖动配对等具有明确答案的形式为主。通过设定计算机的识别和反馈程序，可以自动批改和矫正学习者的错误并提供解答。另外，还可以设定计算机程序使之自动探测学习者的学习背景和学习风格等，然后提供适合的学习材料和学习路径等，计算机相当于智能导师。而对于学习者在学习过程中遇到的各种问题，尤其是一些个性化的难题，以及人际情感沟通方面的需要，则需要教师通过网络交流工具如学习论坛来帮助学习者解决问题。

（二）英语网络自主探索模式

英语网络自主探索模式的一般构成要素主要有四个：① 学习者个人；② 任务 / 问题；③ 参考资源；④ 教学指导者。在网络自主探索模式中，学习的主要目标是提升学生的语言应用能力，而不是学习语法、词汇等客观确凿的语言知识，因此一般以完成某一具体完整的语言任务或针对某些问题阐明自己的观点作为学习的主要内容，如翻译某段文学作品或独立观看某段原版影片后写出影评等。在整个学习过程中学生会得到必要的提示和指引，一方面学生自己可以参阅网络资源或图书列表；另一方面教师会通过电子邮件、论坛等交流工具检查并督促学习者的进度，指导学生解决遇到的问题，并给予必要的评价和总结。

（三）英语网络集体传递模式

英语网络集体传递模式的一般构成要素是：学习者群体、学习资源、教学指导者。这一模式一般有两种教学过程：① 完全虚拟的网络课堂。教师和学生群体在统一的时间登录特定的网络“班级”，教师讲解新课学习内容，组织练习、讨论等学习活动，解答学生的提问，给予必要的反馈指导。② 自学加集体指导型。学生选择自己方便的时间自主观看教师布置的学习资源，如以图文声像等呈现的多媒体课件，然后在统一时间教师通过网络实时教学系统为学生提供集体指导、讲解和答疑。

（四）英语网络综合教学模式

在实际的网络外语教学中，根据师资、教学目标以及技术开发水平等条件往往综合应用不同模式的各种教学手段。例如，大学英语综合教程某一单元的网上教学过程是：学生自主观看该单元的网络课件，完成网上的填空、选择、拖动配对等练习并得到计算机的自动批改反馈，如果该学生已经达到本单元客观知识技能的基本要求，则会进入本单元的自主探索部分，会要求他（她）研读一份额外的主题材料并完成一份评述报告，在研读和写作的过程中教师会通过电子邮件 / 学习论坛等方式给学生必要的引导和提示。这一网络教学过程就融合了网络自主接受模式和网络自主探索模式的部分教学手段，可以将这种混合的应用称为网络综合教学模式。在设计和确定教学模式时，应该综合考虑教学目标、师资力量、学习者的学习风格等各种因素，选择应用合理的教学活动，只要有利于实现教学目标，可以采用综合的网络教学模式。需要说明的是，这一模式的划分方法与其他分类方式并不矛盾，只是参考的角度不同而已。

（五）英语网络协作探究模式

英语网络协作探究模式的一般构成要素为：① 学习者小组。学习者扮演的角色是进行小组自主分工、制订协作计划、定期自查、完成计划、总结发言并提交作品。② 任务 / 项目。这是网络协作探究模式的核心要素，主要教学理念是让学习者通过使用目标语言合作完成较为复杂的项目或任务，提高自身的语言综合应用能力和团队协作能力，其中项目或任务往往是与社会生活或工作紧密相关的，如策划一个产品的销售方案。③ 参考资源。④ 教学指导者。这里的教学指导者即教师。在项目或任务的完成过程中教师给予必要的引导，如协助小组进行分工、提供可能的资源索引、对语言应用的错误给予必要矫正、协调可能出现的矛盾、督促进度、组织评价等。

大学英语网络协作探究模式的宗旨就是构建一个虚拟的真实任务情境，帮助学习者在这个情境中通过使用目标语言来提高外语水平。任务/项目的选择视学习者的兴趣和语言程度而定，如果学习者小组的语言应用水平比较低，那么在设计任务、项目时也要与学习者的语言能力水平相适应，不能差之太远。

第二节　英语专业教师教育的情感教学模式

一、英语专业教师教育的情感教学模式源点因素

“英语情感教学，是指充分发挥情感在英语教学中的功能，优化学生的态度、体验、情感等，合理对待教学过程中认知与情感的关系，从而提高英语学习效果，实现教学目标。”[①] 简言之，英语情感教学既是通过情感进行英语教学，也是为了发展情感进行英语教学。英语专业教师教育的情感教学是一种教学模式，也是一种教学手段，还是一种教学目标。英语教学中存在的情感源点有教师、学生和教材，并使情感教学成为可能。

第一，教师的情感因素。教师是教学的组织者，其具有稳定的高级情感，是大学英语教学中最重要的情感源点，教师的情感因素有三个来源：① 主导的情绪状态。它是教师在教学活动中的情绪基调，受人格特质和自我修养的影响。② 对教育和教学工作的情感。教书育人的事业，关系到社会的进步，需要教师投入足够的情感。③ 对学生的情感。教学是师生之间的交往，这就要求教师对自己的教学对象满怀爱心和情感。

① 吕文丽，庞志芬，赵欣敏．信息化时代下的大学英语教学改革探索 [M]. 长春：吉林大学出版社，2018：63.

第二，教材的情感因素。教材是呈现人类认识世界和改造世界的成果的文本，它满足社会的需求，是教育者的意志的体现。英语教材中的情感因素有显性和隐性两个方面。显性情感因素，是指教材中通过语言、图片等直接表现的情感，如艺术类教材中的歌曲、舞蹈、绘画、雕塑、摄影等作品。隐性情感因素是指在反映客观事实的过程中附带的情感。例如，作者在记叙历史时，难免带有个人的主观情感。

第三，学生的情感因素。学生作为一个情感源点，在英语教学活动中更多的是接受外界的情感刺激，并形成内部情感。学生的情感包括三个方面：① 主导的情绪状态，它是学生在教学中的情绪基调；② 对学习活动的情感，它是学生对学习表现出的态度；③ 对教师的情感，其主要包括尊重、敬爱等。

二、英语专业教师教育的情感教学模式理论支撑

英语专业教师教育的情感教学模式理论支撑，包括情知矛盾观、情感系统观、情感功能观和导乐观。

第一，情知矛盾观。情知矛盾观认为，教学中的认知因素和情感因素是一对矛盾。认知上的矛盾是教学的要求与学生的实际认知水平之间的差距，情感上的矛盾是教学的要求与学生当时的态度体验之间的差距。前者涉及的是学生能不能学、会不会学的问题，即可接受性问题；后者涉及的是学生要不要学、愿不愿学的问题，即乐接受性问题。教师要努力使两方面达到和谐统一。

第二，情感系统观。情感教学包括三大情感源点，即教师、学生和教材，这些情感因素在教学活动过程中被激发，并产生动态的三大回路，即师生间伴随认知信息传递而形成的情感交流回路、师生间人际关系中的情感交流回路和师生情感的自控回路。这些回路形成了教学中情感交流的动态网络。教师在英语教学中应充分发挥情感功能，使情感回路变成一个有目标、有序的情感交流系统。

第三，情感功能观。在情感教学领域，情感具有三种功能：① 动力功能，它是指情感对个体的行为具有增力或减力的效果。积极的情感有利于学生主动性的激发；消极的情感则起到相反的效果。动力功能和学习效果呈正相关关系。情感还能通过调节情绪，来提高学习效率。② 感染功能，它是指一个人的情感对其他人的情感产生影响。这就要求教师在教学中保持愉悦积极的情感，以此去感染学生。③ 迁移功能，它是指一个人对某个

对象的情感会影响他对与之有关的其他对象的情感。例如，学生会因为喜欢教师而喜欢该教师所教的学科，所以教师应该充分发挥人格魅力来赢得学生的好感。

第四，导乐观。教学的苦学观和乐学观之间的争论由来已久。情感教学心理学认为，学生的学习没有所谓的苦乐属性，苦可以发展成乐，而乐也可以发展成苦，苦乐是动态发展的。当学习满足学生的需要时，学生就获得乐的体验；而当学习不满足学生的需要时，学生则有苦的体验。学生乐学有利于学习效果的提高和教学目标的实现，因此是应该得到提倡的。然而学生的乐学是由教师的引导导致的，情感教学就是导乐的有效手段。

三、英语专业教师教育的情感教学模式构成要素

英语专业教师教育的情感教学模式是揭示英语教学过程中与情感因素有关的结构和程序，它只是单独从情感维度来理解英语教学过程，具体包含以下四个基本要素。

（一）英语情感教学模式的诱发要素

诱发是指激发学生对学习内容的兴趣，以此来使学生积极地参与当前的认知活动。大学英语教师是在规定的时间、地点，依照规定的教学程序、进度，传递规定的英语知识。这一系列的“规定”让英语教学活动变成一种固定的操作程序，无法迎合学生当时的实际需要。而且，求知需要往往不是学生最为迫切的需要，这一现象背离了英语教学目标。况且，即使学生当时拥有求知需要，其求知需要的具体内容也会与特定的教学内容有分歧。英语教学中普遍存在英语教学活动与学生当时的具体需要不符合的现象。因此，大学英语教师应懂得如何使自己的教学成为学生学习的诱因，激发学习动机，使学生走在主动学习的路上。

（二）英语情感教学模式的陶冶要素

陶冶是指培养学生高尚的情感以及良好的人格，大学英语教材蕴含丰富的情感现象，具体可分为四种类型：① 显性情感因素，即通过语言文字等直观形象材料等使人能直接感受到的情感因素，艺术、语文、英语等教材中较为多见；② 隐性情感因素，是指在反映客观事实的过程中使人感受到的情感因素，史地类教材中较为多见；③ 悟性情感因素，是本身不含显性或隐性情感因素，但却具有引起情感的某种因素，主要存在于理科类教材中；④ 中性情感因素，是目前的认识水平无法体会到的情感因素，仅限

于理科教材中，但教师可以通过情感教学策略使学生感受到情感。

（三）英语情感教学模式的激励要素

激励是指在学习过程中，不断增强学生的自信心，激发学生的动力，随着英语学习任务的加重、学习难度的加大、学习挫折的积累，学生需要补充学习动力。教学评价就是一种情感激励手段，并且它还是学生获得学习反馈的主要形式。大学英语教师对学生多进行肯定、鼓励，同伴们对彼此多给予支持、赞赏，会使学生产生良好的激励效果。情绪对人的学习行为具有强化作用，积极愉悦的情绪有助于学生调动积极性，提高创造力，养成良好的情感品质和能力。教师要创设条件让学生体验成功，并利用好强化这一手段。

（四）英语情感教学模式的调控要素

调控是使学生的情绪始终处于有利于英语学习活动的状态，情绪在很大程度上决定着身体的成长、智力的发展和情感的培养。但是，持续的、愉快轻松的情绪状态不一定最有利于英语学习。例如，焦虑对中等以上学习成绩的学生而言，能提高认知活动的效率，强度过大的焦虑使中等以下成绩的学生削弱创造力。一般而言，强度适中的情绪状态总能为认知活动提供最好的动力。

第三节　英语专业教师教育的分级教学模式

一、英语专业教师教育的分级教学模式理论

（一）迁移理论

迁移在心理学上是指旧知识、技能影响新知识学习的一种过程。按照产生的结果是积极还是消极，迁移可区分为正迁移和负迁移。正迁移是积极的；负迁移是消极的。语言迁移是指一种语言对另一种语言的学习所产生的影响。语言迁移是一个认知心理过程，受诸多因素影响。语言迁移包括母语对第二语言习得的影响和母语向第二语言的借用。长时间接触母语必定会影响着第二语言的学习。语言迁移在多数时候研究的都是母语对外语学习或第二语言习得的影响，这时候的语言迁移一般指的是母语迁移。

第二语言学习中遇到的障碍来源于第一语言的定势，在第二语言习得过程中，与母语接近的地方较容易学习，与母语有区别的地方较难学习。当外语和母语的相似度比较大时，就容易引起正迁移。通过对比分析跨语言的差异，人们就可以确定第二语言习得的困难。第二语言习得的困难不总是源于跨语言差异，而且母语在第二语言习得中的作用重新受到重视。

中国学生是先学习母语的，所以中国学生的英语学习会受到母语学习经验的影响，只有通过语言迁移这个关键问题，才能科学地解释中国学生英语学习的认知心理过程。研究语言迁移，有助于解释母语在外语学习过程中的作用和外语教学中应如何科学地运用母语等一系列外语教学的根本问题。有人错误地认为，汉语与英语在语言、文化方面的不同，导致汉语母语的负迁移作用大于正迁移作用，所以在课堂上尽量不用母语，从而避免母语干扰，学到地道的外语。

（二）监察理论

监察理论被认为是二语习得研究中最全面的理论，该理论强调人的大脑有两个独立的语言系统，分别是有意识的监察系统和潜意识的系统。监察理论具有五个假说：习得—学习假说、情感过滤假说、监控假说、自然顺序假说、输入假说。

1. 习得—学习假说

根据习得—学习假说（The Acquisition-Learning Hypothesis），成人习得第二语言能力主要通过两条不同的途径实现的。第一条途径是“语言习得”，也就是通过无意识地构建语言体系来获得语言能力。习得者主要关注语言所传递的信息，而不是将注意力放在语言形式上，进而通过目的语交流自然、无意识地提高语言能力。学生学习母语的过程和这一过程非常相像。第二条途径是“语言学得”，也就是在理解教师所讲解的语言现象和语法规则基础上，进行有意识的练习、记忆等活动，进而掌握其语法概念、了解所学语言。就大学英语教学而言，学生的语言综合能力既有“习得”的结果，也有“学得”的结果。在二语学习的过程中，二者是相互伴随的。

2. 情感过滤假说

情感过滤假说认为，大量适合输入的环境并不能保证学习者可以学好目的语，情感因素也会对第二语言习得的进程产生诸多影响。通过情感过滤，语言输入才有可能变成语言“吸入”。在语言进入到大脑的语言习得器官的过程中，输入的语言信息必须经过过滤这一道关卡。那也就意味着，情感因素在第二语言习得的过程中可以有着积极或消极的影响，也可以是促进或阻碍。其中，有三个心理上的因素制约着习得者的语言学习速度和质量，习得者不是将他所听到的一切都全部吸收，具体如下：

（1）动力。学生者是否拥有明确的学习目的，这关系着他们的学习效果。学习者只有具备了明确的目的，他们才会获得较大的动力，进步也会比较快。

（2）性格。通常情况下，如果学习者拥有自信、外向的性格特征，并且愿意接受陌生的学习环境，他们就会较快地取得学习上的进步。

（3）情感状态。学习者是处于焦虑还是放松的精神状态，这会直接影响着外界的语言输入。拥有放松的心情和舒适的感觉显然能使学习者在较短的时间内学得更好。由此可见，学习者的情感因素很大程度上决定着第二语言习得的成功与否。

3. 监控假说

根据监控假说，正在学得或已经学得的规则在于对那些按习得的规则说出的话语进行监控和修正，学得的知识通过言语的监控起作用。监控作用的实现需要具备三个条件：第一，要想有效地选择和运用语法规则，语言使用者必须要有足够的时间；第二，语言使用者的注意力必须集中在所用语言的形式上，换言之，语言使用者必须考虑语言的正确性；第三，语言使用者必须已经具有所学语言的语法概念及语言规则的知识。

在日常生活交际中，如果语法规则不是通过习得获得的，人们往往倾向于关注交际的内容而不是形式，换言之他们很有可能没有时间去细细推敲语法，因此这些语法规则可能在短时间内无法付诸实践。所以，在口语交际中，如果一方过多地使用语法监控，时刻注意自己口语中语法的准确性并对其中的错误加以纠正，就会使得自己的语言不流畅，进而使对方有结束这次交际的想法，因而达不到交流思想的目的。但在需要事先做好准备的正式发言和写作中，语法的使用能提高语言的准确性，进而为演讲或文章增添色彩。有三种不同的监控使用类型：第一种是使用得比较成功的人。这类人在口语交际中常常发生错误，但经人指出后能够自己改正；然而在书面交际时，他们由于比较关注语言形式，很少会出现错误。第二种是使用过度的人。这类人掌握了较为全面和完善的语言规则体系，书面语一般都较准确，但是却缺乏口语交际的信心。第三种是使用不足的人。这类人在口语交际中常常出现错误，并且不能自己改正。

4. 自然顺序假说

根据自然顺序假说的基本观点，学习者遵循一定顺序去习得语言结构知识，并且该顺序可以被预测。有些学习者总对于某些语法结构掌握得较早，而对其他的语法结构则会掌握得较晚。不是每一个学习者都有完全相同的习得顺序，然而这种顺序可能具有某些类似的地方。当学习第二语言时，一般都是先了解现在时，然后再学习过去时，先掌握名词复数然后再掌握名词所有格。如果将习得某种语言能力作为学习目标，教学大纲不一定要受这种顺序的制约。“自然顺序假说”重新明确了第一语言和第二语言学习的关系。有时候，第一语言通常被认为是学习第二语言的一大障碍，事实上并非如此。第二语言和第一语言可能有许多相同的规律，其语法顺序并不总是受第一语言干扰。中文和英文在语言功能上是相同的，在某些语言表达方式上也有共同之处。在课堂上教师有时需要借助母语以便使学生更快且准确地理解英语，但不是把语法结构进行简单排序。

5. 输入假说

输入假说是二语习得理论的核心内容，强调可理解的语言输入是语言习得的必要条件，输入材料本身和输入的方式会影响情感过滤的结果和输出的质量。在第二语言学习的过程中，需要让学习者理解地输入语言超过其现有的语言水平，语言习得才可能发生。学习者通过情境提示的帮助而去理解这些语言，产生语言的能力最终就自然而然地形成了，并不需要教师的传授。理想的输入应该有四个特征：可理解性、既有趣又关联、非语法程序安排和足够的输入量。其中，需要特别加以说明的是，“既有趣又关联”是指输入的语言应当与学习者相关并且能让学习者感兴趣。这样，学习者就可以在不知不觉中很轻松地习得语言。“非语法程序安排”是说按语法程序安排的教学行为并不可取也没效果，足够的可理解的输入对于语言习得才是重要的。“足够的输入量”即给学习者提供足够多的语言材料。学习者自身创造性构建程序的操作也可能提供新的语言形式。创造性构建程序是学习者依据已习得的规则构建新的语言形式的程序。

二、英语专业教师教育的分级教学模式流程

（一）对学生进行科学合理分级

级别设置的科学性英语分级教学能否实现教学效果的前提和关键，在实施分级时，要遵循个人意愿与统一考核分级相结合、实际水平与考试结果相结合的原则。此外，需要有科学的分级试题和分级标准。就学生的基础能力和发展潜力来看，可以将学生分为三个级别，即初级、中级、高级，具体要求包括：第一，初级班学生的语音和语法等基础知识都不太扎实，教学时应放慢进度，强化学生对基础知识的掌握；第二，中级班学生的英语水平一般，但往往对英语听说感到畏惧，处于这个级别的学生数量最多，可以按照正常进度教学，并使他们在英语四级考试中取得好的成绩；第三，高级班学生的英语水平普遍较高，具备一定的听说和读写技能，但是听说能力还需要加强，教师应尽量使他们通过英语六级考试，并取得较好的成绩。

（二）保持并提高分级的区分度

在英语分级考试中，有些学生可能因为一分之差没有进入高级班，但是这一分是不能证明英语能力的高低。这时候，分级考试的界限就显得不客观、不灵活。为了提高区分度，可以让学生自己参与分级，实行双向选择。学生最清楚自己的英语水平和学习兴趣，他们由被动选班变为自主择级，必然能增强学习英语的积极性和自觉性。具体方法依然是参考高考和摸底测试的成绩，同时公布各个级别的不同起点，听、说、读、写各方面的学习要求和最终目标，学生可以根据自己的学习兴趣申请对应级别，由学校最终审定。

（三）采取灵活的升降调整机制

英语分级教学模式要采用灵活的升降调整机制，它是指通过考核和征求意见的手段在一定范围内定期调整学生的级别，使学生所受的教育和当前的状态相匹配，因为高级班和初级班的教学进度和教学形式有很大差别。对于进步的学生安排升级，这样不仅可以提高学生的积极性，还能为其他学生树立榜样；对于退步的学生要安排降档，这样可以刺激退步的学生重新调整学习策略，以便取得更大的进步。当然，也可以只在初级班和中级班之间实施升降机制，初级班和中级班统一教材，统一进度，定好升降级的比例或者名额，一定周期进行一次微调，这样不仅做到了不同级别之间

的良好衔接，而且科学合理。

（四）完善分级教学的评价机制

在英语分级考试中，各级别的学生一般采用不同难度的试卷，这就可能会出现一个问题：高级班学生的英语成绩低于部分中级班或初级班学生。为了有效解决这一问题，需要完善分级教学的评价机制，可以尝试增加平时表现在总评成绩中的比重，注重过程性评价，利用形成性评价与总结性评价相结合的方式来确定最终成绩。此外，还可以根据各级别试卷的难度引入加权算法，设定一个科学的系数，整体调整高级班或者初级班学生的分数。

三、英语专业教师教育的分级教学模式实践

高校教育的主要目的在于培养技术型人才，所以对高校的英语教学模式进行探索和改革已经成为必然趋势，而分级教学模式一定程度上能够完善传统教学模式中的一些不足，分级教学为不同层次的学生制定了不同的教学目标，教学方法也不尽相同，可以实现英语有效教学。

（一）英语分级教学模式的策略

1. 明确学生的主体定位

学习策略的使用对英语学习成绩的影响非常显著。因此，培养学生使用有效的学习策略具语言学习策略的训练与自主学习是相辅相成的，两者存在紧密的联系。学习策略的训练会为学生带来很多益处，能够帮助学生提高学习效率，进一步向学习目标迈进，除此之外，还有利于学生探索适合自己的学习途径，从而提升他们的自主学习能力。

为了鼓励学生的自主学习，教师要改变现有的模式，加大形成性评估的比例。特别对于成绩较差的班级的学生，教师可以运用以形成性评估为主、终结性评估为辅的评估体系，同时加强对他们的监控的督促，并采用激励机制，让他们养成学习英语的良好习惯，使他们逐渐做到想学、能学和坚持学。

2. 采取不同教学内容与方式

对不同级别的学生创设发展性的课堂教学，应选择具有知识性、趣味性和真实性的语言教学材料，给学生制定明确的学习任务，然后以任务为中心，开展形式丰富多彩的课外活动，并组织学生主动参与，在此过程中

给予学生适当的引导、帮助和鼓励。而优秀班级的学生普遍而言基础较好、自主学习能力比较强，可以给他们增加除教材外的学习内容，如英美文化、商务英语、英美报刊阅读等内容，提升他们的英语水平。

（二）英语分级教学模式的应用

下面以基础班教学为例，英语分级教学模式在基础班教学的应用，需要注意以下方面：

1. 提高学生自信心，培养英语学习兴趣

兴趣是决定学习效果的重要因素，也能够起到促进学习进步的作用。教师要先从自身做起，热心帮助学生，使之重建信心，进一步激发英语学习的兴趣，具体的做法表现为以下方面：

（1）调动学生的积极性，改变教学方法。为了让学生更好地理解教学内容，教师应积极改变教学方法。教师在教学中，还要组织开展多种形式的教学活动，例如，讲述英语故事、学唱英语歌、进行简单的情景对话、做一些单词拼写游戏等，这些充满趣味性的学习活动可以很好地调动学生的积极性，培养其学习兴趣，使之每次上课都有不同的感受。大部分学生都有喜欢看外国电影的爱好，教师可以充分利用这一情况，在教学中让学生背诵一段英文对白，在课堂对着屏幕进行表演。

（2）加强师生之间的沟通，建立和谐的师生关系。学生的学习效果与师生关系是紧密相连的，学生在良好的师生关系中进行学习，思维会变得更加活跃，对教学活动更有兴趣参与，消除对自己的质疑，增强自信心。学生面对教师对其的关怀会产生一种感激之情，也更有希望向前方迈进。因此，教师要经常与学生交流、谈心，把自己看作他们的好朋友，了解他们对于英语学习的真实想法，找出他们在学习中的困难之处，与他们共同解决。

（3）使学生获得成就感。正确地回答教师提出的问题，乃至读对一个句子、一个段落、一个单词，这些学习过程中微小的成绩都可视为学生的成功加以表扬，这样学生体验成功的机会增多了，信心的建立也更加容易。教师要经常给予学生鼓励和表扬，即使学生没有正确回答教师提出的问题，也要及时地给予鼓励，让学生不要灰心，下次争取回答正确，从而发挥出进一步启发引导的作用。在教师的引导下，学生能够很好地完成课堂训练时，教师要及时给予肯定。另外，在平时的作业批改中，教师也要对学生进行鼓励，写一些积极的话语，这样也会传递给学生一种温暖和成

功感，对学生的英语学习是一种激励。

2. 指导高效学习方法，增强学生自学能力

教师在教学过程中要经常引导学生用正确的方法学习单词，如构词法、归类法、联想法以及拼读法等。教师要利用合理的方式让学生认识到学习观念的重要性，不能过于依赖教师，教师只是起到一个引导的作用。另外，教师还要教育学生在课堂上认真学习，积极参与教师组织的活动，在课下也要主动学习相关知识，要求学生不仅要接受教师的指导，还要尝试自主学习。在上课时，教师要对学生的预习情况进行大致了解，主要以提问的方式，这在一定程度上起到督促的作用。另外，教师还要引导学生做好课后的复习工作，加深学生对知识的印象，达到巩固的目的。为了更好地帮助学生查缺补漏，教师还要适当安排一些单元测试，这样就能比较直观地让学生意识到知识上的漏洞，从而尽快弥补，为下一个单元地学习奠定良好的基础。教师应培养学生独立思考的能力，遇到问题先自行研究，实在不会再问教师。进行课外阅读也是提高英语水平的一种途径，因此，教师要鼓励学生开展课外阅读，课外阅读可以拓宽学生的知识面，提升对英语学习的兴趣。

3. 适度关注学生情绪，有效减轻焦虑心理

随着分级教学的施行，一部分基础好的学生会提前完成课程任务，修满学分，之后选修一些其他的课程，使自己的英语水平继续向高处迈进。而没有完成任务的学生可能会产生一些焦虑的情绪，教师要认识到他们焦虑的真正原因，最大限度地降低学生的焦虑情绪。焦虑的产生是一种正常的心理反应，因此，教师要让学生摆正心态，正确认识焦虑，它是每个人在生活中都会遇到的，属于生活中的一部分，有压力很正常，有焦虑就更正常。学生只有正确认识语言焦虑，才能对自己有个正确的认识与评价，从而学会通过一些适当的方式来释放压力，缓解紧张情绪，进而达到降低焦虑感的作用。

教师平时一定要密切关注学生，观察他们的所作所为以及情绪变化，针对他们的情况，尽量帮助他们缓解压力，从而减轻他们的焦虑感。教师经常对学生进行心理疏导，对学生会有很大帮助，在减少焦虑方面的效果很明显，而且还会提高学生的学习成绩。换言之，学校不要把期末考试当作评价学生本学期学习成果的唯一标准，要适当降低期末成绩中卷面分数的比例，提高平时表现的成绩。

第四节 英语专业教师教育的混合式教学模式

一、英语专业教师教育的线上线下混合式教学模式

随着我国科技不断地飞速发展，互联网技术使得生活变得更加便捷，互联网让教育行业随之迅速前进，信息技术变化之快超乎了人们的想象。通过计算机、平板电脑、智能电视等电子科技设备的使用，让学生坐在课堂上就能接受混合式教学模式的教学。教师可以利用各类设备和线上教材等资料来安排自己的教学进度，对不同的学生安排不同的任务，从而让学生完全主动学习，实现学生英语学习质的飞跃。混合式教学“就是指将传统的线下课堂教学与新兴的线上网络教学合二为一的教学方式。”[①]“信息技术与教育教学深度融合的教育背景下，大学英语教学需要提升内涵，实现教与学的范式转型。混合式教学为当前课堂教学改革提供了一种延续性创新思路。”[②]

线上线下混合式教学模式在如今的教育中已经是被大众熟悉的方式，线上教育就是利用互联网电子设备实现一对一或一对多的体验式教学与交流互动；线下教育往往是在传统学校或教育机构里，真实存在的教师一对多的教育活动。线下教学有一定的真实性及学习氛围，让学生学会与人相处，树立正确的人生观和价值观。线上教育能够打破传统教育模式的局限性，课程的场景也更加多样化，学生不会因为天气、距离、场地等特殊原因影响学生的学习进度。线上教育最重要的是解决自身问题的反馈，通过线上方式对教师提问，学生能清楚自己学习中的问题，真正学好学习科目。但线上教育并不是全是优点，线上真正有经验的教师比较少，线上课的体验感有待提升，这是目前线上教育面临的最主要的问题。

混合式教学模式是英语专业课程教学中有效教学的重要策略，高校英语的线上教学是教师教学的必要组成部分，不能只是教学的辅助；线

---

① 袁园．信息化背景下大学英语混合式教学模式的研究 [J]．英语广场，2021，(34)：97.

② 李小兰．信息化背景下大学英语混合式教学改革与实践 [J]．高教学刊，2021，7（14）：120.

下的教学模式是在线上的基础上针对学生实际情况，选用更适合学生的教学模式。“线上 + 线下”混合式教学模式可以充分发挥这两种教学模式的特点，使发挥最好的效果。线上和线下教学模式让学生可以随时随地学习，教师也不局限在学校进行教学，能够优化学生学习英语的过程，从而实现英语有效教学。英语线上线下混合式教学模式的实施可以从以下几方面着手（图 5-2）：

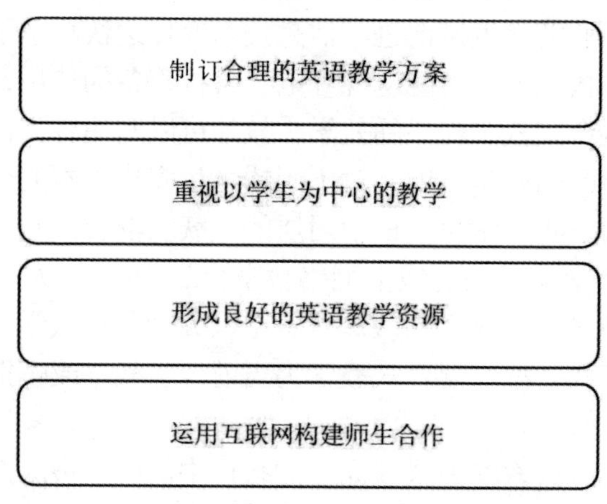

图 5-2　英语线上线下混合式教学模式的实施

（一）制订合理的英语教学方案

线上教学的特点是不受空间的限制，教师可以根据情况来合理安排时间来调整课程进度，但不足是教师和学生之间缺乏沟通交流。英语的学习特点就是要尽可能多说多练，没有线下课堂的辅助完全启用线上课堂的模式也是不可取的。“学校和教师要建立好线上与线下相结合的教学模式的具体细节，对学生的监督与学生的自我监督也要做好结合，要让学生提高自我管控能力。”[①] 线下的英语教学教师临场感比较强，有利于教师和学生面对面进行交流，线下的课堂教学模式是对线上教学模式的一种辅助。因此，学校和教师要合理建立好线上与线下教学的时间组合和架构，不仅要有线上课堂的时间，也要有线下课堂的时间，科学合理地安排，充分听取学生的合理要求和建议，让“线上 + 线下”混合式教学模式在高校英语

① 何彬．线上线下相结合的高校英语混合式教学模式探究 [J]．英语广场，2022（6）：102.

教学中得以最完美的体现，充分发挥效用。

（二）重视以学生为中心的教学

以学生为中心的英语教学主要是让学生完全掌握学习的主动权。教师激发学生对英语的学习兴趣并优化教学的流程，帮助学生发现问题、解决问题；要让学生自己确立学习的主动性，教师要让学生自我思考，思考自己的学习模式，建立自己的英语学习方向和学业规划。在线上教学的时候，高校教师可以利用好互联网各种线上的教学平台，利用好平台的资源与交流分享等功能与学生进行一对一的交流，无论学生出现任何的学习问题，教师都要做好耐心解答。总而言之，以学生为中心进行英语课程设定，要让学生自主地学习，以达到学习英语的目标。

（三）形成良好的英语教学资源

在线上英语教学的过程中，教师要对教学资源进行体系化管理，这对新时代的高校英语教师提出更高的要求。高校教师要学会利用互联网制作具有自身教学风格特点的教学资源库，供学生在线点播观看和学习。教师在教学课程的设计上要多样化，要有不同模式的教学设计，不仅要做好英语的资源共享和在线交流，更重要的是在这个过程同时要给学生设定好具体的问题和学习任务，以督促学生把控学习的进度。例如，教师可以将每节英语教学的重点内容设计成一整套的项目方案和教学资料，通过互联网平台推送给学生并结合提出的问题进行学习。

（四）运用互联网构建师生合作

教师可以通过网络教学平台建立不同层次的学生学习小组，小组交流讨论、学习写作，完成学习任务后直接进行上传并分享，也可以选派代表进行交流展示和自我评价，这种体验的评价模式无论是积极的评价还是提出相关修改建议都更直接有效，这对于学生英语学习有积极的推动作用。教师在讲解一些生僻的词汇、一些关于生活的热门词汇和热门话题时，学生可以进行及时讨论，或探究一些英文热门经典电影或剧本进行词汇和语句练习，能更好地加强学生之间的交流合作。

总而言之，在社会高速发展的信息化时代，高校英语教学的有效教学策略也需要更加多元，教师需要优化不同教学模式的组合，更科学地根据时空等因素选择适合学生的教学方法，将“线上 + 线下”混合式教学模式用于高校英语的课堂教学。教师要利用互联网信息技术和手段，提升学生学习英语的兴趣，让兴趣来帮助他们更好地学习英语。利用一定量的线下课堂模式能够让教师和学生保持一种状态，实现教师和学生“共赢”的局面。

二、英语专业教师教育的微课、慕课与翻转课堂教学模式

（一）英语专业教师教育的微课教学模式

“微课可改变传统的教师教学理念、英语教学模式、课程教学内容等，教师将建立以学生为中心，以学生能力培养为导向的现代化教育教学目标。”①

1. 英语微课教学模式的条件

（1）信息技术的飞速发展。信息技术已经广泛应用于各个领域，在此背景下，无线移动网络的覆盖率也在不断增加。无线移动网络能够为学习者的学习提供便利。近年来，随着移动手机的不断更新和换代，学习者利用移动手机进行学习成为一种必然。另外，在信息技术、网络平台、大数据、云计算、应用软件等应用技术的推动下，移动终端实现了快速联网，同时它在教学中的应用也越来越普遍，这些都为微课在教学中的应用和发展奠定了基础。

随着信息技术的发展，信息技术对教育教学也产生了前所未有的影响。我国很多高校也意识到信息技术在教学中的重要性，并将信息技术应用于教育教学中。同时，高校在利用信息技术辅助教学的同时，也开始重视信息技术与课程整合及信息技术与学科整合，这是教育信息化发展的必然。在当今时代，现代教育已经意识到信息化教学和人才培养模式的重要性，并利用信息化教学促进人才培养模式的改革，从而为社会输送高质量的人才。要想实现信息化教学，就应该重视信息技术与课程整合。

信息技术与大学英语教学的有效融合，有利于提高学习者的学习效率，有利于提高大学英语教学的效果，更有利于实现大学英语教学的目标。微课是教育信息化发展的必然趋势，将微课应用于大学英语教学中，必能促进大学英语教学的发展。众所周知，微视频是微课教学的重要载体，微课教学的实施和发展离不开现代信息技术的发展。因此，高校必须为大学英语微课教学提供必备的现代信息技术支持。现在高校网络教学设备日益完整，网络信息化体系也日益健全，这些都为大学英语微课教学的顺利实施

① 陈洁．基于微课的大学英语教学策略研究［J］. 校园英语，2022（3）：12.

和开展奠定了基础。

除此之外，还需要指出的是，当前大学生利用手机等移动设备进行自主学习的现象越来越普遍。因此，在教学中，教师可以鼓励和引导大学生通过移动设备来观看微课视频，这样有利于促进大学英语微课教学的实施。

（2）英语教学理念的先进。随着网络信息技术在教育领域中的广泛应用，教育信息化应运而生。微课是教育信息化发展的结果，它作为一种新的教育教学理念，在教育教学中起着不可替代的作用。随着网络信息技术的迅速发展，世界各国之间的交流与互动日益频繁。世界各地的人们打破了时间和空间的限制，可以随时随地进行交流和互动。网络信息技术在教育领域中的广泛渗透，改变了传统的教学模式，教师教学和学生学习都可以不受时间和空间的限制，学生与教师之间的交流与互动可以在线下进行，也可以通过网络信息技术在线上进行。同时，在网络信息技术的影响下，教育教学模式不断改革和创新，一些新的教学模式也逐渐应用于教育教学中，例如，翻转课堂、慕课、远程教学等。这些都为教师的教和学生的学提供了新的方式。

移动化和碎片化的学习模式应运而生，这种学习模式在很大程度上促进了学习者的学习。“移动化”强调的是打破时间和空间的限制，可以任意时间、任意地点进行学习；“碎片化”主要强调的是容量比较小，学习起来比较方便。这种学习方式是教育信息化发展的产物，有利于学生根据自己的学习情况自主建构知识。微课具有短小精悍、目标单一、主题明确的特点。这些特点与当前提倡的移动化、碎片化学习的要求不谋而合。微课不仅容量小，所占的内存也比较少，而且能够以多种设备为载体，有利于学习者随时下载、随时存储、随时学习。

除此之外，微课中的微视频还有暂停功能、快进功能、快退功能、回放功能。这些功能的存在为学习者学习微视频带来了很大的方便。学习者可以利用微视频的这些功能，反复观看微视频，将一些重点、难点、疑问等记录下来，与学生进行交流和讨论。同时，微课的载体设备类型众多，学习者可以根据自己的情况选择合适的移动载体设备。总而言之，学生可以随时随地观看微视频，微课的产生使学习者真正实现了移动化、碎片化学习。

综上所述，教育信息化是信息化时代的一种必然趋势，它有利于教育教学模式的改革，有利于教育教学理念的创新，从而使教育教学模式和教育教学理念紧跟教育信息化的步伐，适应信息化时代的发展。微课是网络信息技术发展的产物。它需要先进的教育教学理念，只有这样，才能引领教育教学的发展。

（3）学生英语自学能力强。微课要想在大学英语教学中顺利实施，还需要学生具有较高的自学能力。实践证明，我国绝大多数大学生都具有较高的自学能力，这为微课在大学英语教学中的顺利开展奠定了基础。微课应用于大学英语教学，是大学英语教学改革的必然结果。另外，我国绝大多数大学生都具有较高的自学能力，学生可以根据自身的学习情况和学习需要，通过微课来自主学习，获取知识。可见，学生的自学能够在很大程度上促进微课教学的发展，而微课教学的发展与应用也能够在很大程度上提高学生的自学能力，两者之间是相互作用、相辅相成的。

2. 英语微课教学模式的应用

（1）大学英语微课教学的应用原则。

第一，微而全原则。在微课教学中，微视频无疑占据着核心地位，但这并不意味着学生通过观看微视频就能收获学习成果，其他微课教学素材也扮演着不可或缺的角色，如微教案、微练习、微反馈等，这种“微而全”的微课教学才最有利于学生掌握学科知识与技能。

所谓“课”，其本意就是一个教学过程的单位，“课”的开展表现出时间限制性与组织性，一般而言，“课”所实现的教学目的仅是总体教学目标的一部分，但这个教学目的对其本身而言又是完整的。微课作为“课”的形式之一，首先要体现“课”的基本特征，而后再彰显自身“微”的特色，即言简意赅、重点突出。

值得一提的是，虽然微视频是微课教学最为重要的组成部分，但不能简单地将二者等同起来。综观当前各种微课教学比赛，参赛作品直接被规定为教学微视频，那些在比赛中取得优异成绩的参赛者，大都因为教学微视频的质量较高。高质量的教学微视频是微课教学开展的基础，但由于教学的动态性特征，仅有高质量的教学微视频是不够的，其无法全面满足教学活动的要求。

微课模式之所以在英语专业实践课教学中推广开来，这主要是因为，与传统的教学模式相比，其不但将静态的课本教材以一种动态的形式呈现出来，而且从学生注意力集中的时间出发，将冗长的教学过程浓缩为简短的教学微视频。所以，微课教学能够提高教学效率，改善教学成果。在应用微课开展英语专业实践课教学时，应当注意教学微视频配套资源的全面性，通过微练习、微反馈等帮助学生在观看教学视频后自主检测学习效果，并及时将学习情况向教师反馈。所以，作为教师，必须把微课设计的“微而全”。从这个角度来看，微课设计与传统课程设计存在相似性，即都需要从撰写教案开始，然后确定教学的目标、计划、重难点，而后开展教学实践，最后进行教学反馈。二者都体现了教学系统的完整性，只不过微课模式将教学的重要内容以微视频的形式呈现出来。

第二，适用性原则。在开展微课教学时，教师首先要进行选题，针对恰当的内容设计微课，这样才能保证微课教学的效果。对于英语专业实践课教学而言，并非所有的内容都适合用微课模式讲授，教师要根据具体的教学内容，在分析重难点的基础上，确定是否实施微课模式。

根据认知负荷理论，人脑有效的认知负荷仅能保持 10 分钟左右，而传统的课堂教学时间较长，学生并不能有效掌握全部的教学内容，因此，需要通过一定的方式把一堂课的总体学习目标具体化，从而增强学生的自信，提高他们对知识的掌握程度。所以，教师在设计教学微视频时，要把时间控制在 10 ~ 15 分钟，让学生在相对舒适的状态下学习知识。至于那些包含复杂概念的教学内容，显然无法通过 10 ~ 15 分钟的时间展现出来，因此也就不适合以微课的模式进行授课。

例如，语法知识是英语教学的一部分，浅层的语法知识可以开展微课教学，而那些深层的语法知识，学生在理解时需要调动先前掌握的知识，并在教师的详细讲解下借助立体化的思维方式才能掌握，如动词的各种用法，这就涉及动词变位、被动语态、形容词词尾等一系列的知识点，教师需要依据学生现有的学习水平、能力、接受程度等制定教学计划，并根据课堂教学的实际情况随时调整教学进度。

微课属于一种相对程式化的教学模式，如果将复杂的语法知识生硬地设计成微课视频，很有可能对教学效果产生负面影响。基于此，在将微课模式应用于英语专业实践课教学中时，应当选择适宜的教学内容，尤其是那些在传统教学模式下收效甚微的教学内容，可以尝试制作相应的教学微视频，以微课的模式将其攻克。微课是对传统教学模式的优化，在充分肯定传统教学模式优势的基础上，要积极应用微课弥补传统教学模式的不足之处，增强选题的适用性，选择恰当的教学内容，让微课成为传统教学模式的最好补充。

第三，趣味性原则。兴趣是最好的老师，学生在兴趣的指引下才能更高效的学习。在微课教学中，教师要想方设法地激发学生的学习兴趣，通过生动形象的教学微视频吸引学生的注意力，让学生在精力高度集中的状态下习得英语知识。

基于微课教学模式，学生学习知识的主要来源就是教学微视频，这就要求教师花费充足的时间与精力进行微视频的制作，尤其是视频画面，一定要做到品质精良，演示效果丰富，这样才能在短短的10分钟左右完全激发出学生的学习兴趣，让学生保持充足的学习热情。为了达到这样的目的，教师必须从自身出发，提高信息素养，做到游刃有余地运用各种微课教学所必需的信息技术。

微课的应用为大学英语专业实践课教学注入了新的活力，原本枯燥的教学内容以微视频的形成呈现在学生面前，学生在趣味性的环境中学习英语知识与实践技能，长此以往，英语专业素养也得到提高。

第四，互补性原则。当前，我国英语教学的主要形式仍然是课堂教学，这是由我国的国情及学生的学习特点决定的。微课作为一种新的教学模式，其对英语教学起到了辅助作用，但是也存在某些弊端，例如，学生在观看教学微视频时遇到不懂的问题，由于视频播放的程式化，其无法随时向教师提问，而这在传统教学课堂中是可以实现的。等到观看完全部的教学微视频，学生当时想要问的问题可能已经记不清楚，这无疑影响了学习效果。这说明，微课教学模式与传统教学模式各有所长，二者不能孤立存在，而是要互相补充，从而促使学生的学习效果朝着积极的方向发展。

所以，教师可以把教学微视频当作学生课前自主学习的资源，让学生提前了解本堂课的教学内容，并整理出自己不理解的知识点。在课堂教学中，学生就自己存在的问题与教师交流，向教师请教，原本课堂教授知识的时间转化为教师为学生答疑解惑的时间。微课与传统教学模式互为补充，相互结合，英语专业实践课的教学不仅令教师满意，更让学生收获满满。

第五，操练性原则。对于中国的英语学习者而言，大量的时间被应用在理论知识学习上，实践性的语言操练机会少之又少。学习英语的根本目的是应用，要想具备使用英语进行交际的能力，就必须开展大量的语言实践操练。尤其是在英语专业实践课教学中，教师更要注重为学生提供语言操练的机会，让学生在实践中提升语言能力。

第六，发展性原则。微课模式在大学英语专业实践课教学中的应用要想走向成熟，就必须不断发展，除了英语教师的精心设计以及学生的密切配合之外，学校作为英语教学的主阵地，也要大力支持微课模式，尤其是硬件方面。为此，学校要加强对现代信息技术的引入，依托各种信息化设备为英语专业实践课教学创建多元化的多媒体教室，从而保证微课教学的顺利开展。同时，学校还要从根本上对微课模式予以肯定，由于这种新型教学组织形式与传统教学组织形式存在较大区别，所以更要鼓励英语教师勇敢尝试，鼓励学生积极参与。

综上所述，微课在英语专业实践课教学中的应用并不是一个简单的过程。微课设计要做到微而全，微课内容的选择要做到真正适合学生，微课教学环境要充满趣味性，微课模式要与传统教学模式互补，微课中要具备实践操练性的内容，同时，还要时刻关注微课在英语专业实践课教学中的发展，让学生切实体会到这种模式创造出的可观的学习成果。

（2）大学英语微课教学的应用要求。

第一，学校方面的要求。伴随着信息技术在教育领域的不断渗透，微课作为一种新兴的教学模式在各大高校推广开来，就当前取得的教学成果看，微课模式有着十分广阔的发展前景。过去，微课在高校教学中的应用表现出零散化的特点，即只有少数教师在开展某些课程时应用这一模式，如今，越来越多的教师开始将微课与自己的学科教学结合起来，微课教学模式也逐渐变得规模化、集成化与具体化。

为了进一步推动微课在英语专业实践课教学中的应用，院校要承担起相应的责任。首先，保证微课教学有施展的场所，也就是建设更为完善的多媒体教室，配备更为丰富的多媒体设备。其次，由于视频是微课教学的主要资源，教师需要将制作好的教学微视频上传至教学平台，学生登录账号在平台中观看，这个过程离不开网络的支持。因此，院校要着力建设校园网络，让学生无论身处图书馆还是自习室，都能随时观看教学微视频，学习其中的内容。最后，微课教学模式中，教学微视频的制作往往要耗费教师大量的时间与精力，如果教师将制作好的教学微视频上传至共享平台，此后其他教师讲授到相同内容时就可以借用这些视频资源，这不仅有利于减轻教师的教学压力，还能够促进教师团体之间的沟通与交流。

第二，教师方面的要求。微课应用于英语专业实践课教学，关键在于教学微视频，高质量的教学微视频才能促进学科教学的发展，因此，英语教师必须提高对自己的要求，从而制作出精良的教学微视频。

英语教师乐于在教学中应用微课这是十分值得肯定的，与此同时也要意识到，长期以来，我国的大学英语教学都是在传统课堂中进行的，微课模式绝不可能取代传统的课堂教学，二者必须结合起来，各自发挥优势，共同致力于英语专业实践课教学的发展。

微课教学模式是在教育信息化的背景下产生的，教师能否熟练应用相关信息技术成为微课教学的重要影响因素，所以，英语教师必须不断学习，从而提高现代信息技术的应用水平。为了弥补传统教学模式趣味性的缺失，教师要制作出有趣的教学微视频——不仅画面生动，而且配音字幕使用得当，这就要求教师具备制作教学演示文稿（PPT）、使用录屏软件以及配备声音与字幕的能力。其中，声音的配备要求英语教师对教学内容一一朗读，因为在英语专业实践课教学中，英语发音格外重要。学生在观看教学微视频时，大脑能够接收到良好的语言刺激，在此基础上进行跟读，才能形成正确的发音，养成良好的语言习惯。

第三，学生方面的要求。不论传统教学模式还是微课教学模式，教学服务的对象都是学生，教学所要达成的目标也都是提高学生的学习效果，所以，任何一种教学模式都要注重学生的作用，为学生创造良好的教学环境，调动学生的学习积极性，这也是微课教学的应有之义。在基于微课的英语专业实践课教学中，学生更乐于在课前和课后观看教学微视频，这两个阶段的学习都没有教师的参与，因此，需要学生发挥主观能动性，开展自主学习。

在课前预习环节中，面对未曾学过的知识点，学生要表现出精力高度集中的学习状态，有目的地观看教学微视频。视频观看完毕后，回想自己学到了哪些知识，存在哪些不懂的问题，这些问题哪些需要与同学探讨，哪些需要向教师请教。另外，为了检测自主学习成果，学生需要完成教师设置的配套练习，这样才能明确自己的学习情况。

在课后复习环节中，学生借助教学微视频查缺补漏，对于自己的薄弱之处多次观看教师的讲解，从而全面掌握课堂教学内容。除此之外，微课也可以在课堂教学环节应用，只不过大多数学生认为，课堂要以聆听教师的讲授为主。其实，在课堂中播放教学微视频能够调动学生参与教学活动的积极性，有利于提高学习效率。

英语教学的实践性本身就很强，英语专业实践课教学更是如此，实践课开展的目的就是促使学生在扎实掌握语言知识理论的基础上，形成语言实际运用的能力。在微课教学视频的辅助下，学生可以跟读，并反复练习相关句型，正所谓熟能生巧，大量的练习必然能够帮助学生获得许多英语实践运用的技巧。总而言之，学生必须成为一个自律的人，用良好的自主学习习惯收获更多的英语学习成果，也让微课教学体现出其存在的价值。

（二）英语专业教师教育的慕课教学模式

慕课是一种在线课程开放模式，是在传统发布资源、学习管理系统的基础上建立起来的课程模式。

1. 英语慕课教学模式的类型

（1）基于内容的慕课教学。基于内容的慕课教学模式强调的是教学内容，更加关注学生对教学内容的掌握情况。因此，这种教学模式往往会与教学评价相结合参与到教学实践中。当然作为慕课教学模式的一种，这一教学模式同样需要构建学习社区、号召更大范围的学生参与学习过程。从表现形式上看，这种慕课教学模式与网络化的课堂教学非常相似：各高校教师录制该专业的视频课程，并将视频课程和教学资料上传，同时设置相应的线上测试环节；学生可以自行注册免费账号，参与线上学习，在完成学习任务后，可缴纳一定费用，申请获得相应证书。这种慕课形式极大地促进了高校教学资源的有效共享，得到了诸多投资者的青睐。

（2）基于网络的慕课教学。基于网络的慕课教学模式强调的不仅是网络环境，而且是学生参与学习的自主性。基于网络的慕课教学资源，虽然对网络环境有所要求，但却并不是对学生学习渠道的限制，而是希望对网络传播方式的强调，号召学生有效利用网络技术，实现教学资源的进一步传播，同时学生在利用网络技术传播教学信息的同时，也能够加深自己对所学内容的认识，与更多志同道合的学习者建立联系。慕课教学模式相对基于内容的教学模式，要更加复杂，对网络技术的要求更高。其中最显著的差异就在于，基于网络的慕课教学模式需要交互性技术的支持，即在教学过程中，并不是先由教师录制好教学视频，再由学生进行学习，而是通过直播的方式，由教师与学生借助网络技术构建一堂线上课程。在这个过程中，不仅要保证网络的稳定性，能够支持图像、语音和文件呈现的实时同步，而且需要互动技术的支持，保证师生互动与即时交流的完成。慕课教学模式除了需要网络开展外，与线下课堂教学比较相似，一般也以周为学习单位。慕课教学模式并不会导向明确的学习结果，一般也不会安排相应的考核与评价。

（3）基于任务的慕课教学。基于任务的慕课教学模式强调的是学生对某项知识技能的掌握，它与单纯对内容的强调不同，更侧重于学生学习的阶段性与教学步骤的循序渐进，鼓励学生自主展示自己的学习成果。慕课教学模式对学习社区的依赖性相对较强，需要靠学习社区来吸引学生、展示学生作品、传递学习信息。

以上三种慕课教学模式的共同点包括：第一，慕课视频的时长一般都在 8 ~ 15 分钟；第二，学生参与慕课学习的自主性都较大；第三，慕课的传播、组织、评价、应用等都是在网络环境下进行的；第四，慕课的受众更加广泛，慕课课程的目标设计也更加多样；第五，慕课课程一般都包含视频、课程资源、学习评价、学习社区等组成部分；第六，慕课课程都具有开放性，且具备持续创新的特性。

2. 英语慕课教学模式的特征

（1）慕课在网络环境中的特征。下面主要探讨慕课在网络环境中的开放性特征。开放性是慕课自出现之初就一直强调并坚持的教学原则，慕课的开放性表现在慕课教学的以下方面：

第一，在慕课教学资源共享方面。学习者要想参与慕课学习，从免费注册账号、选择学习课程、进行学习讨论以及参加线上线下的教学活动等，都可以自主完成，也就是慕课学习的全过程都是面向所有人开放的。同时随着参与到慕课教学中的高校逐渐增多，各高校间开始承认其他学校的学习成果，这为跨学校、跨学科学习以及学分互认提供了条件。

第二，在慕课教学的机会共享方面。慕课为不同文化背景、不同生活条件、不同肤色、不同地区的人提供了相同接受教育的机会，同时学习者在任何时间、任何地点都能够登陆课程进行学习，这种面对所有学习者无差别的开放，正体现着慕课的开放性。不同学习者在进行慕课学习时也表现出不同的动机和意愿，有的学习者主要是被兴趣吸引，或满足自己的好奇心；有的学习者更多是希望得到该专业的证书；也有的学习者是为了在自己专业获得更深层次的发展……不同身份、背景、生活经历的学习者共同加入到慕课学习中来，这使得很多慕课的学习讨论并不局限于课堂知识或课程本身，学习社区除了知识交流更担负起了文化融合的重任。

（2）慕课作为“线上课堂”特征。尽管慕课与传统的课堂教学存在巨大差异，但从课程本身来看，依旧未脱离教学活动的范畴，仍是跟随课程的发展进行线性展示的。因此，慕课与传统的课堂教学存在着天然联系，慕课的结构与传统课堂基本一致，同样重视教学内容、教学方法、教学环境等因素，也经常作为课堂教学的补充出现在教学活动之中。但两者也存在一些显而易见的差异，慕课与传统课堂教学相比，最大的不同在于，它的传播依托的是互联网，而非传统课堂的语言传播。这一特性决定了其受众规模会远超传统教学课堂，但同时也对其教学设计、教学内容、学习管理、评价方式等都提出了特殊要求。

慕课作为网络技术发展下教育领域最重要的成果之一，近年来随着互联网技术与信息技术的发展逐渐受到更广泛地区和人群的欢迎。在新时代，慕课自身也发生显著变化，更加重视课程的完整性与接受度，这不仅为学习者带来更好的学习体验，而且也提高了慕课在教育领域的认可度，学习者通过慕课得到的证书、学业评价等也能够得到更多高校、机构和组织的认可。慕课平台也从最初的线上教育信息交流平台、教学资料分享平台，转变为集资源共享、信息沟通、学术分享于一体的“线上课堂”。而慕课作为“线上课堂”也表现出以下显著的特征：

第一，自我学习为主。课堂教学设计是对整个教学活动的系统规划，对整个课堂的走向和教学框架的科学布置。教学设计一般都要包括目标、内容、策略、评价四个基本要素。在传统教学模式下，教学设计指导着教学活动的展开，从时长范围、评价方式、作业情况等方面对课堂教学进行限制。尽管近年来在现代化技术、教育学理论和管理学思想的影响下，教育改革不断深化，但在教学设计与课堂组织、课堂教学的基本结构等方面改变仍不明显。基于传统教学模式的教学设计仍多以知识掌握为教学目标，教与学的过程仍是以“教师引导、学生学习”的顺序进行。

慕课的教学设计也包含着以上四个基本要素，但在课程实施过程中，更加强调对学生自主学习能力的培养。慕课的教学设计同样会通过一定方法对课程活动进行限制：通过课程视频形式、课堂测试方法、论坛小组对课程活动进行规范。慕课面对的学习者规模巨大，在传统教学模式下，一个教师面对最多百十个学生，仍难以完全照顾所有学生的学习进度，在慕课模式下，讲授者更无法做到“一对一”式的教学，当然慕课的目的也不在于此。慕课的出现是为了实现优质教学资源在更大范围内的传播，是为了搭建起缺乏有效学习渠道的学习者与有志于推广优质教育资源的专家学者间的桥梁。因此，慕课课程在设计时更注重对学习过程的设计，注重对学习者的引导，而非单纯某个知识的传授。同时，与线下传统课堂教学不同的一点，慕课课程设计时，还要考虑到不同地区、不同文化背景下的学习者的需求和接受方式，通过避免使用可能引起争议的教学方法、强调学术性研究等方式，引导学习者根据自己实际情况完成学习过程。在慕课教学的整个过程中，学习者的自主性是保证学习任务完成的关键。

另外一个体现学习者自主性的地方在于，对慕课课程选择的自主性。

慕课面对着大规模的学习者，学习者同样也面对海量的慕课资源，而且随着近年来全世界范围内高校和学术界对慕课的重视，慕课资源在不到十年的时间里飞速增加，很多同类、同质的慕课资源还是出现在各大平台。学习者需要在这些慕课课程中挑选出自己更喜欢、接受度更高的那部分课程。这种情况也是不会发生在线下传统教学课堂之中的。

第二，短小精确的课程内容。传统课堂教学的内容安排是参照学科教材和大纲要求并辅助练习册、教辅书等进行设计的，与学科特点、课程类型直接相关。而高校教学课程一般是由国家教育部门统一编制的，相对固定。课堂教学无论从教学内容、课程目标，还是从教学时长、教学完整度等都会受到一定限制，教师的教学活动必须要符合国家和学校的要求，完成固定的教学任务，实现一定的教学目标。

但慕课却并不受这方面限制，教学内容全凭课程制作者、讲授者做主，可以是讲授者自己的研究方向或是专业经验，也可以是学科基础知识或者某个易混淆知识点等，还可以是某些跨学科、跨领域的内容等。慕课课程可以是一节课，也可以是分成多节课的一门课程，也可以是数个学科的整合介绍，甚至可以是对之前各不相关领域的教学资源的重新整合和再次利用。慕课从创立之初，就并没有刻意强调内容的系统性和全面性，慕课的课程视频中也不全是，甚至只有一少部分是，对某一门课程的系统讲述。慕课课程视频的时长大部分都比线下课堂要短，一般只有十多分钟，一个视频可能只包含几个教学片段和部分学习资料，内容容量相较 40 分钟以上的线下课堂极小。因此，慕课设计者在进行内容选择、课程设计时，需要认真筛选教学材料，选择更能吸引学习者、更具代表向的内容来制作课程视频。一门流传度高、学习者众多、质量过硬的慕课，一般需要很长的准备、设计和制作时间。

一般而言，一门慕课的制作需要经历的步骤包括：一是选定教学内容，编制教学材料，先将其分成每节 2 小时左右的几个部分（相当于一周的学习量），再将每一部分都划分为数个 10 分钟左右的小节。之后以小节为单位进行课程视频的录制；二是录制课程视频，并对视频进行编辑；三是按照慕课平台要求，上传制作好的课程视频和教学材料、课件等相关教学资料；四是设置嵌入式测试，在课程视频的合适位置嵌入准备好的程序性问题，以发挥测试的作用。

在课程上传前一个月左右，课程的宣传视频、信息接收就已经在慕课平台公布，学习者可根据公开的信息选择课程。课程开始后，学习社区也会随之开放，学习者和讲授者可以通过绘画小组、论坛等进行沟通。同时，讲授者需要进入管理系统，对学习者的问题进行解答和回复。

第三，民主平等的师生互动与教学管理。线下课堂教学模式，师生之间联系与沟通主要发生在课堂。而课堂上的师生互动绝大多数都是由于教师主导，与教学设计直接相关。在传统教学模式下，课堂教学仍是以教师讲授、学生听讲的形式进行，在教学过程中插入问答、讨论等互动环节，能够有效拉近师生关系，提高学生的参与度，改善教学效果。从互动角度对教师在课堂的行为进行分类，可分为以下方面：

首先，主教行为。教师作为教学互动的主要参与者，在传统教学模式下承担着知识传授与讲解的职责，需要完成语言介绍、文字与图像信息的呈现、肢体动作的配合，借助这些语言和非语言的表达完成知识传递过程，同时主教行为还包括由教师主导的学习活动、阅读过程、练习过程、师生讨论等行为。相对前面单纯的知识传递，后部分师生互动的环节能够更好地缓和课堂氛围，营建更加和谐的师生关系。

其次，助教行为。教师的助教行为主要包括在营造教学情境时的引导行为，以及课前导入环节和课后总结环节的行为。教师通过助教行为，激发学生的学习动机，引导学生的学习兴趣，并借助对各类现代教学工具的使用，丰富课堂教学呈现方式，增加学生新鲜感。

最后，管理行为。教师的管理行为主要包括在规范课堂秩序时的管理活动，包括对课堂规则的制定、对课堂时间的控制、对学生行为的纠正等。教师不仅要通过对课堂秩序的管理，保证教学活动的顺利进行，而且选择合适的管理行为，辅助教学氛围的构建。

慕课的时长较短，对教师的行为表现有所限制，但上述三种教师行为也都在慕课中发挥着巨大作用。慕课与传统的线下课堂教学相比，还是存在诸多差异，首先是慕课的师生互动并不像线下课堂教学一样是实时的。慕课的课程视频每周上传一次，教师在上传新的课程视频前会通过慕课平台将课程计划发送给加入课程的学习者。学习者自己把握学习时间，完成学习任务，并在规定时间内上传作业内容。在这个过程中，尽管学习者的自主性起着关键作用，无论是对学习时间的把握，还是学习任务的完成、作业的上传，学习者都需要足够的自我约束力和自我管理能力。但是与此同时，教师的行为作用也不容忽视，例如教师在上传新课程视频前的通知、提交作业的提醒、课程视频中嵌入的问答、课程讲解过程、课程内容中的思考问题提出等。

另外，慕课还有一个传统课堂教学没有的重要组成部分，那就是学习社区。慕课的讲授者和学习者可以通过课程讨论区对课程内容、专业问题，以及各类相关信息进行交流、沟通、讨论。学习者在完成课程视频学习后，随时可以就不理解或感兴趣的内容参与到讨论中来。慕课的讲授者也会定期浏览讨论区中的问题和观点，对其中的专业问题进行解答，对合理观点进行吸收。但由于慕课规模性较大的特性，社区内学习者的数量占据绝对优势，所以参与讨论区讨论的多为学习者。

慕课的制作是由整个制作团队的通力合作完成的，一般在慕课课程视频上传后，也是由整个制作团队共同进行维护的。慕课制作团队的教师一般都会实时关注学习社区内的信息，并根据最新课程的要点建立新的讨论组，通过发帖、建圈等方式将课程学习者纳入其中，引导大家讨论分析，发现新观点、巩固新知识。同时教师还会对讨论组中学习者的反馈情况进行总结，对其中问题做出解答。相比传统教学课堂的师生交流，慕课的讨论区更像是线上论坛，学习者能够自由发言，教师与学习者间能够更平等地交流，学习者与学习者间的讨论更加随意和丰富，不会受到课堂氛围的影响，也不会被某个话题所限制。正是这种自由性、开放性和包容性，让慕课在全世界范围内获得了巨大认可，也收获了更大规模的学习者。

但是大规模讨论也带来了巨量的管理工作，一般慕课学习社区和讨论组的管理是由课程制作团队完成，但当学习者规模过大、人数过多时，教师也会从活跃度较高的学习者中招募有余力、有意愿的，加入管理团队，参与社区管理工作。这些管理者需要对讨论组内的帖子进行分类和整理、维护讨论组的和谐环境、对其中的问题进行整理和分类等。除了对学习社区和讨论组的管理，有的还需要对学习者邮件进行处理。如何提高学习者对课程视频的黏性，培养学习者的学习意志和学习习惯等，已经成为慕课研究者重点关注的问题。慕课管理除了需要制作者团队、志愿学习者外，还要依靠一定的平台服务工具。其中最主要的就是各个慕课平台的课程导航系统、展示区等，这些系统模块和管理工具，为管理者进行课程服务提供了有效工具。除了平台自带的技术工具，还有很多专门为学习者开发的，用于课程评价与筛选的网站和小程序，例如，果壳网的 MOOC 学院，MOOC 学院将线上的慕课资源都进行了搜集与整合，并通过开发筛选程序，帮助学习者快速查找和选择自己需要的课程。另外，MOOC 学院还支持课程评价，学习者可以在 MOOC 学院论坛中对自己已学习的课程进行打分和评价，为之后的学习者提供参考，同时也拉近了学习者之间的关系，提高了学习社区内成员的活跃度，增进了有同样专业背景或同样兴趣的学习者的交流。

第四，同学互评的评价方式。学习评价作为教学活动重要的组成部分，不仅是教授者重要的教学手段，而且是学习者重要的自省工具。学习评价是在既定目标和标准下，通过一定的评价方式对学习过程、学习行为或学习结果进行评价的过程。学习评价有时候不仅包含对学习者专业知识、技术能力的评价，而且包括道德情感、综合能力的评价。在传统课堂教学模式下，学习评价一般可分为诊断性评价、终结性评价和形成性评价。

诊断性评价主要用于教师对学生学习基础的摸底了解。教师通过诊断性评价了解学生的大体情况，以便根据学生实际制订教学计划、完善教学设计。终结性评价主要是对学习者阶段性学习成果的评价，期末考试、期中考试等都属于终结性评价。终结性评价一般采用笔试的形式，准确度与公平性都相对较高，但也存在片面化的不足。目前很多高校仍采用终结性评价方式对学生学习情况进行检测。形成性评价只要用于课堂教学的过程中，以随堂测验或课堂提问的形式出现。教师借助形成性评价实时掌握学生的课堂吸收情况，以便调整授课节奏。

慕课教学也有学习评价的环节，但评价方式、评价标准都不像传统课堂教学一样严格。首先，在评价的效力上，传统课堂教学的学习评价会与学生的学习成绩、学分绩点直接相关，但慕课教学只是为了让学生了解自己的学习效果，即便近年来慕课课程的跨校学分系统得到有效建设，但慕课教学的评价效力还是远低于课堂教学。其次，在评价的流程上，传统课堂教学的学习评价会遵从既定的流程，采用统一标准，要保证所有参与评价的学生的公平性。但慕课的学习评价很多都不会给出成绩，也没有比较标准，评价过程也不会受到教授者的监督。另外，在评价的标准上，传统线下课堂教学的学习评价一般都有既定标准，如60分及格。但慕课，根据设计团队的不同，其评价标准也存在差异，同时也会受到管理团队和授课教师的影响。能够申请课程证书的课程，考核标准相对规范，但与线下考核相比仍存在差距。

另外，慕课与传统课堂教学在学习评价方面最大的不同在于，存在一种新的评价方式——同学互评，即由学习者对一起学习的同伴进行评价。这种评价方式主观性相对较大，也曾被很多人质疑，但这种评价方式在社会学研究中发挥了巨大作用，其科学性已经得到有效证实。另外需要说明的是，慕课的同学互评与课堂教学的学生互评并不相同，课堂教学中学生之间相互认识，在进行评价时可能会受到彼此情感的影响；但在慕课教学中，学习者之间除了学习过程和专业交流，并无过多联系，因此评价的真实性与客观性相较其他群体间的同伴互评，更具真实性。

3. 英语慕课教学模式的优势

（1）课程多。慕课经过多年发展，已经有海量的资源可供学习者选择。慕课平台上的课程资源覆盖了金融、管理、人文、社科、计算机技术、教育等学科。在内容方面，不仅包含化学、物理、代数、几何等基础学科，而且包含医学、计算机、金融经济等专业性较强的学科。同时这些教学资源并不全都是用英语讲解的，其中也包含很多中文、西班牙语、法语的教学内容。各慕课平台为方便学习者更好地获取教学资源，基本都配备了翻译团队和字幕组。

（2）形成语言使用环境。英语是一门语言学科，只有能说出来的语言才能被称为语言。慕课集结了全世界范围内学习资源和学习者，其中就有很多来自英语国家的学习者，能够为学生提供英语交流的平台，让学生真实地感受英语氛围，从而深化对英语知识的理解。

（3）扩大学生知识储备。课堂教学是我国大学英语教学的主要形式，但在大学阶段英语教学的课时并不多，教师要保证教学任务的完成，因此英语课堂的知识点一般都较为密集，其他内容相对较少，同时一节课下来学生很难再有精力去吸收更多相关知识。慕课的课程视频时长一般较短，且教学资料丰富，学生通过慕课可以获取大量有意思的背景知识，同时还能为学生提供在线讨论的空间，这对激发学生兴趣、丰富学生知识储备有非常大的帮助。

（4）提供能力培养平台。目前我国的高校教学仍以知识传授和技能教学为主，很少会关注学生能力的发展。一方面因为能力难以通过评价方法准确衡量；另一方面因为能力发展个体差异性较大，以能力为标准对学生进行评价有失公平。但对学生能力考察的忽视，却也影响了学校对学生各项能力培养的效果。在英语教学方面，传统课堂教学模式下，学生开口的机会很少，师生之间、生生之间的交流也很难照顾到所有人，学生的语言能力难以得到有效培养和锻炼。慕课教学，首先能为学生提供真实的语言环境，让学生逐渐沉浸到英语学习中去；其次能为学生提供有效的交流平台，让学生与外国学习者直接交流，体验英语交流环境；另外慕课丰富的教学资源也能让学生寻找到最适合自己的语言学习方法，切实从能力培养的角度来提高英语能力。

（5）平衡不同学生水平。在传统课堂教学模式下，学生学习全靠教师的引导，教师水平的高低直接决定了学生的学习效果。但在慕课模式下，学生可以通过网络获取全世界范围内优质的教学资源，地区环境的影响被降到最低，只要学生有学习的需求，他就能获得优质的教学资源。慕课的开放性为学生提供了学习的机会，同时也为地区发展注入了新的力量，同时也照顾到了不同水平、不同阶段、不同基础的学生的个性化需求，这对于英语教学具有深远的意义。

4. 英语慕课教学模式注意事项

高校要全方面发挥慕课的积极作用，利用慕课的优势来进行英语教学，英语慕课教学模式需要注意以下方面：

（1）教学资源共享。大学生需要庞大的教育资源来支持他们改变学习方式，只有合理搭建教育资源共享平台才能让大学生通过多种渠道和方式获得优质的教学资源，拥有更多的学习机会，才会更快更好的改变大学生的学习方式。第一，全球共享教学资源。世界上有越来越多的著名大学都加入了慕课平台，并在慕课平台上分享了他们最好的课程，并向学生提供了不同文化和语言环境下的教学资源，教师和专家也在慕课平台上分享学习素材，并从不同的角度进行指导，让世界上任何人都能学到自己感兴趣的课程并确保优质的教育资源为全世界人所共有的。第二，学校间共享教育资源。在学校间教育资源的共享中，必须发挥名校，名课，名课的作用，开放教育资源，让一所学校的教育资源变成多所学校的教育资源，让学生受益于多所大学。教师也应该在慕课平台上分享自己的教学设计，互相学习，共同进步发展。第三，校内教育资源共享，高校应创造一切必要条件，开放教育资源，更新完善教学设备，提供获得优质课程的机会和方式，让所有学生都能享受本校最好的教学资源。

（2）教学方式创新。要想达到良好的教学效果，帮助学生提高学习效率，教师对教学方式的改进与优化始终都是第一位的。首先，教师要从思维方式入手，转变教学观念，真正将培养学生能力放到教学任务的首位。让学生感受到自己的转变，从而促使学生做出改变；其次，教师应持续提升教学能力，尝试新的教学方法。高校教师必须要保持一颗开放的心，始终保持对新技术、新思想的关注，并在教学过程中积极尝试新方法，不断总结教学经验，提升教学能力。时刻保持创造性的课堂也会给学生带来新鲜感，激发学生的学习热情和创新思维；另外，及时调整教学方法，教师需要根据实际情况及时调整教学方法，合理利用教学资源，有意识地对不同教学方式的效果、作用和优劣进行总结和分析，总结出符合所在学校、自身风格和所教学科的教学方法。

例如，在高校英语教学中，教师就应多采取实践训练形式的教学方法，引导学生增加实践经验，通过亲口说、亲自参与交流过程来丰富对英语知识的认识。最后，丰富教学手段。随着计算机技术与多媒体设备的发展，教学手段不再局限于教科书、黑板和粉笔，教师可以借助多媒体设备对网络上更加丰富的教学资源进行展现，但在这个过程中也有很多教师为图省事，完全用视频资源代替了教学过程，或娱乐性的视频资料在教学过程中所占比例过大，严重影响了教学活动的正常展开。因此教师需要正确认识不同教学手段的价值，合理配置、灵活运用不同教学手段，既要为教学活动提供更多亮点，也要重视教学任务的有效完成。

（3）师生关系重建。师生关系是影响学生学习方式的重要因素。传统教学模式下，教师与学生处于教导与被教导的位置，双方的平等性得不到有效尊重和体现，学生在学习过程中也很难获得自由发挥的机会，在无疑会使学生学习的主动性和积极性受到压抑。在慕课环境下，教学方式发生巨大变化，要想最大程度发挥慕课的价值，必须提升学生的自主性和积极性，这就需要推进平等民主的新型师生关系建设。

第一，教师要转变自己的角色定位，在慕课教学中，教师扮演的更多是指导者的角色，不能再停留在传统教学模式下的课堂管理者、知识传递者上，要将课堂主体地位还给学生，让学生在自由的氛围下感受知识本身的魅力。

第二，教师应积极转变教学过程中与学生的交往方式，以平等尊重的态度对待学生的意见，转变之前师生之间单项的教导式交往，鼓励学生发表个人看法，促进交互式交流的形成与发展。同时还要鼓励学生在课堂上发言，增加学生与学生、学生与教师之间的沟通机会。

第三，创设更加民主课堂氛围。营建更加和谐、民主的课堂氛围，能够缓解课堂的严肃感，降低面对教师的紧张感，减少学生心中根深蒂固的“畏惧”心理，同时要注意的是，在进行师生交往的时候，教师必须要是真诚的，必须要真诚地关心、热爱和尊重学生，希望通过自己的教学过程让学生收获更多专业知识、人生经验、职业资讯等，学生只有感受到这份真诚之后才会发自内心地理解和尊重教师。

5. 英语慕课教学模式的具体应用

（1）英语慕课听说教学的具体应用。

第一，构建专业精湛、技术过硬的教师团队。将慕课应用于高校的英语听说教学中是一种创新，这种混合式的教学模式能够为英语听说教学带来全新的活力，混合式的教学模式也为高校教师提出了更高的要求，即高校必须要构建一支具有较强专业能力和信息技术能力的教师团队来开发和维护慕课平台的运行和安全等，从而保障英语慕课的顺利开展。此外，这支教学团队一定要更新教学的理念，在教学中始终做到以学生为中心，从而从根本上提升学生的英语听力水平和口语水平。

第二，打造优秀的慕课平台，丰富线上教学元素。慕课的制作以及运用都离不开网络这个平台，因而对于高校而言，高校需要不断更新和维护自己学校的网络平台，在固定的时间对学校的网络平台进行维护，从而使网络的运行更加顺畅，也能够使学生获得比较良好的英语慕课体验，这能够吸引学生的目光，提高学生的英语学习乐趣。此外，各个高校还应该大力提升学校的信息技术，最好使校园的每个角落都覆盖上无线网，以便于学生利用碎片化的时间学习英语知识。

在高校英语教学中，英语教师需要录制一定的英语听说慕课视频，通常这些慕课的录制时间都比较短，一般在 10 分钟的范围之内，因而这就要求教师一定要保证慕课视频的质量。从英语听力的内容角度进行分析，教师可以选择高校英语听力的技巧以及大学英语四级、六级考试的听力技巧等内容，教师还需要在慕课视频中设定相应的练习题目供学生参考使用；从英语口语的内容角度进行分析，教师可以选择高校的语音知识、英语文化、中西文化差异以及口语的常用句型等内容，同时教师也要设定相应的练习题目供学生参考使用。除此之外，教师还需要在网络上面注册互动论坛，方便教师和学生的沟通与交流，提升学生的自主学习信心。学生可在论坛上提出任何与听说学习相关的问题，并由教师进行解答，其他学生也可跟帖交流；还可在论坛上传学习成果或心得，共同分享、相互切磋、携手进步。

第三，推动传统课堂改革、完善线下教学。对于听说习得而言，进行面对面的语言输出、交流与反馈是至关重要的。所以，虽然慕课具有非常多的优势，但是这种教学模式也只能作为听说课堂的一种重要补充，是无法替代英语听说教学中的课堂教学的。混合式教学模式使各种关于听说的理论知识实现了网络在线讲解，学生就能够在课下利用碎片化的时间自主地掌握理论知识，从而突破传统课堂在时间与空间方面的限制，实现教学目标由理解、记忆知识向应用理论与提升技能转变。基于这一点，高校应当积极对传统的听说课堂教学进行变革，将混合式教学模式有机地融入听说教学之中，实现传统课堂与在线网络教学的有机融合，不断满足学生的多元化需求，进而促进英语教学水平的提升。

在课前的慕课学习中，学生可能会或多或少地遇到一些问题，在线下课堂中，教师可以针对学生所遇到的问题进行深入的分析，帮助学生解决问题，需要注意的是，在教学内容方面，应当将重点放在知识的运用以及听说技能的训练上。在听力方面，针对线上学习中存在的比较普遍的问题进行集中练习，有效缩短听力练习的时间；在口语方面，注意多种方法的灵活采用，如对话、演讲、展示等。在对课堂任务进行设计时，要最大限度地对现实的生活情境进行模拟，并积极引导学生根据要求进行针对性训练。不仅能够营造良好的学习氛围，而且能够有效地激发学生的自主性与积极性，促进学生英语能力的提升。

第四，重建课程评价考核机制。在英语教学中，评价考核是非常重要的一环。通过评价考核，教师能够对学生的知识掌握情况形成系统的了解，学生也能够发现自身存在的不足。在混合式教学模式下，学生的学习、互动与考试有机地融合为一体，使评价考核的形式更加多样化，能够全面地展现学生的学习情况。因此，教师应当对英语听说教学的课程评价考核机制进行重建，将学生的课堂表现、作业情况、期末成绩与线上学习的各种表现结合起来进行评价，与此同时，还要将教师评价同学生互评及学生自评相结合，从而得出最终的评价考核结果，这种评价考核形式具有非常明显的优势，主要体现在：重视评价对象的素质发展、强调评价主体的多元化、尊重学生的个体差异。总而言之，这种评价考核方式不仅使教师的主导作用得到了有效的发挥，而且充分发挥了学生的主体作用，有助于激发学生的积极性与主动性，促进学生听说技能的提升。

第五，培养学生自主学习能力策略。慕课作为一种新兴的教学形式，具有非常明显的优势，但是，需要注意的是，慕课毕竟需要通过网络来开展学习，因此很容易使学生在使用网络的过程中受到诸多不良因素的干扰，进而对学生的线上学习造成一定影响。因此，运用慕课开展教学活动时，应当重视教师的引导、启发与监督，及时对学生的不良学习行为进行纠正，以保障教学活动的顺利进行。学生自主学习能力的培养，需要注意以下方面：

首先，在学生开展自主学习之前，教师应当采用各种方式对学生的现有学习水平形成系统的把握，并指导学生制定适合自己的学习目标。在每次慕课开始之前，教师要制定好导学提纲，使学生对每次课程的学习目标与任务产生明确的认识，积极运用在线分享、在线答疑等方式进行教学互动，并且营造和谐、宽松的学习氛围，使学生对课程的评价方式有清晰的了解，重视学生内在学习动机的激发。

其次，教师要指导学生根据自身的实际情况制订合理的学习计划，既要制定长期的学习计划，也要制定短期的学习计划，此外，教师还要为学生提供丰富的、合适的学习资源，并使学生掌握有效的学习策略。在学生开展自主学习时，教师鼓励学生根据自己的实际情况选择适合的学习方法，并且对学生的学习情况及时进行跟进并及时帮助学生进行学习策略的优化。

最后，教师应当时刻关注学生的慕课学习进度，并针对学生的测试完成情况给予及时的评价，把握学生的学习难点，进行针对性的指导。除此以外，教师还要鼓励学生积极主动地对自己的学习情况进行监控，使学生充分运用自我评价与学生互评等形式来把握自己的学习情况。

（2）慕课在写作教学中的具体应用。

第一，慕课应用在英语写作教学中的作用。

首先，慕课环境下能够快速获取英语资料。在网络的辅助之下，学生可以随时随地且非常精准地获得自己所需的写作资料。此外，学生利用慕课网络针对英语写作的相关问题展开交流，也能有效地拓展学生的思维。

其次，慕课环境下能够优化教学资源，提高教学效果。英语写作其实就是借助英语这种语言将自身对客观世界的认识通过书面的形式展现出来的活动。英语写作能力的提升需要长期的积累。慕课平台在网络技术的支撑下，具备了资源共享性、开放性、互动性等诸多优势，学生借助于慕课平台，可以查看与阅读各种优秀的英文篇章，还可以阅读其他学生的作文。学生不仅能够学习到优秀篇章的写作技巧，还能够在与同学的对比中发现自身的不足，从而不断修改、完善，促进写作能力的提升。

最后，慕课环境下能够扩展学习空间。在英语写作教学设计中，教师可以有针对性地选择一些优质的英语慕课，使学生更多地接触世界名校的优质课程，进而激发学生学习英语写作的兴趣与积极性，促进自主学习能力的不断提升。此外，在慕课平台中，学生可以自主地搜集相关的写作资料，并且查阅各种优秀的写作范文，掌握一定的写作技巧，并运用于自己的写作实践之中，不断提升自身的英语协作能力。

第二，慕课环境下英语写作教学模式。

首先，以慕课教学平台为切入点。学生在开展英语写作之前，需要做好诸多准备工作。当教师在慕课平台上发布了具体的写作话题之后，学生应当分组进行讨论，与组员进行交流，积极发表自己的见解，并且主动搜集相关的写作资料，为下一步的写作做准备。除此以外，在写作时，学生应注意良好的写作习惯的培养，在写作构思上应当多加重视，将自己的观点用英语正确地表达出来，避免出现文不对题、思维混乱、逻辑不通等问题，尤其要注意避免语法错误的出现。与此同时，应当注意英语思维与汉语思维的差异，遵循英语语言的表达习惯与行文特点，确保文章结构正确，表达流畅。总而言之，在慕课平台中开展英语写作教学，教师需要做的就是引导学生寻找写作的切入点，及时对学生进行引导并纠正学生存在的不足，帮助学生不断提升英语写作水平。

其次，慕课学习环境的构建。学生在根据写作主题完成写作之后，可以将作文上传到慕课平台上，教师则及时在平台中检查学生的写作情况。由于学生在英语水平与思维方式上存在不同程度的差异，因此学生的作文所体现出的差异也非常显著。教师应当及时发现学生写作中存在的各种问题，并及时进行指导，引导学生不断对作文进行修改完善，促进学生写作水平的提升。与此同时，教师还可以选择一些优秀的作文作为展示范例，供学生参考与借鉴，使学生积极学习他人的优点，并及时发现自己的不足，进而取长补短，不断完善自己。

最后，慕课平台下英语写作模式的实施。在慕课平台下开展英语写作需要注意两个方面的内容：① 教师要积极主动地为学生提供相关的写作素材与丰富的写作资料。慕课作为一种崭新的教学形式，具有高度的系统性，教师应当充分发挥慕课平台的优势，在充分把握学生的英语水平的基础上，为学生提供丰富的学习资源，也可以在慕课平台中为学生设置一些相关资料的连接，使学生在需要时可以快速、准确地获取。此外，教师还要引导学生对自己的英语作文进行及时存档，使学生在不断地写作学习中发现自己的不足，并积极借鉴别人的长处，促进自己写作水平的提升。② 慕课教学对学生的个性化学习非常重视，因此，为了使学生的个性化学习取得更好的效果，教师应当重视慕课平台中各种资料的整合，使各种资源得到优化配置，从而激发学生学习英语写作的兴趣。英语写作本身重视对学生的英语综合能力的考查，因此，教师在运用慕课平台时应当注重为学生提供更加多元化的资料，重视学生英语综合能力的培养，这一点对于学生写作能力的提升也是至关重要的。

（三）英语专业教师教育的翻转课堂教学模式

英语教学改革要强化学生的英语素养以实现人的全面发展，提倡学生进行自主学习和教学方式和方法的多样化，高校英语教师要大力发挥其主观能动力，先要转变教育观念和角色定位，改进教学方式和手段，将课堂还给学生来发挥学生的主体性。这同样也体现了高校英语教学改革对教师的要求。翻转课堂教学模式应用于大学英语教学，可以提高教学效率，有利于英语教学的更好发展。

1. 英语翻转课堂教学模式的特点

（1）师生角色转变。

第一，教师角色发生转变。

首先，由学科知识的传授者转变为学生学习的指导者和促进者。在以往传统的课堂教学中，教师一般向学生进行直接知识灌输，而在翻转课堂中，学生的主体性被充分发挥，教师不再主宰课堂，将课堂还给学生，但是教师的主导作用在翻转课堂中被放大了，可以更好地对学生进行学习上的指导。在翻转课堂中，教师对于一些学习活动的组织策略如小组学习、角色扮演、基于问题的学习、基于项目的学习等必须要熟悉且熟练使用。

其次，由教学内容的机械传递者转变为学习资源的开发者和提供者。在翻转课堂教学模式中，教师在学生课外学习前向其提供课外学习的资源，这样可以使学生更好地进行课外学习。教师可以根据学生的现实情况开发教学资源，有利于翻转课堂更好地展开。学生遇到问题，教室应该及时处理。所以，教师要提供学生学习时的“脚手架”，方便学生获取更好的学习资源，更快地处理问题。

第二，学生角色发生转变。在翻转课堂教学模式中，学习的决定权由教师转向学生，学生由传统的接受知识的角色转变为自定步调的学习者。作为翻转课堂中的主角，学生不再被动地接受知识的灌输，而是根据需要对学习内容、学习方法、学习实践、学习地点进行控制。在翻转课堂中，知识的理解与内化需要通过小组写作的形式来完成。另外，一部分内化知识较快的学生可以将自己知识的消费者的身份转变为知识的生产者，这部分学生可以担任“教师”的角色来对一些学习进程慢的同学进行指导。

第三，新型师生关系的建立。在翻转课堂教学模式中，教师要以学生为中心，学生在家观看视频学习和在课堂上与同学、教师交流，都体现了这一点。在翻转课堂教学模式中，和谐师生关系的重构表现为学生可以自己控制课外学习的进度，针对一些问题可以与同学、教师交流，具有学习的主体性和主动权。正是因为教师将课堂还给学生，让学生先自主学习，教师再对其进行指导建立知识体系，真正地以学生为中心，才能更好地构建和谐师生关系。值得一提的是，教师根据不同层次学生进行分组，有利于学生们培养合作的能力，促进学生全体全面的发展，建立新型师生、生生关系。

（2）教学环境“翻转”。科技发展使翻转课堂的普遍实现成为可能，传统课堂的教学工具一般只包括黑板、粉笔、教材、课件等内容，而翻转课堂不仅包含这些，更有线上教学资源和智能设备。在翻转课堂教学模式中，教师将课外学生要学习的资源展示给学生，学生在课外自主学习后，教师需要对学生课外学习的效果进行一定的评价，从而掌握学生的学习效果，以便于更好地进行教学活动。学生们也可以在线上进行交流，共同学习，共同进步。

（3）学习时间自主安排。在翻转课堂中，学生的课外学习时间完全由自己支配，学生还可以利用碎片化的时间进行教学视频的观看，这都得益于现代科技的发展。在这样的条件学，学生可以自主地控制学习进程：对于难度较大、较难理解的部分可以暂停思考或者重复观看，对于一些简单的可以加快速度，对于无关紧要的可以跳过。另外，学生还可以在网络上就一些学习上的问题与教师和同学进行交流。学生的时间可以自主安排，这在传统教学中是难以想象的，有助于学生成为知识的主动建构者。

（4）实现个性化教学。传统教学注重的群体教学，而在翻转课堂中，实现了个别教学与群体教学相结合。翻转课堂教学模式注重教学的异步性的基础是认识到个体发展的速度不同，不同的学生各自的情况是不同的，他们具有不同的智力发展倾向和发展潜能。在传统教学模式下，教师传授给学生知识时，无法兼顾每一个学生的学习进度，因为每个人的学习能力与接受能力不同，学习能力强的人可以较快吸收内化知识，而有的学生需要更多的时间去理解知识。以往的教学要求学生在统一的安排下掌握教师所传授的知识，达到统一的要求，这是不符合人的发展规律和个人的学习情况的。

在翻转课堂的课外学习环节，学生对自己课前学习的进程进行自我把握，对学习内容的掌握情况进行调整，这体现了异步的特点。另外值得一提的是，在课堂上采用更频繁的探究活动，教师也可以因材施教，促进学生个体化发展。翻转课堂的异步性对于改革传统课堂教学模式有着重要的意义，有利于学生自发性的学习和全面发展。异步教学教师指导异步化、学生学习个体化、教学活动过程化和教学内容问题化在翻转课堂中体现得淋漓尽致。

2. 英语翻转课堂教学模式的步骤

实际教学中的翻转课堂教学步骤可以分为以下方面：

（1）课前教学内容选择与制作。学生自主学习的视频资源需要教师根据教学目的、教学内容、教学方法等来决定是从网络上寻找资源还是自己制作教学视频。从网络上学长教学资源可以通过两方面来进行：一是一些可以从网络上寻找到的理科公共课程资源；二是中国国家精品课程、一些名校的公开课等也可以从网络上找到资源。网络上的资源在节省教师制作视频课程的时间的同时，也可以将教师要上镜的压力消去，同样可以保证教育资源得到有效利用。教师自己制作教学视频虽然更耗费经历和时间，但是教师可以因材施教，例如，教师可以引入一些有趣的例子来引发学生的兴趣，在英语翻转课堂教学中，可以适当地加入一些较难的词汇和注释来促进学生加深英语的学习和英语相关知识的拓展；在制作视频时可以运用多种方式来提升视频的质量，如增强声音的感染力、运用修辞手法、控制视频的长度等。相较于在网络上寻找资源，一些信息技术素养较高的教师自己制作视频虽然耗时耗力，但是效果可能更好。

（2）课中教学的智慧导引。学生在课外自主学习的后视频阶段的学习非常重要，这一阶段能彰显出自主学习是否有效。前一天的课外学习将为课堂教学奠定坚实的基础。在课堂教学中，教师需要根据不同的情况对学生进行针对性的教育，因材施教才能使翻转课堂教学模式发挥出真正的作用。在翻转课堂教学开始之前，教师在制作教学资源前就将学生在学习中可能遇到的问题进行假设，在课堂教学中，教师对于学生提出的问题直接给出解答或让学生自主或者协作进行探究，通过教师的引导来解决学生的疑惑，在这个过程中，教师需要密切关注各个学生的学习情况，因材施教，教师的教育智慧和也会在其中得到锻炼和加强。这样进行的课堂才是学生和教师所向往的课堂，才是能真正发挥教师主导性和学生主体性的课堂。

（3）课后知识的总结升华。学生们在经历了课外自主学习和课堂教师主导的知识吸收后，对于教学的内容和知识点有了必要的把握，但是这些知识并没有系统地串联起来，只是孤立地存在于学生们的脑海中，不能应用到生活当中去。知识仅停留在认识的层面上是不会发挥作用的，进行学习时，应基于对知识的认识，对新的思想和内容进行批判性的学习，在原有知识的基础上广纳新知，建立完善的知识体系。学生只有在获取知识的基础上，辅以相应的技能，能够独立思考、解决问题，才能够真正地将知识化为己用。学生需要在了解知识的基础上懂得如何使用，而且要用得更加艺术、更加有效。在翻转课堂教学实践中，教师在设计课程时可以针对“知识点组”向学生们布置课外拓展的任务，让学生可以在实践中体会知识的应用。通过对知识的反思和应用实践，学生在课后才能使知识真正地系统地成为自身知识体系的一部分。

3. 英语翻转课堂教学模式的优势

翻转课堂是基于学生自主学习、师生频繁互动，建构的一种新的混合学习方式。作为一种混合学习方式，翻转课堂教学模式是学校和家庭在学生学习过程中所扮演角色的调整。早期的翻转课堂诞生时，就是课外学生自主学习、教师网络授课和课上教师解决问题的结合产物，发展到现在，成为现代教学模式的一项重大变革成果。在当今教育改革的背景下，急需创新的教学方式来代替传统教学方式。新的教学方式要求学生们要有良好的学习习惯和思维方法，能够独立完成课外学习和总结，能够在教师的指导下进行自主探究，养成实事求是的态度，保持一颗求知的心。

传统的大学英语课堂并没有考虑到学生的主体地位、只是机械地完成传统课堂的任务，忽略了学生的差异性，不能真正地促进学生全面发展，对于学生综合素质等培养不能落实到位。英语的各项考试成为教学的指路明灯，使学生们不能培养良好的学习习惯、探究能力和解决问题的能力。传统的教育观念影响着教师的教学方法，不仅不利于学生的全面发展，也不利于教师自身的发展。

相对于传统课堂教学模式，翻转课堂教学模式具有创新性优势，首先是提升学生的学习兴趣，兴趣可以帮助学生更好地进行学习；其次是学生的创造力可以在翻转课堂中充分发掘，作为一种轻松愉快的教学模式，翻转课堂可以使学生放松身心、主动投入，在这种环境下，创造力可以得到提升。另外，在翻转课堂教学模式，教师可以收集丰富的教学资源，将其展示给学生们，这样不仅有利于学生的发展，也有利于高等教育公平性的实现。英语翻转课堂教学模式的优势可以表现在以下方面：

（1）学生学习动机增强。翻转课堂教学模式有利于增强学生的学习动机。通过翻转课堂教学模式的落实，学生可以进行课外学习，而且能够根据自身的进度把握学习进度，在课上学生们自主探究和合作交流的比例比传统课堂增加，学生的主体性得到了发挥，这些都有利于学生学习动机的增强。通过翻转课堂教学模式的实施，学生的学习态度会变得更加积极。翻转课堂采用了先课外学习，在课上探究、讨论的方式，大部分学生对于课外观看视频都十分的感兴趣，这不同于学生在传统教学课上被动学习，翻转课堂教学模式中在课前学习知识和课上解决问题都是学生主动学习的表现。

采用翻转课堂教学模式后，学生的学习将变得更加自主，作为翻转课堂教学的最重要目标，学生的自主学习也是翻转课堂教学的核心要素，要求学生要为自己的学习所负责。学生学习更加自主的表现为：首先是学生自主确定学习目标，自定学习目标充分考虑了自身的情况，符合实际；其次是学生为了达到自定的学习目标而努力，学生通过课前自主学习和课上探究、解决问题都是为了目标而努力；最后使用合适的手段来证实自身学习目标的实现。实施翻转课堂有利于学生按照自身的进度进行学习，有利于学生对所学知识进行灵活运用。

在高校教学中，将传统课堂转变为翻转课堂后，一定会有阵痛期，这使得学生还陷在以往传统的教学观念和教学模式中，不能很好地适应，对于教师控制其学习进度的依赖比较明显，难以进行课外自主学习和独立思考。学生需要一定的时间来适应翻转课堂教学模式，根据情况的不同，每个学生适应所需要的时间长短也就不同。

（2）师生关系更加密切。采用翻转课堂教学模式，教师与很多学生可以更加频繁地交流，课堂上的学习氛围也更加积极，师生之间的关系变得融洽和谐。翻转课堂教学模式可以保持教师与学生的之间友好密切的关系，翻转课堂教学模式提升了师生交流的频率与质量。翻转课堂教学模式中，教师仍然是主导，学生课前的自主学习不能代替教师的作用，视频只是起到了辅助的作用。翻转课堂充分利用了学生的课前学习和课堂上的时间，将二者有机结合。在翻转课堂教学模式中，教师在课上拥有更多的时间来指导学生，通过一对一的交流，教师可以实施针对性的教学策略，这是传统课堂所不能做到的。师生之间交流的频繁有利于师生良好关系的建立和密切交流。所以翻转课堂对于高校教学中的师生关系有着很大的助力。

（3）学生行为表现好转。在施行翻转课堂教学模式后，学生们的学习行为和日常行为表现会变得更好。在翻转课堂教学模式的课外，学生将付出时间和精力投入到课外自主学习中，在翻转课堂教学模式的课内，学生在上课时主体性得到发挥，课上的时间都被运用小组探究、讨论和解决问题等方面，可以更加集中精力，课堂的秩序和管理也得到了改善。

4. 英语翻转课堂教学模式的设计

（1）英语教学过程设计。

第一，确定学生课外学习目标。在大学英语教学中，采用翻转课堂的教学模式进行教学设计时，应该先确定课外学习目标。在大学英语翻转课堂教学模式中，课外教学与课内教学的位置发生了互换，大学生们一共需要将知识的内化过程完成两次，在课外自主学习知识是大学生第一次内化知识的过程，在课内是第二次内化知识的过程。要先确定大学生的课外学习目标才能进行下一步的设计。

第二，选择翻转内容。由于课外和课内的教学要求不同，大学生们在课外和课内的学习目标也就不同。作为低阶思维的目标，课外学习目标在确立后，要根据大学生的发展状况、特点和规律去选择合适的课外学习内容。

第三，选择内容传递方式。在确立并选择好学生课外学习目标和翻转内容后，下一步进行内容传递方式的选择。选择内容传递的方式就是将学生在课外自主学习的内容表达出来的工具。选择内容传递方式时，需要遵循传递内容形式丰富、获取方便、传递速度快、有利于学生个性化发展的原则。内容传递方式的选择受到多方面因素的影响，如学习内容的形式、学习者的地理位置、资源大小和接收设备情况等。

第四，准备教学资源。在完成以上三个步骤的前提下，教师应该自己制作学习资源或寻找适合学生的学习资源。在这一步骤中，准备的教学资源应该与教学内容相匹配，并且要符合选择内容传递方式的原则。

第五，确定学生课内学习目标。接下来要进行的是确定学生课内的学习目标，在前面的步骤中，我们将课外学习目标称为低阶思维的学习目标，相对应的，我们将课内学习目标称为高阶思维目标。课内学习目标主要针对的是分析、评估和创造等内容，不同于课外学习目标，原因是课内学习目标要求学生通过与教师和同学们的交流和合作来开展教学活动，课外学习目标要求学生更多地进行识记、理解学习内容等。

第六，选择评价方式。无论是学生还是教师，在进行翻转课堂模式的教学活动前都要做好充足的准备，而选择合适的评价方式是非常重要的。对于教师而言，低风险的评价方式不仅可以对学生进行传统方式的评价，还可以及时发现学生在学习中遇到的问题，是在翻转课堂教学模式中的理想评价方式。教师可以通过发现学生在学习上遇到的困难来调整教学计划。在低风险评价方式中，课前小测验是最常见的。一般而言，可以通过 3 ～ 4 个问题的课前小测验来对学生课外学习的成果进行评价。翻转课堂教学活动中的课前小测验可以使学生运用到自己在课外学习的知识。课前小测验学生和教师都有一定的反馈作用，学生可以就遇到的困难向教师询问，教师可以就学生在测验中的问题给出建议，教师和学生通过交流，来完成这一环节。

第七，设计教学活动。在选择了翻转课堂教学模式的教学评价方式后，教师需要根据学生在学习上遇到的困难进行针对性的教学活动的设计，通过指引性的翻转课堂教学模式来对学生进行培养，以便学生的分析、评估和创造等高阶目标技能的养成。进行设计教学活动时，可以根据基于问题的学习、协作探究学习和项目的学习等形式。

第八，辅导学生。翻转课堂教学模式的教学过程的设计中，辅导学生是最后一个步骤。教师是学生学习的引导者，只有发挥好教师的主导作用，才能使教学活动的效果最大化。在翻转课堂教学模式的教学活动中，教师需要为学生的学习活动进行引导并提供相应的支持。教师在学生的学习中扮演重要的角色，在翻转课堂教学模式中，教师和学生要进行及时的交流，教师要对学生进行统一的总结和反馈，这样才能够促进学生对知识的吸收和巩固。

（2）英语教学资源开发。

第一，支持翻转课堂的信息化教学资源。教学资源是在教学过程中涉及的设备、材料、人员、设施和预算等所有能够投入到教学过程的东西，科技的进步带动社会的发展，在当前的信息社会中，信息化的教学资源也就随之而来，信息化教学资源包括教学人力资源、教学环境资源和教学信息资源，是在网络环境下为实现教学目标而服务的资源。

翻转课堂教学模式是在信息化教学资源的出现后才被提出和应用的。根据上述大学英语翻转课堂教学过程的设计可以得出，在翻转课堂教学模式中，学习任务单、教学视频、进阶练习、知识地图和学习管理系统等信息化教学资源是在翻转课堂上常用的类型。

除上述教学资源外，教学辅助工具软件是翻转课堂的一项重要的资源。

在翻转课堂中信息化教学资源被大量应用，根据教师教学方式的不同和课程内容的不同，教师需要运用教学辅助工具来实现教学资源的制作和学生学习成果的展示等。可以将教学辅助工具进行分类，分别为视频制作工具、交流讨论工具、成果展示工具和协作探究工具四类。

第二，遵循资源选择原则。翻转课堂教学模式所需要的教学资源多种多样，每一类都是有各自不同的特点，而且每类资源中能够实际应用到翻转课堂教学模式的也有很多。面对这么多得教学资源，教师要对教学内容、教学方法、学生情况等进行分析，从而甄别出大学生英语翻转课堂适用的资源。在选择教学资源时，需要遵循以下原则：

首先，最优选择原则。最优选择原则是从可以选择的多个方案中选择一个最适合的方案。在大学英语翻转课堂教学模式中，教师要根据教学目标、学生发展情况和教学内容等选择合适的教学资源。

其次，具有较强兼容性原则。具有较强兼容性原则是所选择教学资源要兼容学生所持有的设备。科技的发展使人们进入了信息时代，人们的学习生活中，智能设备的大量使用使得翻转课堂教学模式的实现成为可能。手机等智能设备的出现使大学英语教学发生了变革，变得合理和高效。在大学英语翻转课堂中，学生的课外学习需要运用手机等智能设备，在课内学习中，教师要运用智能设备讲授课业。这就需要在大学英语翻转课堂教学模式采用的教学资源要能够在多数的智能设备上完美呈现。

最后，多种媒体组合原则。大学英语教学翻转课堂的教学资源形式可以包括文字之外的图片、视频、声音等形式，综合利用教学资源形式就是多种媒体组合原则，多种媒体组合原则体现了教学活动中以学生为本的原则。

（3）英语教学活动设计。英语课堂翻转教学的教学活动和设计有两方面的内容，分别是课外活动设计和课内活动设计。

第一，课外活动设计。

首先，在线学习。在在线学习的过程中，学生要先进行自主学习，了解课程内容，掌握主要信息，自主学习的主要方式是观看教师准备的教学视频、电子教材和资料等。在一些教师准备的教学视频中还可以添加一些激发学生兴趣的材料、问题和例题等来增强学生在线自主学习的效果。

其次，交流讨论。教师和学生在课外学习活动中的交流讨论是通过在线交流工具和讨论区来实现的。教师和学生通过在线交流形成独特的在线辅导和自组织学习的学习模式，交流的主体可以是教师指定的，也可以是学生通过讨论指定。经过交流和讨论，有利于学生对课外自主学习知识的掌握。

最后，在线测评。课外活动设计的最后一步是在线测评。在经过课外自主在线学习后，教师需要对学生对知识的掌握情况进行一定的了解，这就需要在线测评发挥作用了。在线测评在检验学生在线学习效果的基础上，提供了教师解决学生问题的机会，也为之后的课内教学活动奠定了基础。

第二，课内活动设计。课内学习活动可以分为两种：一种是个体学习活动，另一种是小组学习活动。根据翻转课堂的特点可知，影响大学英语翻转课堂教学的最重要的一点是课内教学活动中学生知识内化的情况。在进行大学英语教学翻转课堂的课内活动时，需要留意翻转课堂教学要素是否有利于学生发挥其主体性来达到课内教学活动的目标。

第六章　英语专业教师教育的课程教学方法

第一节　基于语言学的英语专业教师教育方法

一、英语语言学教育方法及其实施重点

（一）英语语言学教育方法的内容

英语语言学是英语教学中的必修课程，对于提升学生的语言学习能力和创新能力具有重要的作用。[①] 英语课程的理论知识点相对较多，难度比较大，属于理论思想课程，这就在一定程度上加大了英语语言教学的难度。英语语言学的教育方法如下：

1. 建立理论框架学习

英语语言的理论知识点相对较多，因此，建立一个系统的理论框架学习显得十分必要。英语理论学注重逻辑，在教学过程中如果不能形成一个系统的框架，那么在学习的过程中，学生对于英语语言的学习将会在脑海中形成零星的碎片，难以形成系统化的知识点，难以取得理想的学习效果。词有音、形、义，对于具体的英语学习掌握这些音、形、义十分重要。在教学过程中，教师要根据学习的内容，在教学的第一章或者第一篇的时候以图的形式把文章的内容，建立一个理论知识点，这对于学生在接下来的学习中提升学生的学习兴趣具有十分重要的作用。接着讲授语言的分支，让学生了解到语言的产生、传播和接受的过程，然后进行不同的语音分类，了解整个过程，那么学生对于语言的理论知识的学习将会更加容易接受。

① 张美荻．英语语言学教学方法研究［J］．教育现代化，2017，4（39）：193.

2. 采取术语记忆方法

英语语言学习中记忆占有比较重要的地位，在英语教学过程中，探索出适当的记忆方法对于学生英语语言的学习十分重要。英语语言中，术语占据了很大的比重，并且英语语言中术语相对比较难以理解和把握，在学习中如果单纯依靠死记硬背去背单词和语法学习效率将会低下，并且会使得学生失去对于英语语言学习的兴趣。在实际教学中，教师可以采取术语记忆方法，在某些单词中寻找之间的联系，从而促进对于单词语法的记忆。例如，记忆 informative，duality 等单词，这样看是属于一个比较难的词汇，但是这些单词与一些简单的单词具有相关联性，如 inform（information），dual（duality）等，在掌握后面的单词之后对于前面的单词词汇的学习将会较为容易。因此，在英语语言学教学过程中，加强学生的术语记忆方法对于学生语法单词语言的学习具有十分重要的地位。

3. 理论与实例相结合

英语语言学具有丰富的理论知识点，学生对于理论知识点的掌握是依靠教师在课堂上的讲授而获得的。虽然语言学具有大量的理论知识，但是理论来自实践，是在实际生活中产生出来的，并且还应该用它来指导实践。因此，在英语语言学的学习过程中，把英语语言学的具体理论和具体的实例相结合，能够使得学生更好地掌握英语语言学。

（二）基于语言学的英语教育方法实施重点

1. 明确课程定位，制定英语教学目标

在高校英语语言学教学中，为了提高英语语言学教学水平，要对英语课程进行重新定位，明确英语语言学的教学理念和培养目标，根据市场对英语专业人才的实用性需求，将课程培养重点落在学生专业素质与综合能力的锻炼上，强化对英语实用型人才的培养，提高综合素质。“在理论课程上，通过对理论知识的学习，使得学生基本掌握语言结构，语言功能和具体使用方式，促进学生英语语言学知识的系统化构建，根据英语语言学理论进行实践应用，加强理论知识与语言技能的应用，进而为市场提供大量英语语言专业人才。”①

① 徐振华，高心涛．高校英语语言学教学问题透视及优化方法研究［J］．商情，2018（51）：164.

2. 优化教学内容，丰富英语教材选材

在开展英语语言学教学中，教师要进一步完善英语语言学教学内容，根据教学目标和教材内容，整合教学资源，引入微课视频的方式，对难懂的专业术语进行解释，帮助学生对深奥且抽象的知识进行理解和消化，突破教学难点，进而提高英语语言学教学的针对性和有效性。与此同时，在实际教学中，教师可以为学生创设适宜的教学情景，帮助学生对重点知识或是难点知识的理解，通过英语情景，结合学生当前英语思维水平，设计思考问题，以课堂导入的方式，激发学生对英语语言学学习的兴趣和自信心，让学生积极参与到教学活动和知识探索中，主动构建英语语言知识体系，获得全新的学习体验，提高教学效率。

3. 提高实践占比，创新英语教学方式

为了提高英语教学质量，教师要调高实践教学的占比，使得二者相互促进和补充，通过实践活动来理解和消化英语语言学知识，保证教学质量。同时，在创新英语语言学教学方法，将理论课程与高级英语课程有效结合，培养学生的逻辑思维能力、独立思考能力以及英语鉴赏能力，促进学生综合英语语言能力的提高。

（1）形态学和高级英语的结合。英语语言学教学中的形态学内容，主要是对英语词汇内部结构与词法进行综合分析，但是大量词汇不利于学生的记忆，教师在实际教学中，可以将形体学和高级英语进行有效结合，开展融合性练习，引入复合法、转化法以及派生法进行词汇解析，引入拼缀法、缩略法以及截断法进行词汇学习，增加学生对词汇的记忆，提高学习效率。

（2）音系学、音位学和高级英语的结合。事实上，音系学与音位学作为英语语言学的重要部分，以元音和辅音发音方式为核心，涉及音素、重音、语调以及音节等内容，和高级英语相结合，可以纠正学生的不规范口语发音，将发音、音位等理论知识联系口语实践，提高英语语言学教学的实践性。

二、基于认知语言学的英语专业教师教育方法

（一）认知语言学的特征及其语言观

认知语言学是语言学研究的重要组成部分，在语言学研究中起着不可替代的作用。作为一门交叉学科，在语言学研究中发挥着重要的作用。近

年来，认知语言学不断发展和壮大，成为研究语言学必不可少的一部分。认知语言学是语言学与认知科学的交叉学科，它不仅具有认知性，还具有文化性。

1. 认知语言学的特征

（1）将语义作为中心的特征。结构主义学派对语义进行了系统分析，并强调了语义与语义关系、义素之间存在的组合关系。而转换生成语法主要研究的是语法的生成与转换。在研究过程中，并没有将义素融入其中。随着转换生成语法的发展，生成语义学与转换生成语法有着不同的观点，语义在语言研究中起着重要的作用，必须将其视为重要的位置。与此同时，生成语义学还对语义进行了进一步剖析，得出生成性也是语义研究的重要特征。

生成语义学对语义的研究给认知语言学带来很大的启示。认知语言学以此为依据，研究了语义，确立了语义的地位，明确了语义的特征，同时认为语义是概念化的。语义并不违背人认识事物的范式，符合人认识事物的规律，同时语义还能够反映人的认知能力以及感知世界的经验。认知语言学十分注重语义研究，并将语义作为研究的中心。概念结构与语义结构之间并不是孤立存在的，而是相互影响、相互作用的。概念结构主要是在语义结构中体现出来，而语义结构的生成与发展又可以在一定程度上促进句法结构的生成，也可以促进词法结构的发展。无论是概念结构层面还是语义结构层面，都在相互促进中共同发展，从而有利于推动语言整体结构的发展。

（2）语言的体验性特征。随着语言学的发展，认知语言学也在不断发展。体验性是语言的重要特性，人在使用语言的过程中就是感知和体验世界的过程。而语言活动实际上就是人类对世界高级认知的活动，并且这种活动建立在人类感知世界和体验世界的基础上。由此可知，人类的高级认知活动是一个复杂的活动，需要人类感知和体验的共同参与。感知和体验在语言理解中起着重要的作用。倾听别人说话、阅读语言文字等都有利于提高自己感知和体验语言的能力，从而更全面、更准确地理解语言。人们在处理语言信息时，同时也在“体验”被描述的情景。

（3）以使用为基础的特征。认知语言学与英语教学非常相关的另一个重要因素就是它的基于使用的特性。关于语言使用的研究，最有代表性的是结构主义理论，强调语言使用与语言结构的抽象知识分离开来。反复的接触和训练对语言学习者认知结构的发展非常重要，从而使他们能够说出流利而合乎语法的话语。需要指出的是，认知语言学中基于使用的理论认为，语言使用是影响语言认知表征的重要因素，在语言认知表征中起着十分重要的作用。

2. 客观主义与经验主义语言观

（1）客观主义语言观。客观主义语言观认为，感知和理性应该孤立存在，主体和客体之间也是处于分离的状态，这也是客观主义语言观从哲学的视角来解读感知与理性、主体与客体之间的关系，主要包含以下三方面：

第一，语言具有一定的结构和规则，由这些结构和规则构成的知识在语言观的影响下形成了自足系统，并且这一自足系统具有完全自主性。语言能力在很多方面与其他能力有着很大的不同，如语言能力中的分类能力、推理能力，都与天赋有着很大的关系。专用语言的普遍语法在人类学习语言中都起着至关重要的作用，普遍语法有着一定的规则，也有着一定的运算系统，这些规则和系统在很大程度上促进了语言的生成，也促进了语言规范的实现。基于此，在进行语言描述的过程中，语言并不需要依附于认知能力，它可以独立地采用一些逻辑方法来描述。

第二，语义属于语言内部研究的范畴，语义是构成词语意义的重要元素，在词语意义中起着重要的作用。要对其进行更加客观地描述，可以借助于客观的真值条件。语义研究，简单理解就是研究语言符号的客观意义，而意义主要建立在真值的基础上。语言符号与客观世界之间并不是孤立的，而是密切相连的。在这一密切的关系中，大脑中的概念起着重要的桥梁作用。同时，还需要指出的是，概念的连接与人的认知世界并不是密切相连的，而是存在着相互独立的关系，并且这种概念连接是客观世界的镜像反映。

第三，语音、句法和语义都是语言结构的重要组成因素，这些语言结构之间都是独立的。句法最为显著的特点就是形式特征。语音和语义的语言结构对语法不会产生影响。另外，在对句法进行描述时，人们的认知对句法描述的作用也是微乎其微的，甚至可以脱离人类的认知来对语法进行描述。除此之外，需要指出的是，句子的意义主要受深层结构的影响，只要深层结构相同，那么就可以认为这个句子的意义是相同的，即使表层结构存在着一定的差异，也不影响句子意义的相同性。

（2）经验主义语言观。客观主义语言观是认知语言学研究的重要组成部分，对认知语言学的发展也产生了很大的影响。随着认知语言学的迅速发展，人们开始对客观主义语言观提出了质疑，并对认知语言学的语言观进行深入研究和探索，最终提出了经验主义哲学，经验主义哲学是在质疑和反对客观主义语言观的基础上提出的。

经验主义语言观对语言进行了全面的剖析，得出与客观主义语言观不同的结论。人类与现实之间的相互影响和作用为语言的产生奠定了基础。语言与认知、思维都有着密切的关系。从经验主义语言观而言，语言在发展过程中形成了自己独有的特点，如任意性、相似性。语言结构的形成与概念结构有着直接的关系，大脑中概念结构的编码就形成了语言结构。同时，经验主义语言观否认了客观主义语言观中“语言是客观世界的镜像反映”的观点，并指出语言并不是自主性的自足系统，经验世界的结构可以由语言结构来进行反映。无论是语言的编码还是语言的解码都与人类的认知有着密切的关系。总而言之，经验主义理论形成了属于自己的语言观，主要包含以下方面：

第一，经验主义否认了客观主义的天赋观，并强调语言能力并不是人类的天赋能力，而是认知能力的重要组成部分。语言能力与认知能力、现实世界实践等都有着直接的关系，也正是在认知能力、现实世界实践的基础上一步一步发展起来的。同时，语言与主客体也存在着很大的关系，在主客体的相互作用下，语言得以产生。另外，经验主义强调语言的主观性属性，否认了客观主义强调的数理逻辑方法，因此，这一方法对语言本质问题的解决没有帮助。

第二，经验主义认为在语言结构中，句法受语音和语义的影响，否认了句法是一个自足的系统这一观点。从本质上而言，语法结构是概念内容的符号化，这种观点强调了语言的意义与表达形式有着紧密的联系。正是因为多种表达形式的存在，使得语言的意义也呈现出多样化的特点。总而言之，在语言分析过程中，无论是语义还是形态抑或是句法，都不是相互独立的，而是相互作用的系统。在对语言层面中任何一个元素进行研究时，都需要研究语言层面中的其他元素。除此之外，研究者在研究过程中还需要结合其他认知过程，并将其作为研究的参考。

第三，经验主义对语义进行了系统剖析，并从主观和客观的角度解读了语言研究中的语义。从客观上而言，语义是真值条件；从主观上而言，语义与人类主观的识解有着密切的关系。与此同时，语义元素存在于语言系统中。要想对语言意义有更加全面的理解，就应该结合文化因素。需要指出的是，在理解语言意义的过程中，除了考虑客观世界与使用者之间的互动外，还应该考虑使用者的世界感知和体验、信息处理能力及概念化过程。

总而言之，现实世界的互动、使用者的认知、语言等都是影响语言学中语言观研究的重要因素，这些因素之间的相互关系也会对语言观的形成产生很大的影响，对语言系统内部各个因素的研究具有重要的意义，同时在探讨语言与认知关系的过程中也起着不可替代的作用。由此可见，探讨语义与语法之间存在的关系，是当前语言学研究的必然趋势。

（二）基于认知语言学的语言习得观分析

基于认知语言学的语言习得观，主要是利用认知语言学理论来研究语言习得的本质、特点和认知等，这种研究不仅有利于促进认知语言学的发展，还有利于促进语言习得研究的发展。下面对认知语言学视域下的语言习得观进行具体分析：

1. 基于认知语言学的普遍语言习得观

（1）理据性习得观。语言的意义与形式之间并没有严格的界限，语言习得观涉及形式与意义的配对，实际上是理据性习得的过程，主要包含以下方面：

第一，语言习得是形义之间配对的理据习得。认知语言学对语言习得有着自己的观点和看法。认知语言学认为，语言习得本质上就是理据习得的过程，在这一过程中，主要涉及形式和意义之间的配对。而语言习得就是研究语言意义和形式配对的理据。同时，学习者在进行语言学习的过程中，不能被动地、机械地学习和接受语言的形式和意义，而应该注重语言的输入，并积极主动地分析和探讨语言形式与意义之间配对的理据。并在此基础上，了解语言的意义、形式与功能，总结语言的结构。需要指出的是，认知方式、概念结构、体验结构等都会影响语言形义之间的理据。也正是因为如此，基于认知语言学的理据性习得观强调学习者对语言认知、体验的重要性。

语言的形式与意义之间配对的理据会存在于语言的诸多层面，最为常见的是词汇层面和语法层面。因此，配对最为常见的理据是属于同一个语义群中的语言成分通常也可以出现在同一个语音群中。认知语言学十分注重理据性习得观，强调语言形式与语义之间配对的理据在学习者学习过程中的重要性，并鼓励学习者以配对理据为中心来学习和掌握语言。与此同时，认知语言学注重构式在语言学习中的重要性，并主张将构式的统一表征融入语言学习中。人类在对世界认知、感知和体验的过程中，促进了语言的产生和发展。还需要指出的是，学习者在学习语言的过程中，必须认识到语言的形式与意义配对的理据性，只有这样，才能更好地习得语言。

第二，具体的形义配对项是语言习得的对象。关于句式，认知语言学家从认知语言学的角度对其进行了解释。作为语言的基本单位，学习者在学习语言的过程中也就是在学习构式。但在具体的学习实践中，语言输入中通常出现的是具体的形义配对项，并不是构式。因此，学习者在学习语言时，要想完成句式的学习，就应该以具体的形义配对项为主要对象，通过学习具体的形义配对项来完成句式的学习。学习者在语言习得中不能忽视语言输入的重要性。学习者不能将语言意义与形式的学习分割开来，而应该将其有机结合，形成一个整体来进行学习。与此同时，强调了具体形义配对项到抽象构式的过程就是学习者习得语言的过程。因此，学习者必须以具体的形义配对项为对象，通过学习、总结、概括和归纳等方式来完成抽象的句式构建。

总而言之，认知语言学强调理据性习得观在语言习得中的重要性，并指出学习者语言习得的过程其实就是对配对理据性认知的过程。因此，语言习得离不开语言的意义与形式之间的配对理据。

（2）洞察性习得观。洞察性习得观也是基于认知语言学的普遍语言习得观的重要组成部分，学习者语言习得的过程不仅是寻找语言的意义与形式配对理据的过程，还是洞察性学习的过程。具体而言，学习者在语言习得的过程中，需要反复使用已经学习的语言，同时还要积极主动地参与新语言的学习，这一过程其实就是学习者洞察性学习的过程，也是洞察性习得观的具体体现。

洞察性学习强调的是学习者对语言的反复使用性，洞察性习得观注重语言使用的原则。与此同时，洞察性学习强调学习者在语言习得过程中的积极参与性，这说明了洞察性习得观意识到学习者在语言习得过程中积极性和主动性的重要性，并注重学习者主观能动性的培养。另外，从认知语言学角度而言，学习者习得语言和知识的过程，并不是被动地学习和习得的过程，而是学习者积极主动学习和习得知识的过程，也是学习者反复的、主动的使用语言与知识的过程。同时还强调学习者在习得语言和知识的过程中必须注重自身认知能力的培养。

（3）概念性习得观。随着认知语言学的诞生和发展，学习者在学习语言的过程中，认知能力并不是分割开来的，语言能力与独立的认知能力并不是等同的。学习者要正确认识学习能力、认知能力以及二者之间的关系。只有这样，才能促进学习者的语言习得。学习者语言习得的过程并不是完全独立的认知过程。学习者在语言习得过程中，必须要融入一些学习过程中的通用认知能力，如推理能力、监控能力等，只有这样，才有利于学习者在新的语言习得中感知语言、了解语言和掌握语言。除此之外，在学习者认识和感知新语言的过程中，还要注重输入语言的处理——概念化处理，只有这样才能更好地习得新的语言。基于此，认知语言学在诸多研究的基础上，提出了概念性习得观，强调语言习得的过程实际上就是概念习得的过程。

另外，在认知语言学的角度，人类在语言习得过程中，离不开通用认知能力的参与，强调了通用认知能力在语言习得中的重要性。与此同时，认知语言学认为，作为通用认知能力重要组成部分的语言能力，在学习者语言习得过程中也起着不可替代的作用。除此之外，学习者在语言习得过程中还要注重整体认知能力的培养和提高。

2. 基于认知语言学的学科语言习得观

认知语言学下的学科语言习得观是认知语言学下语言习得观的重要组成部分。了解学科语言习得观对语言习得观具有十分重要的意义。下面对基于认知语言学的学科语言习得观进行具体分析：

（1）心理学视角下的语言观。基于心理学的语言观认为，语言是一种图式，它与体验、概念化等都有着十分密切的关系。语言的产生、发展和使用与认知、体验有着直接的关系。因此，研究语言的产生、发展、使用就必须研究认知和体验。语言呈现出来的体验性主要集中体现在两个方面，即语言的产生和语言的发展。体验的过程就是人与客观世界互动的过程。在这一过程中，不仅有人们的体验，还有人们的认知活动，正是体验与认知的相互作用，才形成了语言。不同的人有着不同的语言表达方式，不同的语言表达方式在很大程度上反映了人们的不同认知。

语言不能绝对客观地反映现实世界，它是体验认知共同作用的产物。人与现实世界加强互动体验就可以获得基于自己对客观世界认识的意象图式。当人们在进行实际的过程中，他们会根据交际情境选择那些已经储存于自己心智中的意象图式，这就会使其能产生不同的语言表达形式，同时也让交际产生了无限可能性。所以，语言是通过人们必要的体验活动而得到的一种意象图式，并且该图式具有概念化属性。需要说明的是，这一原则对于认识语言学而言非常重要，这是因为它保证了认知语言学可以与其他语言学理论相区别。

（2）社会学视角下的语言观。如果从社会学层面出发对语言观进行分析，就会对语言进行社会层面的界定，语言依然是一个交际工具，但是它具有了社会属性。认知语言学非常看重语言的交际性质，语言知识之所以可以不断产生，主要的原因在于人们总是处于不断的交际中，并从交际中获取经验，长此以往，这些经验就会被概括成最普遍的语言知识，为更多人所使用。语言结构并不是凭空产生的，它是在人们运用语言的过程中产生的，从这个方面而言，语言就是作为社会性交际工具存在的。通常而言，认知语言学的使用主要体现在以下方面：

第一，语言知识的目的在于语言的使用。语言最基本的属性就是交际，任何语言的使用都是在交际目的的驱使下进行的，可以总结出语言知识的目的，目的为语言的使用。所有的交际行为都是在一定的社会情境中发生的，情境不同，人们选择与使用的语言知识与表达形式也就不同。在具体的交际过程中，交际双方会根据交际的情况灵活选择句式，并最终将自己脑海中的知识激活应用在交际中。

第二，语言知识的形成源自人们对语言的使用。当语言成分以句式被储存在人脑中，它就成了人们认同的语言知识，而语言成分向语言知识的转变，则与语言成分在人们交际中使用的频率有关。一般而言，当人们在交际中使用一次语言成分时，人的头脑中所储存的相应的意象图式就会被激活，人们就会选择这一图式进行语言表达。而当语言成分使用的频率已经到了一定的程度之后，该成分就会被人们固化，这样形义配对的构式就在不知不觉中形成了。例如，一些在日常生活中并不存在实际关联的一些英语词汇，但是经过人们的大量使用，它们的形式与意义就会被一次次强化，就是在这样反复的强化中，它们就会以句式的形式持续地存在于人们的头脑中，并且对后续交际提供指导。由此可知，语言知识的形成肯定离不开人们对语言知识的使用。

（3）语言学视角下的语言观。语言有形式，也有意义，且二者关系密切，不能分离，二者统一起来才能形成一个整体结构。语言是一种符号系统，它由构式组成，具有理据性；语言是一个系统，它有着自己的单位，其中构式是其基本单位。组成语言的结构并没有实际的要求，可大可小，可简单，也可复不断地组合构通过不断的组合，就成了一个比较完整的语言系统。

认识语言系统除了要认识构式之外，还需要认识语式，人们在交际过程中的特定语言中所使用的表达式就称之为“语式”。构式与语式是有着明显的差别的，构式是人们对现实世界的经验总结，他们将总结来的知识存于心智之中，在交际中，就会利用这些知识去构建语句，语式则是对抽象构式具体化的产物，构式与语式的关系可以定位为实现与被实现的关系。

从在认知语言学而言，构式之间存在形式与意义上限定要求上的矛盾，一旦这种矛盾不存在了，不同的构式就会“活跃”起来，且可以进行自由组合，这样就会产生可以应用于实际交际活动的不同语式。需要明确的一点是，构式形义关系的实现是有一定要求的，必须要在一定的理据性的解释下进行，并不能随意进行。分析与把握认知语言学视角下的语言观，主要有两方面的积极作用：① 能够加强人们对语言本质的进一步了解；② 能够促进语言学习者的学习及教学者的教学。对于语言的形义关系所表现出来的任意性与理据性这一问题，需要重视起来，因为它并不绝对，要想清楚这一问题，就必须要根据人们交际的实际情况做出具体的分析。

（三）基于认知语言学的语言教学观分析

1. 认知语言学对语言教学的积极意义

认知语言学研究客观语言现象主要是从两个方面进行的：① 主体认识外部世界经验基础；② 主体的认知能力。认知语言学对语言现象的研究成果是基于客观世界的经验的，所以它是体验性的，语言教学也是一种客观活动，注重体验与认知，所以，认知语言学是能够对语言教学产生积极的指导意义的。通常情况下，这种积极的指导意义主要表现在以下三个方面：

（1）驱动教学进程。通常情况下，认知语言学的相关理论对英语教学的驱动作用主要体现在：① 认知语言学的相关理论能使学习者脑中原本比较琐碎、分散的知识整合起来，从而保证了知识的完整性，有利于学习者在后续学习中进一步巩固知识，从而提高学习的效率与质量；② 学生的知识形成体系之后，当其遇到与自己脑海中的旧知识相关的知识时，其就可以将这些知识调出来，这种灵活的知识运用将会有助于提升学生的英语思维能力；③ 学习者在学习过程中不可避免地会遇到一些学习问题，而认知语言学的相关理论可以帮助学习者认识错误的原因，从而加深其对这一知识点的理解与把握。

（2）提高教学活力。认知语言学的语言观认为，人类对语言的认识都是其对现实世界各种现象的认知反映。每个人生长的环境不同、教育背景不同，这使他们看待世界的角度不同，从现实世界中获得的事物经验也就不同，因此，在他们脑海中形成的认知结构也有着明显的差异。而对于不同的语言学习也是如此，学生在脑海中形成的母语知识结构与其他语言的知识结构是不同的。通常情况下，英语学习是要滞后于母语学习的，这是因为在进行英语学习之前，学生已经获得了丰富的母语学习与应用经验，他们脑海中已经形成了相对完备的母语认知结构。而当学生学习新的语言时，这些母语知识就会对学生的语言学习产生影响。

在学生学习的过程中，其自身的母语系统依然在发挥作用，只不过所发挥的是一种媒介作用，但学生似乎并没有认识到这一点。因此，在英语教学中，教师需要让学生认识到母语的重要性，让学生意识到母语的中介作用，从而帮助其在母语与目标语的对比中增强对目标语言的认识，这种教学方式不仅能够提高英语教学的质量，而且还能有助于学生提高英语学习的质量。

（3）丰富教学活动。认知语言学在语言教学中所发挥的积极作用还体现在其可以丰富语言教学活动上，认知语言学认为人的身体是非常重要的，它连接客观世界与人类认知，人通过自己的身体去了解知识，这其实也在表明，知识学习的过程是一种体验式的过程，而语言知识的学习也是如此。基于此，教师在开展英语教学活动的过程中，也可以借鉴这种理论，不断丰富英语课堂。

教师在语言教学中除了需要发挥自己的主导作用之外，还需要激发学生的主观能动性，让学生自觉地开展语言学习活动，促进学生对知识的吸收与掌握。教师可以通过互联网为学生搜集更多的语言材料，然后在课堂上将这些材料提供给学生，要求学生对材料中的语言规律进行归纳、总结。学生在总结规律的过程中，就会不自觉地建立起知识结构体系，知识结构体系的完善将会有利于他们继续深层次探究语言的使用与意义之间的关系。需要指出的是，这种探究有着很大的现实意义：一方面，可以提高学生的自主学习能力；另一方面，可以激发学生的学习主动性，使其认识到自己才是学习活动的主人，这样他们就能更加积极地学习语言。

2. 基于认知语言学的语言教学体系

（1）认知语言学指导下语言教学的目标。从认知语言学而言，大小不一的构式单位共同构成了语言，教师提供给学生一些语言材料，学生在学习这些语言材料的过程中就完成了构式学习。语言教学的目标就是要帮助学生掌握各种语言构式。认知语言学认为语言教学必须要围绕构式教学进行，还必须多多关注预制词块或多词单位。

词块（词汇短语，Lexical chunks）对于词汇教学有着重要的作用，借助词块，教师在进行词汇教学时可以让学生清楚了解词汇的各种搭配以及用法。词块具有一定的整体性，这种整体性不仅体现在结构上，而且还体现在语义上，因此，从这个层面上而言，当学生掌握一个词块时，其就能掌握许多不同的单词。认知语言学非常强调语言构式的作用，认为构式的形式与意义不能脱离开来，要有效结合。在认知语言学遵循一定的理据对存在于现实世界的各种语言现象进行合理的解释时，这就在一定程度上提高了语言系统的科学性，降低了其任意性。与传统语言教学相比，基于认知语言学的教学更加具有合理性，因为认知语言学提供了相关语言理据，让教师与学生可以更好地理解语言形式与意义，同时还为教师的教学与学生的学习提供了理据性。

（2）认知语言学指导下语言教学的内容。基于认知语言学的语言教学提出了新的学习模式——自上而下，这种学习模式因为是在认知机制的基础上形成的，所以强调语言的输入与输出对语言习得产生的直接影响。从这里可以看出，基于认知语言学的语言教学确立了语言教学的内容——不对称频次输入。在学习者学习进行二语习得的过程中，输入对语言习得构式产生影响，主要体现在输入的频率、输入的顺序与分布上，输入的频率影响学习者构式习得的速度，输入的顺序与分布影响学习者构式习得的频率。当在语言输入过程中，目标构式的典型成员出现的频率比非典型成员的出现频率高，这种输入就是不对称的频次输入。

目标构式的输入顺序、频率等都是可以调整的，教师通过调整教学目标就实现了构式输入的调整。通常情况下，典型成员有高频成员与低频成员之分，在实际的教学中，教师一般会先输入高频成员，这是因为它是学生建构语言知识体系的基础，能够在一定程度上提高学生对构式的应用能力，且这种输入也会是反复进行的。

（3）认知语言学指导下语言教学的过程。语言意义是动态发展的，它根据经验处理机制与人类认知机制实现了语言意义的拓展，使意义从具体意义向边缘意义拓展，不过这一发展过程却始终围绕语言的具体意义进行。在英语教学中，教师在讲解一个多义词汇时，不需要立刻就将所有的意义告诉学生，可以先让学生了解具体意义，当学生掌握了具体意义之后，再让其认识词汇的边缘意义，这样学生就能在词汇的不同用法之间建立起必然的联系。此外，教师还可以对同一词汇的不同意义之间的关系进行分类，从而使教学变得更加分明、容易，学生也能更容易梳理出词汇的不同意义，加深对词汇意义的认识。认知语言学非常强调语言构式的作用，这样的一个观点反映出了两方面的内容：①凸显了语言意义的重要性；②凸显了语法与词汇的积极意义，而且，其积极意义是通过语法与词汇作为连续体而体现出来的。

学生生活的环境不同，形成的文化不同，因此其所形成的语言也有着明显的差异性。虽然认知语言学是在总结大多数语言发展规律的基础上形成的，但是其依然无法涵盖所有的语言现象，更不能对所有语言现象进行具体的理据解释。语言教学的过程是教师在借鉴认知语言学相关理据的基础上让学生实现语言主动学习与应用的过程，教学不是教师单独开展的活动，学生也需要参与其中，教师与学生共同推动语言教学的发展。

（四）基于认知语言学的英语词汇教育方法

1. 英语词汇教育的作用

语言教育内容体系十分丰富，其中，词汇教学是其不容忽视的一部分。掌握一定量的词汇是学生开展英语学习活动的基础，如果学生没有掌握足够量的词汇，其可能无法进行句式学习、阅读学习，甚至无法完成交际。词汇作为支撑语言体系框架的基石，对于语言系统而言很重要。

在语言形成的初期，词汇在人类交际过程中的作用是非常突出的，但是随着人类对语言认识的加深以及交际的广泛性，语法越来越取代词汇，在交际中发挥重要作用，其实这一变化规律可以从人类的成长史中找到，当人类处于婴幼儿时期时，他们学习母语的第一步就是要理解一些单音节词汇，而随着年纪的增长以及对现实世界认识的加深，他们逐渐掌握了语法，能够根据语境选择词汇，其语言应用能力就会得以提高。英语词汇教学能让学生了解自己日常所说的词汇的深层内涵，同时也能让学生更正确地运用词汇，因此，英语词汇教学对于学生英语学习与应用是非常重要的。

2. 认知语言学对英语词汇教育的启示

（1）深化学生对词汇的理解。认知语言学强调知识的延展性，因此，将其相关理论运用到英语词汇教学中，就可以很大程度上拓展学生的词汇学习范围，使其可以了解词汇的深层含义。在课堂上，教师要做的就是要对词汇的原型释义进行分析，让学生掌握词汇最基本的意义，而要是让学生掌握词汇的深层意义，则教师需要将学生的词汇学习与阅读学习结合起来，给学生提供一些含有学生需要掌握的词汇的阅读材料，让学生通过在阅读中练习上下文实现词汇的高效学习，这一过程需要学生自主完成，这样学生不仅能够掌握词语的深层含义，而且还能进一步提高其自主学习能力。总而言之，将认知语言学的相关理论应用到英语词汇教学中是可行的，一方面，能加深学生对词汇的理解与记忆；另一方面，还能提高学生的词汇学习能力。

（2）为词汇教学提供理论基础。认知语言学能够影响学生的英语词汇学习，基于认知语言学的英语教学可以使学生获得更加高效的英语词汇学习方法，这样学生的词汇学习质量与效率就能有所提高。而且基于认知语言学的英语教学也还能在一定程度上提高学生记忆词汇的效率，这是因为这一教学方法是建立在树状记忆法的基础上的，这让学生可以将分散的词汇知识整合起来，形成一个对词汇的系统认识，从而使其可以更加全面、科学地掌握词汇知识。教师还可以通过想象法来进行词汇教学，激发学生的想象力，让学生通过必要的想象看到词汇意义的深处，从而认识到词汇的本质。同时，教师还可以为学生创设相关情境，让学生在情境中自觉地开展英语词汇学习活动，并在生动的情境中激发自己的学习积极性，从而不断培养自己良好的词汇学习习惯。

（3）提升学生的思维逻辑能力。一个英语词汇往往会有不同的含义，这就导致其在不同的语境中会呈现出不同的意义，这也给英语教学带来了难度。认知语言学能帮助学生更好地认识词汇的原型释义，而利用词汇的原型释义，学生又能进一步拓展词汇的深层次意义，学生就能较为全面地掌握词汇的意义。学生在学习词汇的过程中，不仅能将所学的词汇知识做到融会贯通，而且还能培养自己的逻辑思考能力，更重要的是，较为扎实的词汇知识更是方便了学生的交际。

（五）基于认知语言学的英语句法教育方法

学生句法知识的学习其实就是一种心理活动的结果，在学习过程中，学生会根据句法知识从不同角度对现实世界进行认知，这样，学生在应用语法知识时也就会更加自信，因为他们已经收获了很多句法学习的经验。

1. 英语句法教育的作用

句法教学是英语教学体系的重要组成部分，它所产生的现实作用主要从以下几方面体现出来：

（1）提升听说能力的精确化程度。英语句法教学不仅能增强学生对听力材料的理解，而且还能使其口语表达变得更准确。句法是对语言规则的一种总结，即使学生没有掌握足够的词汇量，但是他掌握了一定的句法知识，那么他也能创造出不少新句子，从这个方面上而言，句法也能促进学生顺畅的交际。如果在交际过程中交际者无法根据句法规则组织句子，那么交际另一方很可能无法了解交际者的意图，交际也无法进行下去，这就要求句法教学要始终围绕交际任务进行，教师要指导学生精确掌握各种句法知识，同时确保他们可以将这些知识应用在交际活动中。

（2）促进英语技能的持续发展。语言学习过程中容易产生“石化”现象，而这一现象会阻碍学生学习的质量，而句法教学能够很好地解决这一问题，同时还能使学生的英语技能获得长足发展。英语是一门国际化语言，世界上很多国家都把英语教育纳入教育体系，中国教育界也非常重视英语教育，各高校也充分认识到了英语技能学习对于学生长期发展的重要性。学生在学校期间学习的英语技能是其这个竞争激烈的社会中生存的重要法宝，尤其是现在全球化时代，所有人都在用英语交流。因此，掌握英语技能对学生而言，是十分有必要的，句法知识是学生进行流畅交流的基础，这同时也在表明，高校应该重视句法教学，让学生掌握扎实的句法知识。

2. 认知语言学对英语句法教育的启示

每个语言单位的内部结构可能会比较复杂，但是借助句法，人们可以熟练地将这些语言单位连接起来，形成一定的语流，这样各种句法单位就看起来比较简单了。人类的语言能力与其他的能力其实并没有明确的界限，它们之间的关系通常是很紧密的，因此，语言能力与人的认知能力不能单独而言，二者关系紧密，需要合起来认识。人们探索客观世界需要对客观世界中的万事万物进行表达，就是在一次次的表达中人们锻炼了自己的语言能力，句法就是人们不同语言实践的语言规律经验总结，并且这些语言规律会继续指导人们进行新的交际。

总而言之，句法也在一定程度上反映了人们看待客观世界的方式，它是人们对客观世界进行概念化与象征化的结果。因此，对句法进行有效的分析是离不开学生的认知能力的。正是因为如此，认知语言学才给英语教学改革提供了一个新的思路，认知语言学相关理论在英语句法教学中的应用，能使句法教学摆脱理论的限制，与学生的实际生活联系在一起，这样就有利于学生的理论知识学习，同时也能有助于其语言应用能力的提高。

三、基于系统功能语言学的英语专业教师教育方法

语言学理论对语言教学有一定的指导作用，系统功能语言学也不例外，它推动了英语教学变革。系统功能语言学理论内涵丰富，其中的语域以及语境理论都在一定程度上促进了英语教学的积极进步与发展。在该理论的影响下，人们越来越发现语言是一个复杂的系统，需要对其进行深入研究；语言与社会关系密切，必须进一步了解语言的交际功能。

（一）系统功能语言学及其特征

从系统功能语言学而言，语言是一个系统，且这个系统中包含许多不同的层次，主要有语音学、词汇学、语义学等。强调语言研究并不应着眼基于结构，而是要系统地看待语言，语言是有规律可循的，要注意探究语言的功能。通常而言，系统功能语言学是由两部分组成的：一部分是"系统语法"；另一部分则是"功能语法"，并不是将这两部分简单相加就构成了系统功能语言学，二者是系统功能语言学的重要组成部分。

系统语言是用来解释两方面的内容的，它可以对语言的内在联系予以解释，也可以解释语言与意义的关系。同时系统语法还对语言的表现形式与结构进行了区分，认为表现形式是一种聚合关系，所以是第一性的，而结构是一种组合关系，所以是第二性的。功能语法主要的观点认为语言是一种社会性的工具，可用于人们之间的社会交往。语言系统的形成与人们的语言使用是分不开的，人们交往过程中为了实现不同的语义功能而灵活使用语言，这样就形成了语言系统。所以，人们在进行交际时一定会考虑自己需要实现的功能，因为这样他们才能在语言系统中做出正确的选择。

在系统语言学而言，语言不是凭空产生的，它是人类社会活动的产物，并且承载着不同的功能。纯理功能是由三部分组成的：第一部分是概念功能，这一功能可以从两个方面体现出来，一方面是及物性系统的表现形式；另一方面是语态的表现形式。第二部分是人际功能，人际功能经常"出没"在语法中，不仅可以从语气系统、情态系统中体现出来，而且还可以从语调系统中体现出来。第三部分是语篇功能，该功能的实现形式有三种，分别为主位结构、信息结构与衔接体现。因此，系统功能语言学主要的研究任务为，人们怎样在社会文化语境中通过意义潜势的选择来实现不同的语

义功能。

系统功能语言学的主要特征可以从两个方面体现出来：第一，研究的范围广。系统功能语言学研究的范围非常广泛，它不仅可以研究语音学、词汇学、语法学，还可以研究语义学、语用学等内容，广泛的研究范围同时也充实了系统功能语言学的内容体系。第二，实用性强。系统功能语言学在不少领域获得了应用，可以应用在高校英语教学上，也可以应用在翻译研究与文体分析上，可见它具有非常强的实用性。

（二）基于系统功能语言学的英语口语教育方法

1. 基于语类的英语口语教育方法

在语篇中，经常可以看见叙述语类的口语语篇，一般而言，叙述语类由三部分组成：第一部分为个人叙述，它可以将个人的经历反映出来；第二部分是事实叙述，它可以将社会集体的经历反映出来；第三部分为想象叙述，它可以将人们脱离客观世界的非现实世界中的经历反映出来。通常情况下，从结构层面上来说，叙述类的语篇基本保持着一致性，不过如果要从语言特征等层面上来说，这类语篇又有着明显的差异，这种差异不仅体现在人称上，也可以体现在时态上。通常而言，叙述语类会使用第一人称进行叙述，常见的时态是一般现在时、一般过去时与一般将来时，既会用到主动语态，也会用到被动语态。

掌握语类的语篇结构对于英语口语学习而言非常重要，教师可以引导学生尝试梳理语篇中的主线、大纲，多练习一些不同类型的叙述语类，锻炼学生的英语口语能力。针对不同的叙述语类练习，教师可以设定不同的叙述主题，最好选择一些比较有代表性的话题，让学生在课前自行准备，然后在课上完成叙述练习，鼓励学生自己开口叙述。例如，练习事实叙述语类时，可以选择“春节的来历”“家乡的气候”等话题；练习个人叙述时，可以选择“英语角一游”“我的第一次旅行”等话题；练习想象叙述语类时，可以选择“我的理想”等话题展开练习。

同一种类型的语篇固然存在共同特征，人们在处理同类型的语篇时往往会遵循其通用规律，需要注意的是，语篇本身是会发生变化的，因此，不同的语篇之间还是有着些许差异，正是这种差异使人们在处理语篇的过程中可以发挥一定的创造性。英语口语教学之所以重视语类结构，是因为只有掌握了语类结构，学生才能做到自主构建语篇。英语教师在开展英语口语教学活动时，应该尽可能多地介绍丰富的、实用的语类知识，引导学生构建自己的语类知识体系，这样学生在使用英语进行交流时，就能具备一定的英语语类思维。除此之外，文化环境的差异也会造成语类结构的差异以及语类呈现方式的差异，因此，在处理同类型的语篇时也要重点关注其中的文化差异。

2. 基于主位结构的英语口语教育方法

在日常交际中，说话者需要选择合适的语言结构服务于整个交际过程，将各种语言结构组合在一起就形成了意义正确、连贯的语篇，不过，需要注意的是，选择语言结构需要遵循一定的信息组织规律。任何一个英语句子都有着自己的主位结构，并且，一个句子中的分句中的主位与述位通常是确定的，因此，即使句子整体发生变化，分句内部也不会发生变化。如果从具体的语篇构成而言，大多数语篇不可能只有一个句子，通常都是由两个或两个以上的句子构成的，这时每个句子的主位、述位之间可能会发生变化，不过这种变化都是遵循一定规律的变化。而且，这一变化能够将语篇的信息流程体现出来，所以它也被称为推进。

在高校英语口语教学中，教师应该有意识地增加一些主位结构分析的内容，让学生了解主位结构分析在英语口语学习中的重要性，从而让学生更加自觉地学习英语口语知识。教师可以给学生提供一些听力材料，然后引导学生一起分析说话双方是怎样利用主位推进模式展开话题的，用生动的例子说明这一问题，可让学生更好地理解主位推进模式。

第二节　跨文化交际下的英语专业教师教育方法

一、跨文化交际下英语教育体系的构建

语言与文化是共生的，二者相互影响，相互作用，哪一方面都不可能脱离另一方面存在。因此，在英语教学中，英语教师不仅要向学生传授英语语言知识，而且还要积极为学生创设绝佳的语言环境，使其可以在具体的语言环境中学习词汇、语法知识，形成学生跨文化的语用意识，了解英语国家社会习俗、文化习惯，长此以往，学生的跨文化交际能力必定会有所提高。

（一）跨文化交际下英语教育的作用

1. 跨文化交际下英语教育的现实作用

语言与文化相互影响，并由交际连接起来。人们学习语言与文化的经历会对其思维的形成与发展产生一定的影响，正是因为如此，说着不同语言、处于不同文化背景中的人才会形成不同的思维模式，而思维是交际的基础，有着怎样的思维模式便有着怎样的交际习惯，因此，语言、文化与交际之间的关系是非常密切的，他们彼此总是相互影响的。人们在运用语言交际的过程中会将自身的价值观、思维习惯等文化层面的内容表达出来，而社会文化又在一定程度上给语言提供了形成与发展的“营养基”。交际则是作为一种中介，将语言与文化紧密地连接起来。

语言、文化与交际之间密切的关系对英语教学产生了一定的影响，语言教学即文化教学，而且这种观念甚至被传播开来。早期的英语学习是一种单纯地停留在语言本身上的学习，需要指出的是，虽然早期的语言学习确实也让学习者具备了一定的语言技能，但是这并不意味着这种学习是一种真正意义上的语言学习，这是因为学习者只是获得了一个与母语不同的符号系统。该符号系统是单纯的语言系统，学习者并没有掌握英语的文化符号系统，这导致学习者在使用英语进行表达时只能表达一些浅层次的内容，如果他们想要与目的语语言群体进行深层次的交流，往往是不可行的。

依据不同的标准可以制定出不同的英语学习目标，而且不同的教育场所对学习者的学习要求也不同，学校重在培养学生的英语交际能力。学习者英语能力的提高的前提条件是其必须要了解目的语的文化，并且在了解目的语文化的基础上，完成对该文化与自己母语文化的对比，这样就能保证自己可以熟练地掌握两种文化，毕竟语言的学习涉及的也是两种文化的学习。

（1）跨文化交际能力是人才培养需要。跨文化交际能力的培养不仅对个体发展有重要的影响，而且对国家，甚至对世界的发展都有一定的影响，基于此，跨文化交际能力培养问题受到了人们的广泛关注。在这个背景之下，跨文化交际学也形成与发展了起来，它是一门注重跨文化研究的学科，提倡要对语言学习者进行跨文化培训，为培养跨文化交际人才提供了学科指导。需要明确的是，跨文化交际能力的内容十分丰富，不仅包括学习者的情感、心理等行为层次，而且还包括价值观、交际模式等文化层次，可见，一般培训时间较短的跨文化培训对于学习者跨文化交际能力的培养并没有实质性的帮助。要想实现学习者跨文化交际能力的显著提高，跨文化交际学必须要与文化人类学、心理学等学科相结合，这样跨文化交际能力理论将会更加充实，在语言教学中培养学习者的跨文化交际能力就能变得十分顺利。

如今，社会英语人才的要求越来越高，不仅要求英语学习者要掌握一定的语言理论知识，而且还要具备跨文化交际能力，尤其是在全球化进程不断推进的背景下，跨文化交际能力显得愈发重要。“高校的英语教学旨在提高学生在跨文化交流中的技能，以满足全球化的发展需求。”① 跨文化英语教学必须肩负起应该承担的责任，努力为社会输送具备较强跨文化交际能力的英语人才。

（2）跨文化英语教学是教学发展需要。英语教学虽然是一门强调应用的学科，但是其理论体系的构建同样重要，而且因为这一学科受到教师教育观念、学生学习心理以及社会环境等多重因素的影响，以至于其理论体系的构建必须要与其他学科的研究成果相结合。与此同时，英语教学主要为社会输送社会需要的人才，因此教师的教学理念必须要与时代发展需求相适应，教学大纲也应该与时俱进。在多元文化发展的今天，文化为英语教学打开了一条新的发展道路，跨文化英语教学逐渐被提上日程。

总而言之，跨文化英语教学意义较大，高校要对其予以足够的重视。一方面，文化确立了其在英语教学中的重要地位，它为学生的语言学习提供了比较真实的语境，使学生在语言学习中能考虑文化场景，连接真人、真事，这就在一定程度上激发了学生学习英语的积极性，并促进了英语教学质量的提高；另一方面，语言教学与文化教学的结合符合跨文化交际能力培养的需要，学生学习文化的渠道广泛，尤其是在信息技术快速发展的今天，他们可以从互联网上轻易地获得自己想要的文化知识。

需要指出的是，通过网络渠道获得文化知识只是一种间接的文化学习，而通过语言学习文化知识则是一种直接的学习，学生在语言学习中可以亲身体验文化，从而使自己可以在情感与行为层面上与跨文化交际能力培养的要求相一致。因此，在英语教学中开展跨文化培训能够取得良好的效果：一方面，使学习者语言学习的需要得到了满足；另一方面，则让学生的跨

① 柳菁菁．试论高校英语教学中跨文化意识培养［J］．食品研究与开发，2021，42（22）：252.

文化交际能力获得了培养与提高，这同时也表明，英语教学的潜力被挖掘出来了。

2. 跨文化交际下英语教学的研究作用

（1）跨文化英语教学研究在英语教育中地位。跨文化英语教学研究对于跨文化英语教学有着很大的现实意义，这是因为二者存在一定的共性，跨文化英语教学研究的目的是培养人们的交际能力以及其适应不同文化的能力，而中国跨文化英语教学把帮助学生完成成功的跨文化交际，提高其跨文化交际能力看作教学最根本的目标。

语言与文化关系密切，相互作用、相互影响，这让文化在语言教学中也占据了非常重要的地位，在英语教学中，文化是必需的内容，是学生进行跨文化交际的基础。在英语学习中，学习者总是能体会到母语对英语学习的干扰，但是他们并没有认识到文化也能对英语学习产生影响。文化对语言学习的影响很大，一个人要想获得成功的交际，不仅要掌握一定的语言知识，更重要的是必须要了解交际对象的文化背景，并对相关文化知识做到清楚地掌握，这样才能促成成功跨文化交际的实现，主要包含以下方面：

第一，跨文化英语教学研究为跨文化英语教学实践活动提供理论支撑。英语教学受到许多因素的影响，这些因素包括语言环境、社会规范以及文化规则等，只有将这些因素与语言符号系统紧密结合在一起，才能实现英语教学的有效性，学习者也才能顺利地完成跨文化交际。而对影响英语教学的这些因素所进行的研究其实也是跨文化英语教学研究的一部分，可见，随着英语文化教学的不断开展，跨文化英语教学研究可能会成为英语教学的重要部分，为英语教学实践活动的开展提供理论支撑。

跨文化英语教学研究成果源于教学实践。对跨文化英语听力教学进行研究就必须要对英语听力教学实践展开必要的分析，在英语听力理解中，学生明明自己已经花费了很多时间去训练听力，可是效果并不好，尤其是当听到一些生词时，理解起来相当费力。究其原因就是学生对英语语言背后的文化没有做到清楚的了解，如果他们能对英语文化有深入的了解，那么即使他们不懂得这个生词的意思，只要联系一下该词汇所处的文化语境，其实就能明白其意思，进而也就能顺畅地理解听力材料的内容。

第二，跨文化英语教学研究指导跨文化英语教学根本目标的确立。跨文化英语教学的根本目标就是要培养与提高学生的跨文化交际能力，而具体通过跨文化英语教学实现这一目标就需要一定的理论支持，跨文化英语教学研究就为目标的实现提供了必要的理论支持。跨文化英语教学研究会包括对跨文化英语教学目标的研究，而且这些研究都是在分析、总结跨文化英语教学实践的基础上得来的，因而既科学，又合理，对跨文化英语教学目标的确立有一定的指导作用。

（2）英语跨文化教学研究推进英语教育进程。如今，国家大力提倡素质教育，培养学生的人文素质、创新素质等已经提上教育的日程，并且开始在高校各专业教学中具体实施。英语跨文化教学在语言教学的基础上重视文化教学，有利于学生掌握较为全面的文化知识，帮助其培养自身的文化素养。而究竟如何在英语跨文化教学中培养学生的人文素质，这不仅需要教师的努力，而且还需要研究者们的助推，英语教学研究者们通过对英语跨文化教学规律进行探索总结出了不少跨文化英语教学方法，以及一些培养学生人文素质的策略。

（二）跨文化交际下英语教育的内容

1. 英语文化的教学

跨文化交际能力是学习者在掌握目的语言以及文化的基础上产生的，同时学习者还要兼顾母语以及本国文化，以使自己可以在两种文化的交流中实现跨文化交际能力的提高。由此可见，英语教学不能排除其他文化的内容，一旦其他文化内容脱离于英语教学内容之外，学习者在语言学习过程中就会忽略其他文化，跨文化交际不是一种文化的交流，其他文化也要参与其中，这就导致学习者很有可能无法形成跨文化意识。当然，英语教学的课时是有限的，教师与学生在课堂上的精力也是有限的，学生无法较为全面地体验多种文化系统，但是教师通过选择恰当的教学教材，组织新颖的教学活动，是可以让学生在情境中体验不同文化的，虽然这种体验可能与目的文化有一些差距，但是这在一定程度上也能摆脱母语文化对英语学习的影响。

2. 目的语教学与目的文化教学

目的语教学与目的文化教学这两方面教学内容与当前英语教学内容是一致的，经过这两方面知识的学习，学生不仅能够掌握目的语语言知识，而且还能运用所学的知识与目的语群体进行有效的交际，这种能够有效交际的能力就是英语交际能力。此外，在这两个模块教学中，还可以增加语言意识和文化意识教学。之所以要将语言意识纳入模块之中，主要的原因就是希望学习者在学习完英语之后，可以将英语与自己的母语进行比较，进而发现二者的差异，总结语言的普遍规律，最重要的是要能认识到社会、文化在语言形成与发展过程中所起的重要作用。而培养学习者的文化意识则是让他们对中英语文化有足够的了解，保证其跨文化交际能力能有所提高。此外，文化教学还涉及文化交流这部分的内容，文化交流是学习者本族文化与目的文化之间的交流，换言之，学习者在学习英语的过程中还要多接触英语文化，从而保证自己可以在学习西方文化的同时，认识到本国文化的优势以及英语文化学习在英语教学中的重要性。文化交流与文化使用并不是单独存在的，二者一般属于一个范畴之内，相互作用。

3. 跨文化交际能力的培养

跨文化交际能力的培养需要通过跨文化交际实践来完成，教师为学生创设文化交际情境，学习者在情境中扮演角色，完成文化交际，这样学习者就能在交际中了解到一些交际注意事项，认识到文化冲突是无法避免的。当学习者在具体开展跨文化交际实践时，就会更加自如。

跨文化交际能力的培养还包括了跨文化研究方法方面的教学，因为跨文化交际能力的培养并不是一蹴而就的，需要学习者通过一生的努力来完成，掌握一定的跨文化研究方法，对于学习者而言非常重要，这些方法能帮助其在具体的交际实践中自行选择交际策略。

（三）跨文化交际下英语教育的原则

从语言使用层面上而言，语言使用需要在一定的文化环境中进行，正是从这两方面看，英语语言教学必然会涉及跨文化教学，而且跨文化教学必然也会通过语言教学来实现。跨文化交际下英语教育的开展需要遵循以下原则（图 6-1）：

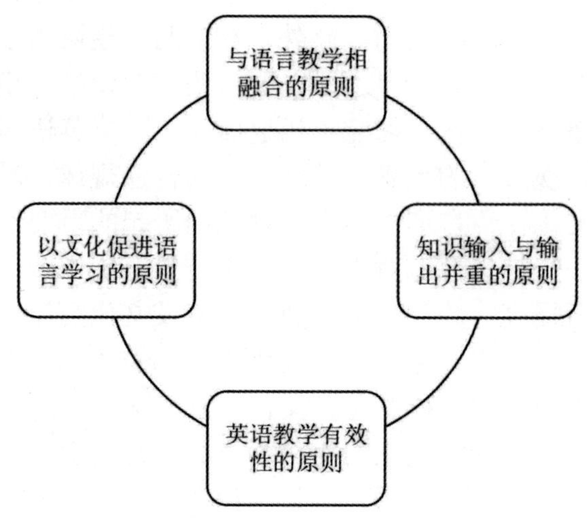

图 6-1　跨文化交际下英语教育的原则

1. 与语言教学相融合的原则

跨文化教学并不仅仅是文化层面的简单教学，它必须要与语言教学结合起来，这是因为跨文化英语教学的目的是帮助学生培养其跨文化交际能力，使其在跨文化交际中能规避语用失误，因此，跨文化教学绝对不可能离开语言教学而存在。文化教学必须要与语言教学相结合，教师最好可以将文化内容贯穿到语言教学的所有环节中。学生在学习语言的过程中，同时也完成了对文化知识的学习，对于语言知识与文化知识的扎实掌握，能够帮助学生认清文化教学与语言教学的关系，同时也能帮助其进行成功的跨文化交际。

2. 知识输入与输出并重的原则

跨文化英语教学中的知识的输入与输出可以从以下两个方面具体展开。

（1）文化层面。英语教师在跨文化英语教学中，要让学生明白英语文化对于英语学习固然重要，但是如果不了解中国文化，不清楚中英语文化的差异，英语学习也只能停留在语言层面，深层次的文化学习是无法实现的。同时，教师要加大在英语课堂上中国文化的输入，让中国学生了解到中国文化的魅力，从而使其可以在与外国人进行交际的过程中向其进行中国文化输出。

（2）语言层面。跨文化英语教学是要以语言为载体，使学生完成对文化语言知识的输入、吸收，当学生进行文化语言输出时，其就能完成高质量的输出。文化语言输出是十分有必要的，其最重要的作用就是要树立学生的自信心，这样就能在跨文化交际中使用流利的文化语言完成交际。在跨文化英语教学中，输入与输出这一原则对于培养学生文化知识的双向导入的能力至关重要，可以让学生在国际交往中用英语友好而顺畅的交际。

3. 英语教学有效性的原则

跨文化英语教学的最终目的就是要对学生进行跨文化交际能力的培养。有效交际的实现需要一定的条件，前提条件是交际双方要共享一套语言系统，而其他条件还包括交际环境、情境以及规范系统。需要指出的是，这里的交际环境包括两部分：第一，宽泛的交际环境，它主要包括地理环境、文化环境等，这类环境能对交际产生间接的影响；第二，具体的交际环境主要包括交际双方的角色、交际发生的具体场合等，这类环境一般可直接对交际产生影响。情境一般是文化情境，是交际双方在交际时所处的文化背景。规范系统是保证交际双发交际顺利进行的基础，双方都必须遵循一定的规范。

文化英语教学内容其实十分丰富的，教师要实现教学的有效性，就必须要对将这些内容都纳入教学中来。具体而言，文化知识的引入可以循序渐进进行，首先，可以将地理文化、情境文化这类相对而言比较浅层的文化引入教学中，先让学生对文化有最基本的了解；其次，教师再将文化深层次的内容——价值观与社会规范引入教学中，这种内容设计与组织是符合教学规律的，因此，教学的有效性能很快实现。

4. 以文化促进语言学习的原则

英语课程是一种兼具工具性与人文性的课程，要求学生不仅要掌握基础语言知识，而且还要掌握语言背后的文化知识。因此，教师在进行高校英语课程设置时，必须要考虑学生的文化素质培养以及跨文化交际能力提高问题。

语言是文化的载体，它记录与传承文化，因此，语言的教学与学习也不可能脱离文化而存在。同时，因为语言也承载着丰富的文化，所以语言也变得更加多姿多彩，语言的使用才更加灵活多样。因此，学习者学习英语，不能仅仅学习语言知识，而且还要了解语言背后的文化内涵，只有这样，其才能灵活地使用英语。而对于英语教师而言，在英语教学过程中，其不仅要向学生传授词汇、语音、语法等语言知识，而且还要向学生传授文化知识，让其将文化知识的学习融会贯通到语言学习中，这样其语言综合运用能力就能有所提高。

英语教学应该强调以文化为中心，学生在学习语言的过程中完成对文化知识的学习，这里的文化知识是全面的。跨文化英语教学给学生提供的文化知识很全面，这可以在一定程度上拓展学生的知识面，拓宽其文化视野，在此基础上，其就能对了解到文化知识对于英语语言学习的重要性，从而根据自己实际的学习情况调整自己的学习目标与学习计划，将文化知识学习纳入自己的学习体系之中，对中英语文化知识的了解与掌握，能帮助学生成为真正的跨文化交流人才。

（四）跨文化交际下英语教育的方法

1. 跨文化交际下英语课堂教育方法

（1）挖掘教材中所蕴含的人文精神，结合教材丰富学生的人文背景知识。学生英语学习并不仅仅是语言的学习，文化知识的学习同样重要，这是因为英语文化背景知识能帮助学生理解语言的语境，使其可以准确理解词汇、句子的含义。在英语学习中，部分学生经常会遇到这样一个情况，明明这篇文章中的每一个单词都认识，每一个句子也能翻译出来，但是如果从整体上把握整篇文章，学生就非常吃力，这主要是因为学生缺乏必要的文化背景知识，这就给学生提出了新的要求，学生不仅要学习语音、词汇与语法等语言知识，而且还要对各种文化知识有所了解，只有对文化有清楚的了解，才能感知文章的主要内涵，准确地理解文章含义。

语言是文化的一部分，如果学习者只学习英语，而不了解英语背后的文化知识，那么英语学习只是一种浅层的学习，这就要求教师在课堂上可以在分析英语教材的基础上，向学生传授一些与教材相关的文化背景知识，从而帮助学生更好地理解语言与文化。

英语教材所收录的内容十分丰富，其并不是简单的一本书，它囊括了不少西方人文知识，能帮助学生了解地道的英语文化。教师向学生传授人文知识，不仅是要他们掌握这些知识，更重要的是要让这些知识对学生的价值观、人生观以及世界观的形成产生积极影响，以使他们可以在社会上生存并发展。

（2）通过对文学和影视作品的鉴赏来培养学生的人文精神。许多文学作品与影视作品中所呈现的英语表达恰恰是英语的地道表达，同时还呈现了英语文化的真实面貌。因此，在跨文化英语教学中，教师在讲解某一部分内容时，可以适当地为学生播放一些与内容相关的经典英文电影，也可以推荐给学生一些与此相关的经典文学作品，经典作品往往是人生观以及世界观的准确传达途径。

（3）运用教学方法来塑造学生的人文品格。教师要将传统教学的以教师为主体的教学方法，转变为以学生为主体的教学方法，并对学生的自主性学习意识与能力进行培养。在网络时代，教师要多用微信等与学生进行交流，了解学生的人文诉求，这样教师就能根据学生的实际需求来搜寻文化知识。教师可以利用网络搜寻文化知识，丰富的文化知识有利于对不同学生的人文品格进行塑造。

2. 跨文化交际下第二课堂教育方法

（1）举办英语文化节。为了让学生更加主动地学习英语，高校可以为学生设立一个英语文化节，同时，对学生展开调查，了解学生喜欢的活动形式，并在节日期间举办多种多样的活动。例如，英语歌曲比赛、英语电影配音等，在这些活动中，学生是主体，但是高校也不能将所有的活动组织都推给学生，高校以及英语学院有关部门也应该积极参与进来，共同推动英语文化节的举办，这在一定程度上还能拉近教师与学生之间的距离，促进教学有效性的实现。更重要的是，举办英语文化节可以被当作一种学校文化传统延续下去，学生就会更加乐于学习英语，认识到英语的魅力。

（2）组建各类英语社团或俱乐部。每个高校都会存在着大量的社团与俱乐部，这里是发挥学生所长的地方，是激发其主动性、想象力、创造力的场所，是培养团队合作意识和协调能力的绝佳平台，当然也是其英语语言实践的有利场所。社团和俱乐部可围绕某个特定主题开展相应活动，并聘请外教和骨干英语教师作为特邀嘉宾予以指导。

（3）编辑英文杂志。高校可以设立一个英文杂志编辑部，只要是喜欢英语的学生都可以将自己的英文稿件投稿到编辑部，当学生的稿件一经选入并在杂志上刊登时，学生的自信心就能迅速建立起来，其学习英语的积极性也能调动起来。为了确保英语稿件的质量，编辑部负责征稿和审稿的人必须要了解一些常规的出版知识，有着较高的英文水平。

（4）举办英语竞赛。高校还可以为学生提供多样的竞赛平台，以保证学生可以获得展示自己英语才华的机会。高校举办的竞赛活动形式要多样化，同时举办频率也要高一些，这样学生就能时刻都有竞赛可以参与，其英语水平也能有所保障。英语竞赛活动要注重趣味性，激发学生参与的积极性。

（5）在日常生活中学习英语。英语学习当然要重视理论的学习，毕竟理论知识是学生运用英语的基础与前提，但是与英语基础理论知识学习相比，英语实践教学更加重要。因此，学生要想学好英语，就必须要将英语学习践行到生活中，从日常生活中接受英语文化的熏陶，多与学校的留学生交朋友，多与学校的外教交流，这样学生就能使自己置身在英语文化环境中，从而培养自己的英语应用能力与跨文化交际能力。此外，高校还可以为通过设立英语广播站为学生播报英语新闻，让学生学习英语的地道用法。同时，还可以在校园报告厅中定期放映一些经典英语影片或一些生动有趣的视听材料，让学生经常能领略到英语的魅力。

（6）创办“英语学习种子班”。教师可以从不同学院中选拔一些英语成绩较好的学生，并对其进行统一的口语、听力等方面的培训，这些培训必须要在“第二课堂”中进行，当这些接受培训的学生顺利“毕业”之后，其就可以回到各自学院，将英语学习的先进方法传授给其他同学，从而带动其他同学的英语学习积极性。

（7）建立基于网络的高校英语自主学习平台。教育领域的研究内容有不少，而自主学习长期以来都是研究的重点与热点。在课程与教学论领域，自主学习能力被看作是一项教学目标，培养学生的自主学习能力成为教师的任务之一；在学习论领域，自主学习被看作是学习方式的一种，且与原有的学习方式，这种学习方式水平高，能保证学生学习的质量。

在“第二课堂”中开展自主学习，可以通过不同的手段进行，主要包括：① 自主学习中心。这是一种比较特殊的教学方式，该方式的使用转移了人们的注意力，人们的注意力从自主学习的组织转变为自主学习与课程的结合；② 计算机辅助教学。计算机技术的发展给教育领域带来了巨大变革，英语教学也不例外，英语跨文化教学需要大量的文化资源，利用计算机技术，学生可以自由地从互联网上获取相关资源，并且能对获取的资源进行分析、思考，从而有效地提高其自主学习能力；③ 串联学习。两个学生之间分别学习对方的语言作品，并对作品进行合理的评价，促进彼此的再进步。通常情况下，它与自主学习往往相伴而生，两种学习方式的学习能发挥更大的效力。

随着计算机技术的飞速发展，人借助网络能较好地实现学生的自主学习目标，网络在这一目标实现上往往表现出两大优势：第一，能为学生创设比较生动的语言环境，网络以图片、音频与视频给学生带来了丰富的感官刺激，极大地刺激了其英语学习的积极性；第二，能将学生的主体地位凸显出来，网络能让不同的学生找到适合自己的学习资料与学习方法，能促进学生个性化学习的实现。

基于网络在跨文化英语教学中的重要性，高校可以建立一个基于网络的高校英语自主学习平台，为学生提供自主学习、交流探讨、教师指导等不同模块，如自主学习模块是学生自主完成探究的模块，交流探讨是学生与学生之间就某一问题进行探讨的模块，而当学生遇到无法解决的问题时，就可以在教师指导模块上对向教师请教。

二、跨文化交际与英语专业教师教育的融合

（一）跨文化交际与英语听力教育的融合

在英语教学中，英语专业教师不仅要向学生传授相应的英语语言知识，教师还要向学生传授相应的文化背景知识，从而加深学生的理解，使学生可以不断提升自身的英语交际能力和英语表达能力。世界上有很多不同的国家，国家之间存在较大的文化差异，因而不同文化背景的人会使用不同的语言，这种语言以及文化的差异就对英语教师提出了较高的要求。在具体的英语教学中，英语教师不仅要使学生认识到不同语言之间存在的各种差异，如语法、结构等，教师还要让学生认识到不同语言之间背后存在的文化差异，尤其是中西方之间存在的较大文化差异，从而使学生更好地理解英语和掌握英语。

在学习者使用英语这门语言的过程中，听力是一个十分重要的环节。通过听力，学习者可以听到和接收各种语言的信息，然后处理信息。在高校的英语教学实践中，英语听力教学是一项重要的教学内容，这是因为对于学生而言，他们在交际中需要听得懂对方的交际内容，接着他们才能够进一步交流。此外，需要强调的是，英语听力教学非常重要，是人们交际的重要基础，然而学生英语听力的提高是一项长期而艰巨的教学任务，它不是一朝一夕就能够完成的，需要教师和学生付出长期的努力才能够实现。

教学活动是一项复杂的活动，它的活动主体主要就是教师和学生。因而在高校的英语教学实践中，教师和学生都发挥着重要的作用。从教师的角度进行分析，教师是学生英语学习的重要指导者和辅助者。从学生的角度进行分析，学生才是英语学习的主体，学生通常在教师的指导下开展英语的学习活动，在自己的头脑中构建知识。因而英语教学过程不仅能够促

进教师的发展，也能够促进学生的成长和发展。然而在实际的教学中，不管是教师的教学过程，还是学生的学习过程，师生需要面临的一个共同问题就是如何激发学生的英语学习兴趣，从而使学生主动地学习英语。尤其在英语听力教学中，教师更要创设更多的条件来激发学生的英语听力学习兴趣。

英语听力教学可以大幅度提升学生的英语学习兴趣，其具体表现在：① 为学生的英语学习呈现新的信息；② 帮助学生整合学习的新知识和旧知识；③ 促进学生使用已经习得的知识并合理评价习得的知识情况；④ 促进学生把英语听力技能和其他技能进行结合。

交际能力是学生在英语学习中不仅要学习和掌握正确的英语语法规则等知识，学生还要能够在具体的地点、面对不同的交际对象而使用恰当合理的语句进行交际和对话。换言之，对于学生而言，学习一门语言，不仅要掌握其语法规则等重要知识点，还要学习在适合的时机运用这门语言。一般认为，交际能力主要包括四种不同的能力：语言能力、社会语言能力、语篇能力和策略能力，这四种能力对于学生而言都是十分重要的，需要学生在学习语言时不断提升各方面的能力，从而使学生通过英语听力的教学最终提升其实际的交际能力。

在英语教学中，要重点培养学生的英语听力、口语、阅读、写作以及翻译的能力，其中学生的英语听力教学一直是处于劣势的地位。因此，在英语教学中，教师要合理地引导学生了解和熟悉中英语文化之间存在的差异，使学生意识到文化差异对英语这门语言学习的影响。对于学生而言，听力能力是一种十分重要的能力，英语听力要求学生具备较强的语言敏感性。语言敏感性的培养不是一蹴而就的事情，它要求在熟练掌握语言的基础之上了解中西方的文化差异，从而主动地去了解和学习语言背后的文化知识。

教师在英语教学中要把英语的听力教学和英语的口语教学结合起来，从而使学习者可以在练习英语听力的同时练习英语口语，这也是一个积极的互动过程。教师可以通过听与说的结合，把交际互动观直接引入英语听力教学。在学习者的日常学习活动中，学生练习英语听力最常用的方式就是开展英语对话。对话就会有交际的双方，他们之间也会有一定的互动，也会有语言的听和说。在开展英语对话的过程中，交际双方都要掌握一定的英语听力技巧和口语技巧，从而使交际更加顺利、高效。由此可见，在高校英语的听力教学中，把英语听力和英语的口语结合起来进行学习，就可以使单一的英语听力练习变成一种互动的对话。换言之，教师把交际互动观引入英语的听力教学中不仅可以丰富学生的练习内容，激发学生的听力学习兴趣，还能够增强学习的互动性，使学生乐于学习英语，这也使英语听力的学习过程变得更加有趣味性。

听力教学应尽力让学生全方位、多层次地接触不同层面的英语。英语听力课和阅读课以及写作课等有很大的不同，它要求学生充分运用自己的听觉器官，同时大脑要快速地飞转来分析获取的信息，从而做出合理的判断。在练习英语听力的过程中，如果学生一直处于一种十分紧张的状态之中，学生就很有可能会判断失误，从而降低听力学习的效率。教师可以引导学生通过具体的语言实践，了解和掌握各种文化背景知识的方法。从影视作品、书本等渠道了解说英语的人的说话习惯和交流方式，这样会提高英语学习者的学习兴趣，使学生减少听力理解的障碍和失误。

（二）跨文化交际与英语口语教育的融合

英语口语教学的主要目的在于帮助学生敢于开口说英语，敢于使用英语与其他人进行交流和沟通，从而更好地发挥英语的交际工具的作用。在英语口语训练中，涉及两个步骤：第一个是传递信息；第二个是接收信息。具体分析而言，英语口语教学的步骤主要为：输入、操作、输出，这是一个循环往复的过程。

1. 文化差异对英语口语教学的影响

（1）词汇文化因素对英语口语教学的影响。对于学生而言，如果在交际中想要表达一定的思想以及情感，就必须具备一定量的词汇储备，这样他们才能够在交际中做到有话可说。此外，随着国际交流变得越来越密切，人们与其他文化背景的人进行交流的概率变得越来越多。因而对于高校而言，教师在开展英语口语教学时一定要向学生讲授不同文化之间存在的文化差异，从而增长学生的见识，提升学生的跨文化意识。

（2）思维模式因素对英语口语教学的影响。英语和汉语是两种完全不同的语言，因而使用这两种不同语言的人们也会持有不同的思维方式以及思考模式。实际上，这种差异也会影响高校英语的口语教学实践。思维模式的不同会在一定程度上影响学生的英语口语的流利程度。对于大多数学生而言，已经有了固定的汉语思维，当他们用英语表达思想时，他们就需要转换思维模式从而确保意思准确，但是这种转换需要花费一定的时间，使学生的英语口语表达变得不是很流利。

2. 跨文化交际下英语口语教学原则

（1）互动原则。在英语口语教学中，口语练习是一个重要的组成部分，它需要教师耐心地指导和教授，它还需要学生付出较多的时间以及学习精力来学习和练习。众所周知，学生的英语口语练习本来就是一件比较单调和枯燥的活动，这时候如果学生没有适合练习英语口语的环境，学生就很有可能会放弃学习英语口语。由此可见，在英语口语的教学中，教师为学生创设一定的口语练习环境至关重要，这也要求在英语口语教学中要坚持互动的原则，让学生都能够在互动的过程中学习和练习英语口语，提升学生兴趣的同时激发学生的热情，从而提升每个学生的英语口语表达技巧。

（2）先听后说原则。在英语的表达中，学生听英语和开口说英语这二者之间有紧密的联系，它们二者互为基础。实际上，在实际的英语口语对话和交流中，交际双方都必须先要听取对方的讲话内容，才可以进一步继续回答对方的问题，用英语口语表达自己的思想和看法等，因而在跨文化交际中，交际者需要遵循先听后说的原则，从而促进交际的顺利开展。

（3）循序渐进原则。英语口语的练习和掌握是一个长期的过程，需要学习者在练习的过程中遵循循序渐进的原则，从而由浅入深的学习和掌握英语口语的相关知识和技能。来自不同地区的学生往往会使用不同的方言，这些学生在学习英语口语时，一定要适当地克服方言发音对英语口语发音的影响，从而使自己的英语口语发音更加准确、合理。此外，在具体的教学计划安排中，学校的相关管理人员以及教师等也需要遵循循序渐进的原则来开展各项英语口语教学工作。

（4）科学纠错原则。在英语口语教学中，学生出现口语错误是非常常见的现象，这时教师一定要采取正确的态度来分析和看待这件事情。在高校具体的英语口语教学实践中，当学生在训练英语口语时，教师可以认真地倾听学生的训练过程，对于英语对话或者交际中不太重要的英语口语问题，教师可以适当地忽略不计，只要学生的英语口语训练没有实质性的大错误，教师就不要频繁地打断学生的练习。教师正确的做法应该是，在学生完成相应的练习之后，教师在所有的学生面前统一指出学生英语口语练习中常见的错误以及注意事项，从而避免学生在接下来的练习和实际应用中重复犯错。

3. 跨文化交际下英语口语教学方法

（1）文化植入法。在人们的现实生活中，如果某个平台没有任何的播放信息，只是一直在播放广告，那么无论这个广告多么生动有趣，它都很难持续地吸引人们的目光。文化的学习也是相同的情况，如果只是单独地开设一门文化相关的课程，那么由于文化往往内容庞杂而会使很多学生提不起兴趣。但是在实际的英语教学中植入一定的文化则会带来比较好的效果，它不仅能够恰当地吸引学生的注意力，同时能够加深学生的理解，使学生在掌握背景文化知识的同时学好英语的口语知识和技能。

第一，文化植入的原则，主要包括：① 在精不在多原则。在具体的英语口语训练中，教师一定要选择适合的机会和节奏来植入文化，不要求教师要植入大量的文化，但是教师植入的文化一定要注重质量，要找准“切入点”，从而激发学生对英语口语的学习兴趣，使每个学生都愿意开口主动练习英语口语；② 适当原则。在实际的英语口语教学中，英语教师并不是肆无忌惮地植入文化，他们在植入文化时也要遵循适当的原则，即教师要充分考虑学生的年龄层次、兴趣以及学生的实际学习情况等，从而通过文化植入来提升学生的英语口语技能。所以，英语教师在植入文化时一定要准确地把握适当的原则；③ 服务于口语教学原则。在实际的高校英语口语教学中，教师进行文化植入的目的性非常明确，那就是要服务于英语的口语教学，提升学生的英语口语水平，因而文化植入还要遵循“服务英语口语教学”的原则。

第二，文化植入的方式。在植入文化时，不能采用非常生硬的方式，对于教师而言在教学的时候就应该采用比较合适的方式，将这些内容融入教学中，让它能为口语教学服务，同时需要注意的是不能喧宾夺主，而是应该起到潜移默化的效果，具体而言，可以采用直接呈现和间接呈现的植入方式。

在教学的时候不可避免地会遇到许多与文化有关的主题，教师就可以将这些内容更为直观地呈现给学生，引导学生深入理解此类文化主题。对于教师而言，就可以灵活选择教学手段导入教学内容。例如，如果教师的讲授与建筑物有关，那么在课堂上就可以多一些建筑物的表达呈现方式，如教师可借助多媒体，将不同时代的建筑播放给学生看，直观的视觉作用就会让学生对这些不同的建筑有更深刻的理解。在教学的时候教师也应该掌握教学的不同表达方式，让学生能对所学习的内容进行实际操练。在表达的时候，学生对这些知识的印象就会更为深刻。教师可以设计一些比较有趣的英文选择题，让学生进行抢答，这样显然可以提高课堂效率，让学生以更为饱满的热情投入学习中来，学生在锻炼的过程中能逐步提高自己的口语交际能力，并拓宽自己的知识面。

（2）文化渗透法。在教学中，文化植入与文化渗透之间还是有一定的共同点的，教师需要在教学中导入一定的文化因素，一般而言，因为语言是在不同的文化背景之中产生的，因此就应该结合不同的语境去分析语言的含义。在具体的口语教学过程中，教师也可以通过文化渗透的方式逐步提高学生的口语表达能力，一般而言，教师可以采取以下方式：

第一，文化对比法。在具体的口语教学实践中，教师可以将两种文化进行对比，这样就可以帮助学生了解不同文化之间的差异，从而逐步培养他们的跨文化意识。在教学的初始阶段，教师就可以将东西方之间那些不同的文化差异讲解给学生听，在交流的过程中，也应该点明那些易犯的错误。很显然，错误的产生与文化差异的存在密切相关，在反复的理解过程中，学生就能对中西文化之间的差异有更为深刻的认知，并在之后的交流中注意克服。

除此之外，学生可以通过分析不同文化之间的差异，让他们更为尊重不同地区的文化，这样也可以逐步提高他们分析与处理文化的能力。很显然，文化对比是一种非常有效的教学方法。

第二，教师引导法。在与学生的交流过程中，教师应该对学生进行有效引导，如果学生产生了交际障碍，教师就应该积极对学生进行启发，这样不仅尊重了学生，还能让学生感受到文化知识的熏陶，从而不断激发他们的语言学习思维。

第三，交流学习法。经过一段时间的学习，学生的英语水平已经得到了很大的提升，并且在学习与交谈的过程中，他们也会遇到文化障碍，所以，教师就可以结合实践让学生之间多交流、多学习。

（三）跨文化交际与英语阅读教育的融合

1. 文化差异对英语阅读教学的影响

（1）词汇方面。词汇是语言系统中的支柱部分，同时也是构成文化信息的基本载体，在阅读的时候，学生的词汇量显然是一个非常重要的影响因素。助力学生了解词汇的文化内涵能逐步提高英语阅读教学的效果。具体到教学中，教师应该意识到词汇知识的重要性，并让他们逐步了解同样的一个单词在不同的文化语境下所表达的不同意思，这样就可以逐步提高学生的文化意识，从而助力他们阅读能力的提高。

（2）习语方面。习语也是文化的重要组成部分，在英语中有大量的习语，如果不明白这些习语背后的文化含义，就无法做到真正的理解这些习语。例如，动词的后边不能直接跟宾语，但是在某些习语中，就会出现这种情况，如“She can talk the hind leg off than a donkey.”（只要她一开口就能滔滔不绝。）中，talk 后面就接了宾语，如果熟悉这一习语，就会知道这句话的意思，但是对此不熟悉，就会认为这是一个病句。教师应该有意识地给学生输送一些常用的英语习语，让学生逐步积累、掌握更多的习语，从而也可以提高学生的阅读能力。

（3）语篇方面。英汉语篇之间的差异性很大，英语语篇的观点会在文章的开头直接说明，并且作者也会在开篇的时候摆正自己的态度，后面的才是论述环节。但是对于汉语语篇而言，往往是归纳型的，一般而言是先进行陈述，在末尾的时候才会亮出自己的观点与态度。在阅读教学的过程中，教师就应让学生明确英汉思维的差异，并且明确这种差异对篇章结构的影响，这样学生就可以根据不同的语篇特点选择合适的阅读方式。

2. 跨文化交际下英语阅读教学策略

（1）立足语篇和语境。在读英语篇章的时候，有些学生可能明明知道这个单词的意思，但是却仍然没法体会出这个单词与上下文的关系，也无法对篇章作出正确的理解，有的学生在阅读的时候并没有意识到中西方的异同，这样显然会给学生的阅读带来障碍。为了解决这个问题，教师就应该从整体的层面出发展开教学，并应该让学生拥有全局意识，只有这样才能不断提高学生的阅读能力：① 让学生明确不同语言之间逻辑结构上存在的差异；② 让学生明确不同语言的表达方式；③ 让学生明确不同语言的修辞差异。

（2）灵活应用各种阅读策略。

第一，预测。在阅读的过程中有一个重要的环节那就是预测，预测在阅读中发挥的作用是非常重要的，在阅读之前，学生就可根据课文中的一些关键词展开想象并对相关的情节进行预测，这不仅能锻炼学生对知识的运用能力，还能助力于他们逻辑能力的提高，在不同的文章中会有不同的题目，这些题目往往就是文章中心思想的凝练与总结。教师可以引导学生通过标题去预测课文的主要内容，无论猜测的结果是怎样的，这都会助力于自己对课文的理解。

第二，略读。在阅读的时候可以以很快的速度通读原文，这样可以从总体上把握文章的主要意思，在阅读的时候并不需逐字逐句地读，往往仅仅需要读一下每段的首与尾即可。具体到实践中，在阅读的时候需要重点注意的内容包括：① 段首与段尾；② 文章的标题以及作者着重指出的部分；③ 文中的关键词；④ 文中的关键词语。

第三，跳读。如果阅读目的是寻找到合适的信息，那么就没有必要仔细地读，而是要采用跳读的方式，如果阅读任务比较紧，无法进行通篇阅读的话，跳读就是一个不错的选择。

第四，寻找主题句。在英语阅读教学中，教师可以将主题句出现的大体位置告诉学生，并且应该辅以具体的实例，一般而言，主题句的位置是比较灵活的，出现的位置包括：① 位于段首。有时候作者会将自己的观点态度先摆出来；② 位于段尾。有时候作者也会将自己的观点放在段落的末尾，在此种情况下，这种主题句往往是对上面论述所有问题的总结；③ 同时位于段首和段尾。此时段尾的主题句是对段首主题句的总结与升华。从结构上而言，不同位置的主题句在结构上也是存在差异的。

第五，推理判断。有时学生并不能从文章的字面意思上找到所需要的信息，这时就需要动用自己的判断。在进行推理判断的时候，学生应该从全文的角度出发进行推理，这样才能得到文本的正确思想。一般而言，推理判断包括直接推理与间接推理，直接推理比较简单，一般理解原文的表面意思之后就可以得出结论，但是，相对而言的，间接推理就是一种比较复杂的推理方式了，它要求学生能够挖掘文章背后的深层次含义以及作者隐晦所指。

（3）融入背景知识。教师在开展阅读教学的时候需要围绕中心材料展开，那些材料的背景知识等对文章内容的理解是非常重要的，所以在教学的时候教师也应该着重对待。教师自己就应该明确关联性原则，并且在运用这种原则的时候就应该激活与此材料相关的话题与图示等。在具体的高校英语教学中，教师就应该将这些知识自然而言的融入教学中，并把握好其中的比例。

3. 阅读教学中跨文化交际能力培养

（1）利用教材扩展学生的跨文化知识。在培养学生的跨文化交际能力时，教师应该明确语言知识以及文化知识的重要性：

第一，相对于其他的材料，教材具有更高的权威性，学生完全可以根据教材上的内容进行学习与模仿。

第二，如果学生缺少某些跨文化理论，但是教材中所涉及的相关文化知识就能对此进行有效弥补，从而降低文化冲突的发生。

第三，在特定的语境下，作者会发表自己的见解并表达自己的感情，其中就会涉及表层文化以及深层文化。为了让学生有足够的时间去了解多元文化，让跨文化交际能够得以实现，学生就应该掌握一定的文化知识。

学生在学习教材中的文化知识时，能够帮助自己后续进行语篇的理解，并且更能把握好作者的言外之意。所以，教师在授课的时候应该全面挖掘语篇中的文化内容，让学生能更好地吸收其中的跨文化知识，从而发挥语篇阅读教学的效果。

（2）强化学生的跨文化意识。教师就应该重视阅读教学中文化渗透的重要性，一般而言，阅读不仅是读各种文字，还应该体察到文字背后所蕴含的文化因素，如果没有在思想的层面上意识到文化的重要性，就容易导致理解偏差，需要教师在阅读教学中逐步培养学生的跨文化意识，并逐步抛弃原有的一些死板的教育方式。

在跨文化意识养成的最后阶段，行为主体能通过自己的理解去评判现存的某些文化现象，此时，其认知水平已经能够超越对文化的理解，而是从文化的优缺点出发进行评判。教师就应该让学生能够正视不用文化之间的差异，并能尊重不同的文化，同时也应该有自己的看法。

（3）开展有效的文化研讨。在探讨英语文化时，教师可以将其分成若干个小主题，并且在一定的时间里让学生对此展开讨论，在讨论的时候应该追求讨论的效果，教师要尽力发挥所有同学的积极性，让更多的同学都能加入讨论的环节中。

在讨论之前，教师就需要确定出一个合适的主题，同时在整个的讨论环节，教师都应该发挥好自己的支配以及控制地位。在学生讨论的时候，教师应该给他们一些建议，并帮助学生解决可能遇到的跨文化交际问题。随着这种讨论活动的开展，学生的文化背景知识也会得到进一步提高，从而增强他们的文化底蕴。

在各种高校英语课堂活动方式中，课堂讨论是极为重要的，讨论效果如何会影响到课堂的具体实施，在课程开始之前，教师就应该让学生提早做好准备，让他们明白阅读的重要性，并与之探讨相关的阅读对策。在具体的课堂教学实践中，教师应该让学生明确教学的目的，并让学生能反思自己的所得。同时，教师也应该明确规则的重要性，让讨论活动能够有秩序地进行下去。

（四）跨文化交际与英语写作教育的融合

1. 文化差异对英语写作教学的影响

对于英语的写作，其构成的基本单位是词语，应该引起学生的重视，在众多构成语言的要素中，文化与词汇之间的关系是最为密切的，并且词语也是语言中最为活跃与有弹性的成分。在跨文化交际的研究中，对词语文化内涵的理解是一个非常重要的组成部分。在语言学领域中，那些拥有特定文化内涵的词语被称为“文化词汇”，这些词汇与文化之间有密切的关系，往往蕴含着深刻的文化含义。

在英语写作过程中会涉及很多文化词汇，如成语、俗语、称谓语、动植物词汇等。作为一名英语教师，应该在日常的教学活动中引导学生分析这些文化词汇，理解他们背后所展示出的文化内涵，这样才能让行文更为流畅，从而实现顺利交际。同时，思维以及价值观念等的不同也会对英语的写作教学产生重要影响，这主要展示在句子的以及文章的布局上，对于教师而言，就应该站在布局的高度指导学生写作，从而逐步培养起学生良好的思维习惯，并让他们的英语写作水平能够得到进一步提高。

学生在英语写作的时候不可避免地会遇到一些结构方面的问题，在中西方思维差异的影响下，需要注意：① 在前言方面，为了引起其他人的注意，学生往往会为了引起读者的注意而多次强调自己的观点，表现在一句话中就是某些内容的重复、多次出现。在英语中，虽然有时候也会用到这种重复的手法，但是这种情况并不多见。② 在汉化方面，学生是在汉语文化背景下学习英语的，所以就不可避免地会受到汉语文化的影响。

2. 基于跨文化交际的英语写作教学

（1）基于跨文化交际的英语写作教学原则

第一，注重基础原则。随着教学活动的开展，学生存在的各种各样的问题就会逐步显现，如拼写以及时态错误等，也有一些学生没有意识到细节的重要性，还有的同学在写作时会套用一些作文的模板，这些都是需要引起教师高度重视的问题，在实际的教学中，教师应该辅助学生打好写作基础，从而让他们的写作能力得到切实提高。具体到教学中，教师就应该让学生明确上下文语境，避免学生进行套译。在开展句法教学的时候，教师应该让学生在理解语义的基础上进行句子的连接，同时，教师还应该从多处着手，让学生明确英汉思维的差异体现与背后原因。

第二，交际性原则。在写作课上，教师就应该多给学生展示一些交际的场景，让他们能从中感受到文化差异。写作之前的讨论活动以及写作之后的修改活动都可以小组的方式进行，这样就可以增强学生之间的交流。通过交流，学生可以获得更多的写作素材，在写作的时候也能更加得心应手。所以，在教学中遵循交际性原则是非常有必要的。

（2）基于跨文化交际背的英语写作教学策略

第一，开设文化选修课，导入文化知识。教师除了应该在写作中融入文化知识以外，还应该进行有针对性的写作训练。一些与文化相关的选修课，如“语言与文化”“语用学”等就可以逐步开展起来，这样不仅能让学生拥有更为广泛地接触英语文化的途径，还能让学生的视野得到进一步开阔，从而培养他们的文化意识。

第二，培养学生的英语思维模式。在英语写作教学的过程中，教师应该引导学生对比中西文化与特征，让他们掌握英语篇章的组织方式，并逐步引导他们，让他们写出更高质量的文章。

第三，重视学生写作基本功的训练。教师应该加强学生词汇以及语篇等方面的训练，这样就可以逐步提高学生的写作能力。句子是文章的基本构成部分，所以教师就应该教导学生把握基本的句子成分以及特征等，这样就可以逐步提高学生的语言基本功。除此之外，学生还应该对英语的语法有明确的认知。

第四，增加英语阅读量，强化英语语言应用能力。学生只有通过大量的阅读，才能积累到足够多的词汇并对词汇的不同含义产生深刻的认知，在阅读的时候，学生可以通过作品去了解某个时代的概况，跟随故事中人物的情感去体味作者的感想，这样也可以给学生积累下丰富的素材，并陶冶他们的情操。因此，阅读是非常重要的，不仅可以开阔学生视野，还能在一定程度上推动学生写作能力的提高。

第五，引导学生规范跨文化写作格式。在英语写作教学中，教师应该让学生明确不同的语言的文化要素，并且让他们能按照特定的表达结构进行书写。例如，当教师在指导学生写作信封文体的作文时，就应该让学生明确一般的写作顺序，因为英文的信封写作与汉语是截然不同的，教师就应该着重进行讲解，以免学生犯错误。

（五）跨文化交际与英语翻译教育的融合

1. 文化差异对英语翻译教学的影响

翻译活动包括三个方面：① 理解原文；② 表达原文；③ 校验原文，

翻译者要想将文章完美地翻译出来就应该对原文有深入的理解。在翻译中的理解与普通的阅读理解是不同的，译者除了应该从句子含义的角度入手理解，还应该从词语与语法的基础上对此进行理解，如果在翻译的过程中没有融入跨文化意识，就会影响译文的准确性。

翻译并不是源词语和语句之间的转换，也不是在目标语中找寻对应的词汇结构，如果在翻译的过程中，学生仅仅关注源语的表层，那么就会让翻译的内容流于形式，从而导致翻译内容与源语的差异。在开展翻译教学的过程中，教师应该让学生明确不同文化之间语言形式的差异，并且需要根据译入语的习惯做出相应的调整，如果学生没有意识到英汉两种语言之间的差异，而是进行一字一句的翻译，就会破坏源语的情感，所以在具体的翻译实践中，学生应该意识到中西文化的不同差异，明确作者的思想情感，从而更好地把握原文进行翻译。

2. 基于跨文化交际的英语翻译教学

（1）英语翻译教学中跨文化交际能力的培养

第一，文化语言能力的培养。在翻译人才的培养过程中，应该逐步扩大人才的知识面，对于学生而言，英语学习环境是较为匮乏的，如果培养观念再不更新的话，就会使学生的学习积极性降低。高校需要多设置一些文化类的课程，如英美文学等，让学生能明确不同的文化形式，从而逐步提高自己的文化意识与翻译能力。此外，教师应该立足英语文化，给学生讲解不同文化之间的差异，这样学生就能对文化产生不同的感受，从而提高学习兴趣。

第二，归化与异化策略。在进行文化翻译时，译者可以采用两种主要的策略：一种是归化；另一种是异化。翻译的对策有很多种，但是异化与归化依然是占有主导地位的翻译对策，为了照顾读者，译者会采用归化的翻译策略，这样可以让读者对原文有更深入、清晰的理解，异化策略则与之相反。如果译者面对的是那些比较严谨的科技类文章，就可以多采用异化的对策，因为作者写作此类文章的目的在于宣传，在采用异化对策时，译者可以让读者对译入语文化产生更为深刻的认知。

学生在翻译的时候应该多秉承异化的翻译原则，只有这样，才能精准传神地表达出原作的意思。因此，在进行文化翻译的时候，译者如果感觉采用异化翻译能实现意义的自由转换，那么就可以采用异化策略。如果仅仅采用异化策略但是却无法将原文的意思做到全面转达时，译者就需要将其与归化策略结合起来使用。如果囿于原文的限制，译者也可以不使用异化的对策，而是采用规制的方式，这样也可以表达其意义。

总体而言，译者在处理这二者的关系时，就需要根据原文的情况作出正确处理，如果选择了异化的策略，就要保证译文能准确传达出原作的内涵；如果采用了归化的翻译对策，就应该使得译文与原文的风格对等。需要指出的是，就算是在同一篇文章中，译者所采用的翻译策略也不具有单一性，译者可以根据文本的需要灵活选择翻译对策。

第三，文化对应策略。在中英语文化中，也有一些地方是有相似之处的，在遇到这种情况的时候就可以采用文化对应的策略进行翻译。例如，人们都知道梁祝化蝶的凄美故事，但是在西方人的眼里，梁山伯与祝英台仅仅是两个普通的名字，他们无法透过这两个名字理解其背后的爱情故事，但是，如果将其翻译为罗密欧与朱丽叶，显然就能引起英语读者的共鸣。

第四，文化间性策略。对于译者而言，应该以广博的心胸接纳不同的文化，只有这样才可以从容不迫地展开翻译。译者应该拥有开放的心态，还应该秉承共性的思想，去分析源语的文化，通过采用灵活的翻译方式，将这种文化被更多的人所熟知。在具体的翻译实践中，应该综合利用多种翻译方式，从而实现翻译的“信、达、雅”目标。

（2）跨文化交际与高校英语翻译教学融合发展的优化举措

第一，重视中英语文化在思维模式上的差异。教师应该注重学生跨文化能力的培养，并让学生能意识到东英语文化的差异，并明确不同人们思维方式的差别。在不同的文化背景下，人的思维模式是不同的，并且随着社会的发展，处于同一地区的人们的思维模式也会产生些许的变化。所以，学生应该明确不同思维的差异，从而在翻译的时候能做到兼顾。

第二，提高学生对不同文化背景下生活环境以及经验的重视。文化的不同也会影响人们的语言，所以处于不同生态环境下人们的语言也会有所不同。例如，我国不同的地区有不同的方言，甚至在见面时他们所探讨的话题也不一样，要是将这个范围扩大到其他国家，这一现象就会更加明显。如英国处于西半球，他们的气候受海洋的影响较大，所以见面时讨论的一般都是天气如何。教师在开展翻译教学的时候，就应该重视不同地区人们生活的环境，并且学生也应该将自己代入具体的情境中，逐步提高自己对文化的认知能力。在具体的教学实践中，学生的翻译能力如何最能体现出学生的跨文化交际能力，所以学生应该重视不同文化背景下人们的生活经验，并不断提高自己的翻译能力。

第三，对第二课堂进行合理的安排，对教学观念进行不断创新，从而对课程改革的要求进行积极的响应。在教学活动中，课堂教学是一种最基本的形式，教师可以积极创造好的环境来对文化学习的氛围进行营造。学习的环境影响学生的学习情况，而且这种影响是非常之大的，当具有较好的英语文化学习环境的时候，学生的跨文化交流的热情就可以逐渐被培养起来，使学生对英语翻译产生一定的学习兴趣，如教师可以在课堂以外培养学生的跨文化交际能力，积极组织学生开展各种各样的活动，加深学生对跨文化交际能力的解读。除此之外，还可以积极组织英语社团，在社团中，成员主要是学生，教师只是对社团进行一定的指导，当学生遇到自己不懂的问题的时候，可以积极寻求教师的帮助，当然也可以向其他学生寻求帮助，这样就可以尽量减少在学习中出现的问题。

第三节　现代信息技术下英语专业教师教育方法

下面以智慧课堂教学方法为例，探讨现代信息技术下英语专业教师教育方法。现代信息技术的迅速发展带动着教育教学的信息化改革，作为技术含量较高的新兴教育形式，智慧教育能够满足学习者和教学者多种需求。

一、现代信息技术下智慧课堂教育的认知

（一）智慧课堂的主要特征

第一，数据动态化。数据动态化是智慧课堂的首要特征，智慧课堂就建立在各种数据基础上，它利用大数据技术收集学生在学习过程中产生的各种行为信息，并对其进行数据分析，为教师提供直观的、精确的学情报告，以便教师合理地调整教学流程。并且智慧课堂中的数据是动态的，教师可以实时掌握学生的学习状况，动态地调整教学策略。

第二，高效互动化。智慧课堂引进了各种先进的教学技术，这些现代教学技术极大地提升了课堂的互动效率，除了常见的小组协作学习、讨论学习之外，智慧课堂还引进了抢答器、随机挑人等设备，这些新兴技术为智慧课堂增加了趣味性，使学生的积极性与学习热情得到了激发，更使课堂上的互动交流更加高效。

第三，实时个性化。智慧课堂可以为学生推送个性化的学习资源，

满足学生的个性化学习需求，并且还能够为师生、生生之间的交流提供实时互动的平台，教师可以实时掌握学生的学习进度，学生也可以随时向教师提出问题，教师与学生都可以通过智慧教学平台获得及时的反馈与评价。

第四，多元智慧化。智慧课堂采用了多种新兴的教育技术，使课堂变得更加多元，同时智慧课堂还具有大量的智慧、智能元素，它能够智能地监测学生的学习过程，智能地生成数据分析报告，智能地推送教学资源。

第五，工具丰富化。智慧课堂引入了各种各样的教学工具与学习工具，并且它将这些智慧教学工具应用到了许多真实的、具体的情境中，这有助于学生自主建立相关的知识体系。丰富的、智能的学习工具为学生创造了一个智慧化的学习环境，提供了多种学习途径。

（二）智慧课堂的教育目标

教育目的就是人们在开始正式的教学活动之前，在脑海中对教育的结果所产生的预期，它也是教育应该达到的标准与要求。因此，人们期望通过一定的教育活动设计和教学手段去获取的最终结果就是教育目的。

教学改革的推进无疑对教学目标的设定产生了一定的影响，人们对教学目标的设定开始朝着多样化的方向发展，除了对学生的知识水平有所要求之外，还提高了对学生动手能力、实践能力以及价值观的要求。现代教育的目标更加关注人的发展，具体而言，包括人的完整发展、和谐发展、多方面发展以及自由发展。完整发展是指人的基本素质要得到整体上的发展；和谐发展主要强调各种素质的协调发展；多方面发展是指人的各项素质要尽可能地多样化发展；自由发展则强调人的个性发展与自主发展，将这些方面综合起来就构成了人的全面发展。由此可见，现代教育的目标越来越综合化，人们希望学生不只要在课堂上学到知识，还要学到学习知识的方法，同时也要学会感知学习的乐趣，提升自己的综合素质。

智慧课堂的教育目标与上述教学目标相一致。因此，教师在智慧课堂教学中要对学生有充分的了解，积极调动学生的兴趣与热情，通过客观、公平、个性化的评价驱动学生投入学习。具体而言，智慧课堂的教育目标可以从以下方面进行探讨：

第一，教育资源有效获取与存储。经过了数字化处理，能够在计算机网络中投入使用的教学资源就是智慧课堂的教学资源，它是在教育信息化的推进下产生的，智慧课堂教育资源能够促进教育教学的改革发展。一般而言，网络课程、音频视频资料、电子教案、数字化资源库等都属于智慧课堂的教学资源。根据具体的功能作用划分，教育资源可以分为教学素材与辅助程序两大类。教学素材就是常见的在教学活动中频繁用到的文字、图片、音视频等形式的教学资源；辅助程序则指能够帮助学生解决问题的教学程序，如学生遇到不认识的单词时，可以用网络英汉双解程序查找其释义，这种程序也属于教学资源。对智慧课堂的教育资源能够有效存取与利用是教师必须具备的能力，同时这也是智慧课堂重要的教育目标。

第二，实现课堂教学高效互动。智慧课堂推出的互动式教学真正实现了有效的课堂互动。智慧课堂主张教师在进行教学设计时应该将“互动”放在中心位置，同时借助多媒体技术、互联网技术、大数据技术以及云计算技术等新兴的教育技术，开展丰富的课堂互动活动，互动活动可以有多种形式，可以是一对一，也可以是一对多、多对一，教师与学生可以相互交流分享自己的观点，这能够增强学生的课堂参与感，有助于加强学生的学习兴趣，激发学生的学习思维。智慧课堂不仅为师生互动提供了良好的环境，还增加了互动的对象，拓宽了互动的范围，使高效互动课堂成为现实。

第三，培养学生的学习主动性。科技的进步与时代的发展改善了人们的生活条件，教育领域也在不断涌现出丰富的教学资源与先进的教学设备，教育信息化、智慧教育等教学理念逐渐被人们接受，教师与学生的教学学习生活也在朝着多样化、个性化发展。基于这一背景，主动探究学习逐渐成为人们提倡的学习模式。

基于网络技术与计算机技术的发展，智慧课堂为学生提供了全新的、多样的学习方式，拓宽了学生获取知识信息的渠道。学生可以借助这些数字化资源与网络平台开展自主学习，自主选择感兴趣的学习内容，自主选择学习的时间与空间，学生的学习主动权重新回到了自己手中。智慧课堂期望能够激发学生的主动性，改变学生被动消极的学习状态，让学生更加积极地投入学习中。“学生在智慧学习环境和教师有效的教学组织形式下，提升自身的认知、情感、思维等智慧潜能，达到智慧学习的目的。”[①]

（三）智慧课堂的支持条件

智慧课堂的支持条件主要包括以下内容（图 6-2）：

① 朱燕华，陈莉萍．高校英语智慧课堂教学评价指标体系构建 [J]. 外语电化教学，2020（4）：94.

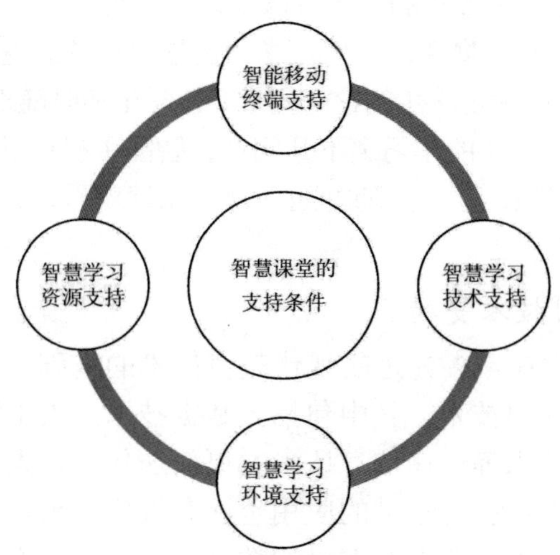

图 6-2　智慧课堂的支持条件

1. 智能移动终端支持

智能移动终端通常指人们日常生活中频繁使用的智能手机、电脑等，它使用起来非常便捷，具有移动性与实时性，并且可以同时执行多个任务。移动互联网技术为实现移动学习提供了技术条件，在现代社会中移动学习几乎贯穿着人们的生活。在此背景下，越来越多新兴的、先进的移动学习设备被创造出来，这些设备可以帮助人们随时随地开展学习活动。

具体而言，智能移动终端的特点主要体现：第一，就硬件而言，智能移动终端将存储器、输入和输出部件融于一身，它实际上就是一台微型的计算机，还具备了通信功能；第二，就软件而言，智能移动终端，包含操作系统，这些操作系统涉及的内容非常丰富，包括教育、娱乐、购物、社交等方面，并且这些系统大多数都是可以免费使用的；第三，就通信而言，智能移动终端适用于多种网络标准，它的接入方式比较灵活，而且具有高带宽的优势；第四，就功能而言，智能移动终端的功能在逐渐完善，并且朝着人性化、智能化的方向发展。

在高校英语智慧课堂中，主要使用的智能移动终端就是智能手机，随着智能手机的屏幕逐渐优化、功能逐渐丰富，其在教育领域的应用也越来越普遍。智慧课堂中的智能手机主要具备的功能包括：① 社交功能。手机本身就具有社交功能，而智能手机中的微信、腾讯 QQ 等软件则优化了这一功能，学生可以借助这些聊天工具与教师、其他同学进行即时交流。而且这种交流可以是文字形式的，还可以是语音、视频形式的；② 搜索查询功能。智能手机具有便携性，学生在学习过程中往往会遇到需要查询的知识信息，手机则可以满足学生的这一需求，让学生随时随地都能搜索信息；③ 阅读观看功能。学生的学习离不开阅读，智能手机可以为学生提供电子书与优质的课程视频，让学生随时随地都能阅读观看，为学生的碎片化学习提供了设备条件。

2. 智慧学习技术支持

智慧课堂建立在诸多先进的现代教育技术的基础上，这些先进的信息技术就是智慧学习技术，其中包括大数据技术、人工智能技术、云计算技术、物联网技术等。在信息技术的更新迭代中，人们开启了大数据时代。大数据技术在教育领域的应用也逐渐推广开来。大数据主要的特征为：第一，容量大，即拥有海量的数据；第二，种类多，即数据的类型丰富；第三，速度快，即人们可以快速地获取数据；第四，真实性强，即数据质量较高；第五，价值大，即数据可用价值高。要想充分发挥大数据的功能，就必须结合学习分析技术，该技术主要对这些海量的学习数据进行分析，进而对学生做出客观的评估，找出潜在的问题，并且提出应对的方法。由此可见，智慧学习技术是相互联系的，不能孤立地看待，它们往往会一起发挥作用。

智慧学习技术的出现，将师生在课堂上的教学学习数据尽数捕捉，并且能够对这些数据展开科学分析，还能将其可视化，使师生更加直观地了解相关的教学信息，帮助教师制定教学策略。

3. 智慧学习环境支持

一般而言，学习环境主要由物理环境与虚拟环境构成，在智慧课堂中，物理学习环境就是智能教室，而虚拟学习环境就是智慧学习平台。传统的教室环境的构成元素比较简单，包括教师、学生、讲台和黑板等，这种教室形态比较原始。智慧课堂依托于智慧教室，致力于促进学生智慧的生成。智慧教室的组成要素包括基础设施、泛在网络、教学平台、技术支持平台、移动终端设备等，其中，基础设施主要指教室中的桌椅板凳、灯、计算机、无线路由器等；泛在网络指多种网络连接方式；技术支持平台指数据采集、数据分析平台；教学平台指能够完成教学实施与管理的平台；移动终端设备则指智能手机、平板电脑等。

在现代教育技术发展的初期，由于缺少完善的平台，这些智能技术只能被零散地应用，不能将其功能发挥到最大，而“互联网 +”时代则促进了它们的技术融合，许多开放的、智能的移动学习平台建成，教师与学生可以在一个平台上完成所有的教学任务与学习任务，包括师生互动、布置作业、完成作业、教学评价等。并且这些平台还在不断更新完善，不断满足人们新的需求，智慧学习平台在教育领域的应用也越来越普遍。

4. 智慧学习资源支持

学习资源主要指在学生在学习过程中需要的信息资源与实物媒体，它是教师与学生开展教学学习活动的前提。具体而言，信息资源主要指学习过程中需要用到的信息技术、教学设备等，实物媒体则指学习活动中需要的实物、标本、模型等工具，实物媒体更加形象直观，具有较强的真实感与空间感。智慧学习资源就是智慧课堂教学所需要的资源。

智慧学习资源包括预设性学习资源与生成性学习资源。预设性学习资源是智慧学习平台所提供的所有资源的集合，它鼓励资源独立于设备。学生可以随时随地用手机在资源库中查找资料，选择自己需要的资源。并且智慧学习平台还能按照学生的学习特征、学习需求为其推送合适的学习资源。生成性学习资源具有生成性和发展性，换言之，它并不是预先存在的资源，而是随着学生的学习活动不断生成的资源。学生与教师、同学的交流记录，学生的个人反思与学习成果等都属于生成性学习资源。

二、现代信息技术下英语智慧课堂教学方法

（一）现代信息技术下英语智慧课堂教学方法的作用

1. 促进英语教学资源共享

英语智慧课堂将现代教学技术引入英语课堂之中，促进了师生之间的互动交流，并且优质的英语教学资源可以通过网络远程输送到各个地方，促进教学资源的共享。空间上，通过多媒体教学技术，学生可以坐在教室中看到其他学校的教室场景，换言之，英语教学可以以异地同步的教学形式进行，英语的学习不再受到空间的局限，无论是优秀的教师还是优质的教学资源都可以共享。时间上，教师与学生的互动交流可以摆脱课堂时间的限制，即使在课下，学生也可以向教师提出自己的问题，与其他同学在线上进行讨论，学生的思维也不再局限于某个课堂，其英语学习思维会得到拓展。

2. 帮助英语教师更好教学

智慧课堂可以根据英语教学大纲以及本节课的教学内容，智能化地为教师推荐教学课件，推送相关的音频、视频教学资源，还会筛选出课程内容的重难点，推送具体的应用案例等，这为英语教师备课带来了极大的便利。英语教师可以借助这些优质的智能化课件，高效、快速地完成备课任务，其教学负担被减轻了。

智慧课堂则以智能化技术与海量的资源库，代替了教师的出卷、改卷工作，并且还能在批卷之后自动生成分析报告，明确学生在学习中的问题，为教师提供了精准的、科学的数据，便于教师有针对性地修改教学策略。显然，智慧课堂帮助教师节省了大量的重复劳动的时间，使英语教师的工作负担有所减轻。

3. 提高英语课堂的效率

基于信息技术与大数据技术形成的英语智慧课堂能够极大地提升英语课堂教学效率，辅助英语教师设计出合理的、个性化的教学方案。英语智慧课堂有着非常丰富的教学知识储备，支持多样化的教学形式，能够借助现代信息技术实时分析学情，跟踪记录学生的学习过程，并且可以随时回顾相关的教学内容。具体而言，英语智慧课堂对英语教学效率的提高主要体现在两个方面：一是教学密度高；二是教学节奏快。教学密度高是因为英语智慧课堂涉及的知识范围非常广，教学内容多，练习量较大；教学节奏快是因为在现代教育技术的辅助下，英语课堂教学的节奏加快了，不过依然遵循着一定的秩序。

在信息时代的背景下，英语教学资源的内涵也有所扩展。现如今，除了基础的英语教材之外，其他相关的辅导书籍、音频、视频以及网络上的课程资源都属于英语教学资源。只要英语教师仔细筛选，加以利用，就能为英语课堂增添各种有趣的、新鲜的内容。英语教学必须与时俱进，关注网络教学资源，加强信息技术与英语课程的整合，最大限度地提升英语课堂教学效率。

4. 有助于实现因材施教

现代教育技术的发展使得教师可以借助计算机技术与网络技术，为学生创建一个良好的自主学习环境，在这里学生可以根据自己的学习能力与学习兴趣，灵活地采用各种学习方式与学习途径开展英语学习。对于学习能力较弱的学生而言，他们可以选择难度较低的课程，循序渐进地展开学习；而对于学习能力较强的学生而言，他们则可以选择较高难度的课程，挑战自己，激发自己的无限潜能，智慧课堂使因材施教的实现成为可能。

5. 培养教师互联网思维

互联网思维是指在网络信息时代下产生的一种全新的思维方式，它具有诸多优势与特点，具体包括跨界融合、平台开放、关注用户、强调体验、应用大数据技术等。教师制作教学视频的任务重、压力大，不能仅依靠教材进行视频制作，而是要充分利用互联网中的优质资源。教师可以在网上寻找一些符合自己需求的、合适的、优质的课程视频，直接下载使用，这能够有效减轻教师的工作压力。另外，高校英语教师之间也要进行微课视频共享。

现代英语智慧课堂依靠的是大量的、充足的客观数据。借助大数据技术对学生学情、教学效果展开分析，极大地推动了高校英语教学改革的进程。具体而言，大数据技术与人工智能技术可以使教学分析结果可视化，教师可以通过清晰的图表了解教学效果，反思教学策略，进而有针对性地予以调整。同时，教师还可以借助新兴技术分析掌握学生的个性特点、学习偏好，从而帮助学生找到最适合自己的学习方式，为学生制订个性化的学习计划，真正地实现差异化、个性化教学。由此可知，现代信息技术与高校英语的深度融合有助于学生的个性化发展。

总而言之，“互联网＋”时代的教育变革已经来袭，英语智慧教学的研究探索还是一个崭新的课题，无论是理论研究还是实际应用都处于起步阶段。积极探索信息技术和英语课堂教学深度融合的途径和方法，是英语教育者共同的理想。

（二）智慧课堂教学方法在英语听说教学中应用

1. 智慧课堂教学方法在英语听说教学中应用原则

（1）阶梯性原则。在英语智慧课堂教学中，教师要根据学生的实际学习情况来进行教学任务的设计。同时，教师还应该明确，教学与学习是一个不可分割的系统，两者之间并不是孤立存在的，而是相互影响、相互作用的。教师要结合英语听说教学的具体目标以及学生之前存在的个体差异进行英语听说任务的设计，遵循任务的阶梯性原则，即先设计一些简单的、容易理解的任务，再设计一些复杂的、难以理解的任务。具体而言，教师在设计一个单元的任务时，首先应该将所有的任务集中在一起，然后再遵循阶梯性原则，将一单元中所有的任务进行由易到难的设计。同时，还应该注意的是，教师在设计任务时应该保证任务与任务之间的衔接性、层次性、合理性、逻辑性，这样有利于激发学生探索任务的兴趣。

（2）真实性原则。在智慧课堂中，对高校英语听说教学相关任务内容进行设计时，教师应该贴近学生的真实生活，并将学生的一些真实经历融入其中，这种教学设计有利于将教学理论知识与社会生活有机结合，从而调动学生学习的积极性和主动性，更有利于学生将自己所学的理论应用于具体的社会生活实践中。

在日常的高校英语中，英语教师为了提高学习的成绩，会组织多种形式的活动。虽然这些活动内容丰富、涉及范围广泛，但都存在着一个共同的不足之处——缺乏真实性，不利于激发学生学习的兴趣，也不利于理论与现实生活的有效融合。因此，教师在设计英语教学任务时，应该保证英语教学任务的真实性，多组织一些真实性的活动，从而提高学生对知识的探究欲望。

（3）交流性原则。由于听说教学的特殊性，教师在进行英语智慧课堂听说教学任务时还应该遵循交流性原则。学生通过交流能够认识到自己的不足，并改正自己的不足。同时，学生在交流中也能够学习他人的长处，发现他人的不足，这样有利于学生吸取他人的经验和教训，从而促进自己听说能力的提高。如果任务的设计缺乏交流性，那么学生与学生之间就无法相互学习，也无法取长补短，这在一定程度上会限制学生的发展。

（4）延展性原则。在英语智慧课堂教学中，教师在设计任务时不应该只局限于英语课堂教学，还应该根据学生的学习情况和任务的目标，恰当地将学习任务延伸到课堂外，与课堂外的一些活动相结合，这就是英语智慧课堂教学中的延展性原则。英语智慧课堂教学不同于传统的英语教学，是英语传统教学的一种改革和创新。全方位的教学环境、丰富的教学资源和学习资源是开展英语听说智慧课堂教学的关键。此外，在进行英语听说教学任务内容设计时，教师应该在英语听说教材内容的基础上融入一些其他与之相关的学科内容，这是对任务内容的延伸。

2. 智慧课堂中英语听说教学的可连续对话型设计

（1）明确学习目标。在可延续对话型任务设计中，教师应该将学习目标置于首位。同时，教师要注意学习目标完成的顺序。具体而言，可延续对话型任务强调的是任务的可延续性，主要是指围绕某一问题组织的一系列可持续的学习活动。在每个阶段的对话中，任务都是明确的，同时也是可视化的。在完成每个阶段任务对话后也可以测量自己完成任务和目标的情况。同时，教师不受教材的限制来安排对话，而是根据句法的难易程度以及对话的准确、熟练来进行安排，保证对话的逻辑性、层次性、梯度性等，这样有利于为学生提供可延续对话型系列活动。

此外，教师要鼓励学生参与可延续对话系列活动，积极主动地学习，从而在完成每个阶段对话目标的基础上实现整节课的学习目标，这种可延续对话型任务设计也适用于高校英语听说智慧课堂教学。在任务的设计中也要注重学习目标的制订，并通过英语听力每个阶段对话子目标的完成来实现英语听说课程目标。

（2）学习者分析。学习者分析也是可延续对话型设计应该考虑的因素。通常情况下，教师会通过学习者的学习需要与学习特征来进行学习者分析。智慧课堂与传统课堂不同，它注重学生的自主学习和个性发展，同时确立了学生的主体地位，课堂教学主要以学习者为中心。要想实现智慧课堂的教学目标，必须综合分析学习者，如学习者的实际听力水平、学习习惯、学习心理、学习素养等都是分析的范畴。

高校英语听说智慧课堂教学坚持以学生为中心的理念，将学习者的学习特征与学习需求融入具体的听说教学任务设计中。与此同时，教师还围绕听说教学目标、教学内容、学习者的学习特征和需求创设真实的英语听说情境，这在很大程度上促进了学习者智慧的生成，调动了学习者学习英语听力和口语的积极性，提高了学习者的语言表达能力和应用能力。

（3）确定主题。确定主题也是可延续对话型任务设计的重点。教师根据学习目标以及学习者的实际学习情况，结合教材内容，选取与学习者学习、生活联系比较密切的主题，并遵循循序渐进、由易到难的顺序进行主题的确定。而学生可以根据自己的学习情况、兴趣爱好等来合理选择主题和对话伙伴。需要指出的是，智慧课堂不同于传统课堂，学生的对话伙伴在传统的同学伙伴的基础上，还增加了一些移动终端，这些移动终端是可以进行人机对话的。在选择对话主题和对话伙伴后，每个小组就可以进行对话练习了。需要指出的是，每个对话小组在对话主题、对话内容上是不一样的，因此，每个小组的对话方式、学习方法也都存在着一定的差异。而学习平台会将每个小组的学习情况以及差异记录下来。教师要想对每个小组进行合理评价，就可以以学习平台的记录为依据。

具体到高校英语听说智慧课堂教学中，教师在设计任务时也应该注重主题的选择与确定。与此同时，教师在选择主题时应该根据学生的听说水平、英语学习兴趣、社会生活经历等，从而使主题能够满足学生的需要，激发学生学习的兴趣。另外，教师还要注意对话内容的顺序，应该遵循循序渐进的原则，在逐步任务和活动的促进下，学生的英语听说能力也会有很大的提升。

（4）选择交互形式。每个小组有着不同的对话主题。基于此，每个小组可以根据自己的对话主题来选择合适的交互形式。比较常见的交互形式有学生与学生之间的互动形式、学生与具有人机对话功能的移动终端的互动形式、学生与教师的互动形式。具体到高校英语听说智慧课堂教学，教师也要引导学生科学选择交互形式。智慧课堂教学有着网络平台的支持。因此，教师可以引导学生在学生与学生互动的基础上，将学生与移动终端的互动融入其中，这样智慧课堂的网络学习平台上的资源能够有利于丰富小组对话的内容。总而言之，生生交互形式与人机交互形式的有机结合，有利于互动形式的多样性，也有利于小组对话的可延续性。

需要指出的是，无论选择哪种交互形式，都必须有利于对话的开展。只有适合自己的才是最好的。教师应该使学生意识到网络学习平台在小组对话中的重要性，并通过网络学习平台进行对话和互动。另外，教师还应该引导学生注重交互形式的多样性，在一种交互形式的基础上还可以根据实际情况选择其他的交互形式，从而弥补一种交互形式的不足。教师还应该充分发挥自己的指导作用。具体而言，教师要对生生互动、人际互动、师生互动等互动形式进行讲解和示范，使学生明确这些互动形式的策略、重点与注意事项等，从而最大程度上提高学生的学习效率和效果。

（5）学习支持服务设计。在高校英语听说智慧课堂中，教师在设计英语听说教学任务时，充分利用网络技术，将智慧课堂融入具体的听说教学设计中，实现了网络技术与智慧课堂教学的整合。教师利用多种信息技术工具，融入多种信息技术资源，真正实现了线上线下资源的整合。与此同时，教师还注重学习支持服务设计，这些都为英语听说教学提供了真实的语言环境。

可延续对话型任务设计要求智能学习系统具有多种功能，如人际对话功能、线上讨论功能、反复播放对话视频功能等。智能学习系统的这些功能，为小组对话提供了丰富的资源，也为小组对话活动的顺利开展提供了技术保障。

（6）效果评价。效果评价在可延续对话型任务中也起着不可替代的作用。教师要引导学生通过恰当的方式来展现自己的学习成果，并为学生提供学习效果评价的标准。同时，教师还应该鼓励学生之间的评价，并提供相应的评价标准。教师在进行可延续对话型任务设计时就应该提出相应的任务标准，使学生明确英语听说学习成果的评价标准。同时，教师也要采用科学合理的评价方法对学生英语听说学习的效果进行评价。

（三）智慧课堂教学方法在英语词汇教学中运用

1. 智慧课堂教学方法应用于英语词汇教学的必要性

随着信息技术的迅速发展，智慧课堂在高校英语教学中的应用更加广泛。关于高校英语智慧课堂教学模式的研究也日益增加，但大多数研究都集中在：①对高校英语智慧课堂的各种要素进行了系统论述，其中，系统要素、技术要素、应用要素是研究者研究的重点；②对高校英语智慧课堂的网络平台进行了系统研究，并对平台的基本特征进行了重点论述；③对高校英语智慧教学模式的线上线下模式进行了研究，并构建了相应的模式体系；④对高校英语智慧课堂教学模式的具体应用进行了研究，为智慧课堂的具体应用提供了指导。将智慧课堂融入高校英语词汇教学中，是当前英语词汇教学改革的必然趋势，究其原因主要包括以下方面：

（1）智慧课堂是信息技术发展的产物，实现了线上线下教学的有效融合，这种教学模式使词汇教学不受时间和控制的限制。词汇教学是一个复杂而动态的过程，在时间有限的课堂教学中很难系统讲解词汇，也很难实现词汇教学的目标。而智慧课堂与英语词汇教学相融合，打破了传统教学的局限，学生可以在课下随时随地进行词汇学习，真正解决了课堂教学学时不足的问题。总而言之，智慧课堂将课堂教学与课外教学、线上教学与线下教学有机结合，对词汇教学具有很大的促进作用。

（2）智慧课堂注重学生的主体性，能够促进个性化教学的实现。智慧课堂融入词汇教学，教师可以充分利用智慧课堂教学的优势，利用测评分析，及时了解学生词汇学习的情况，并根据学生的学习情况进行个别化辅导，同时也可以及时调整词汇教学的进度，促进学生的个性化学习。学生也可以根据自身实际的学习情况来选择词汇学习资料，调整学习进度，真正发挥自己的主体优势。

（3）智慧课堂在词汇教学中的应用，为教师提供了多样化的教学方式。智慧课堂以信息技术为基础，融合多种教学媒体，为教师和学习提供了丰富的资源。教师可以采用智慧课堂的支持平台进行词汇教学，也可以借助微信等工具对学生的词汇学习进行指导。

总而言之，智慧课堂有利于解决高校英语词汇教学中存在的诸多问题，为高校英语词汇教学提供了新的思路。因此，将智慧课堂融入高校英语词汇教学改革中是必要的，也是可行的。

2. 基于智慧课堂教学方法的英语词汇教学课堂设计

智慧课堂教学方法在高校英语词汇教学中的应用是复杂的，其教学设计流程如下：

（1）课前准备。课前准备是基于智慧课堂的高校英语词汇教学课堂设计的基础。课前准备不仅包括学生预习英语单词的测评，还包括相应的英语词汇教学设计。课前准备能够为英语词汇智慧课堂教学设计奠定基础，其旨在借助信息化平台对学生预习英语单词的情况进行检测，并根据预习测评结果，对英语词汇智慧课堂教学方案进行设计。在词汇教学设计过程中，要注意设计的逻辑性、针对性、个性化。

（2）课堂互动。课堂互动也是英语词汇智慧课堂教学设计中不可缺少的环节。课堂互动强调学生在课堂上的交流与互动，它是在学生预习的基础上进行的。通常情况下，课堂互动除了包括协作学习、课堂检验外，还包括总结提升的部分。通过课堂互动的设计和实施，有利于改革传统的教学模式，创新词汇教学的方法，形成平等、互动的师生关系，最终有利于提高英语词汇教学的效率，实现英语词汇教学的目标。

（3）课后反馈。课后反馈是英语词汇智慧课堂教学设计的最后阶段，也是词汇设计不可缺少的环节。课后反馈能够对学生课堂上的表现和学习情况进行反映。教师可以根据学生的实际学习情况设计下一节课的教学内容和目标。通常情况下，课后反馈除了包括线上辅导、资料补充外，还包括复习巩固等环节。此外，还需要指出的是，教师可以根据课后反馈的结果，对词汇教学进行资料补充，从而使学生能够真正理解和掌握英语词汇，并将其灵活应用到英语技能教学中。

第四节　创新视域下的英语专业教师教育方法

一、英语专业教师的任务型教学法及其创新应用

任务型教学法强调“做中学”，是一种语言社会化和课堂真实化的语言教学方式，该教学法对英语专业教师教育教学具有十分重要的意义。“任务型教学法注重师生之间的沟通与交流，强调课堂教学效率的提升，为中国高校英语教学模式的改革指明方向，也为英语人才的培养创造契机。”[①]

（一）英语专业教师的任务型教学法原则

任务型教学法在高校英语教学中应用十分广泛，为了在英语教学中更好地应用和实施任务型教学法，英语专业教师应该在实施任务型教学法时明确任务型教学法的原则，主要包括以下几方面。

1. 可操作性原则

任务性教学法在实施过程中，还应该注重任务的可操作性。如果任务或教学活动设计得过于复杂或过于难，就不利于学生顺利完成任务。同时，在设计教学活动或教学任务过程中，教学道具、教学内容、教学时间等都应该合理安排，既能够满足教学需要，又能够将教学的内容和意义表达出来。

此外，有一些教学活动或教学任务，有时间的限制，要想在注重可操作性的基础上，教师在设计教学活动和任务的过程中，应该充分考虑多种因素，应该将课堂教学与课后练习相结合的，同时还可以借助一些道具或利用一些信息化教学手段来进行设计，进而鼓励学生积极主动地完成任务。除此之外，为了增加任务的可操作性，在设计教学活动和教学任务的过程中，教师应该使任务设计的内容更加简明扼要，可以将任务做成能够修改的方式，还可以对任务中的内容进行重复运用。

① 苏丽敏．论任务型教学对高校英语人才培养的潜在作用［J］．黑龙江高教研究，2016（2）：155.

2. 信息差原则

信息差，简单理解就是交际双方之间的各自拥有的新信息。信息差的实施必须有共享信息作为基础。只有交际双方在共享信息的基础上，才能通过交流和交际来获得各自所需要的新信息，这也就是交际双方交际的最终目的。

在进行交际或理解任务的过程中，交际双方十分重视任务的内容、意义等，并不重视语言采用的形式以及语言的表达、语法的准确。交际双方只要理解了任务的内容以及表达的意义，就可以称得上交际的成功或任务执行的成功。因此，教师在教学中实施任务型教学法的过程中，应该关注信息差，了解共享信息信息基础作用，理解双方的交际需求，明确任务本身所要表达的意义或价值。

3. 真实性原则

在具体应用和实施任务型教学法中，教师应该保证教学任务设计或教学活动设计的真实性。具体而言，就是教师要明确语言交际应该在怎样的情景中发生，或需要什么样的情景进行交际。由此可见，真实性原则是教师在教学中实施任务型教学法必须遵循的原则。只有使语言与情景有效融合，才能实现交际的目的。如果没有真实性的情景，交际也很难顺利进行，语言知识与情景也很难融合在一起。

另外，教师应该从思想上意识到真实性原则在任务型教学法实施中的重要性，应该重视语言知识的情景性设计，鼓励学生在不断适应新的情景，同时引导学生利用各种手段和途径来理解语言知识情景。在此基础上，学生还应该学会将自己学习的语言知识与新的情景有效融合，从而实现知识中有情景、情景中有知识的多元化体系。

需要强调的是，在高校英语教学中，绝对的真实性情景并不容易实现，这里强调的真实性原则并不是绝对的真实性，而是要求尽可能地真实，尽可能地与现实生活贴近，或尽可能地为学生提供真实的教学情景、学习情景和交际情景。

4. 互动性原则

语言教学需要互动性。高校英语教学也不例外。在任务型教学法实施过程中，也应该注重互动性。互动性强调的是交际双方在交际过程中的双向的，无论是对话、会话，还是讨论都是互动性的。具体到日常生活中的交际中，最为常见的交际方式也双向的。在日常生活交际中，也存在着一些单向的交际方式，如话剧中的独白就是常见的单向交际方式。

在交际过程中，互动性是语言输出的基础，是信息交流和前提，是意义协商的保障。在互动中，必然有合作，必然有交流。需要指出的是，互动还需要一定的条件。例如，话语常规、人际关系、交际需求等，只有这样，才能保证互动是有意义和有价值的。与此同时，在互动过程中，为了能够保证互动的顺利性和有效性，互动双方还应该选择不同的语言交际形式。另外，互动的过程也就交际双方互相了解对方的过程，也是获得交际需求的过程。可以说，互动能够使交际双方更好地认识语言、了解语言、理解语言和使用语言。

具体到高校英语教学中，英语教师在应用任务型教学法的过程中，也应该遵循互动性原则。例如，在高校英语教学过程中，教师可以通过对话、提问、交流、讨论、合作等形式来实施教学。同时，教师应该充分发挥互动的作用，采用多种方式鼓励学生主动发言、主动交流、积极提问、主动辩论等，这样有利于学生从中感受到互动的乐趣，激发学生学习英语的兴趣。另外，教师应该将互动性贯穿于教学的整个过程中，多布置一些互动性的任务，鼓励学生积极参与到互动活动中，从而使学生更好地完成任务。

5. 注重过程原则

在任务型教学法实施过程中，教师还应该重视做事过程。在具体的任务设计中，教师应该多布置一些动手动脑的任务，并鼓励学生通过手脑结合来完成具体的任务。实际上，学生做任务的过程就是做事的过程。具体到语言教学中，就是用语言完成事情的过程。在这一过程中，学生不仅要对问题进行思考、分析，还要寻找各种方法解决问题。另外，教师还应该引导学生具体问题具体分析，不同的问题有着不同的语言做事技巧，从而选择科学、合理的方式来解决具体的语言问题，最终在认真做事过程中完成语言任务。

关于语言教学中，究竟应该重视教学过程还是教学结果。不同的教学方法研究有着不同的观点。任务型教学法认为过程比结果要重要得多。在做任务，即做事的过程中，学生就可以思考问题、分析问题、解决问题，从而使自己的语言知识更加丰富，使自己的语言体系更加健全。

6. 弹性模式原则

在任务型教学法实施过程中的，教师还应该重视弹性模式。换言之，在设计教学任务和教学活动过程中，教师应该结合具体问题进行具体分析，不能将任务设计成固定的模式，应该将弹性模式融入具体的任务型教学中，只有这样才能促进任务教学法的广泛应用。

（二）英语专业教师的任务型教学法特点

1. 重视任务链的循序渐进性

任务型教学法包含数个不同的任务，且每个任务之间并不是孤立存在的，而是相互联系、相互制约、相互促进的。具体而言，在任务型教学模式中，任务的设置都是循序渐进的，遵循着由简单到复杂的顺序，同时，任务与任务之间都是紧密联系在一起的，具有层次性、关联性、连续性等特征。另外，任务型教学涉及的任务十分广泛，单一的、综合的、输入的、输出的、初级的、高级的等。正是这些广泛的任务形成了一个循环的任务链，相互促进、共同发展。

2. 注重教学内容的真实性

任务型教学法注重内容的真实性，这是任务型教学模式的显著特点。具体而言，任务型教学的内容大多数都与学生的日常生活密切相关，同时教学活动也是丰富多彩和富有层次的。任务的不同的阶段有着不同的任务或活动设计。例如，任务的初级阶段，主要注重的是意义的建构和机械性的活动；到了任务的中级阶段尤其是在任务的高级阶段，主要注重的是知识运用方面的活动设计。无论是任务的内容如何设计，都尽可能地贴近学生的生活，保证内容的真实性。

3. 转变教师与学生的角色

在任务型教学法中，教师不再是权威者，不再处于语言教学的主体地位，确立了学生的主体地位。教师的角色发生了一定的转变，教师负责设计任务、提供资料、组织教学活动、引导学生学习等。由此可见，教师由传统的权威者转变成设计者、提供者、组织者、引导者、示范者等。相应地，学生的角色也发生了一定的转变。在任务型教学模式中，学生的语言项目使用不受限制，可以个人独自完成学习任务，也可以与小组内的其他成员通过合作的形式完成学习任务。学生可以自由使用语言形式和项目，充分发挥自己的特长，发挥自己的创造力等。

4. 转变英语教学评价方式

任务型语言教学法与传统的语言教学法在评价方式上有着很大的不同，下面从不同的方面对其进行简要分析：

（1）从评价目标而言，传统语言教学法注重评价的结果、最终的成绩等；而任务型语言教学法注重评价的过程、能力的提高和发展。

（2）从评价内容而言，传统语言教学法注重单一语言知识的传授；而任务型语言教学法主要重视的是语言的应用能力、语言的学习过程。

（3）从评价手段而言，传统语言教学法主要采用的是单一性的评价手段，通常主要通过采用固定性考试的手段来对学生的学习情况进行评价；而任务型语言教学法采用的评价手段也是多元化的，不仅包括测试性与非测试性评价，还包括形成性评价与终结性评价。同时，还包括教师评价、学生间互相评价、学生对自己的评价等。

（4）从参与评价主体而言，传统语言教学法主要注重教师评价，评价的主体具有单一的特点；而任务型语言教学法的评价主体具有多样化的特点，不仅包括教师评价、学生评价、同伴评价，还包括家长评价、社会评价等。

（5）从评价效果而言，传统语言教学法受应试教育的影响，用考试和分数来衡量教学的效果，教师之间、学生之间的攀比性很高；而任务型语言教学法注重学生合作精神的培养，鼓励学生积极主动参与学习活动。

（三）英语专业教师的任务型教学法应用

1. 任务前阶段的应用

任务前阶段是英语专业教师实施任务型教学模式的前提。准备阶段与呈现阶段都是任务前阶段的实施步骤。任务前阶段是任务型教学模式不可缺少的阶段，其主要作用主要包括两个方面：一方面是通过任务前的准备工作和呈现工作来激活学生的已有知识体系和思维，使学生能够在已有知识体系的基础上构建多元化的语言系统；另一方面是为任务实施的下一阶段做准备，使学生能够积极主动地学习，积累丰富的知识，为任务的完成奠定基础。

（1）准备任务。在任务的准备阶段，学生要积极地参与到任务中，并通过多种手段获取信息并对信息进行相应的处理，同时还要对这些信息内容进行表达，从而提高自身的语言技能和表达能力。具体到高校英语教学中，教师在任务准备阶段，还应该注意英语输入的真实性以及英语任务设置的难易程度。只有这样，才能使学生更好地为英语任务的下一阶段做好准备。

（2）呈现任务。任务的呈现，简单理解就是教师向学生介绍需要完成的任务。同时，强调完成这一任务需要学生利用新的语言知识。除此之外，教师还应该根据学生的具体学习情况，为学生创造真实的情境，从而调动学生学习语言的积极性。

2. 任务中阶段的应用

任务中阶段对学生的语言习得起着至关重要的作用。在任务中阶段，教师应该结合学生的实际学习情况，合理选择任务，避免任务的难度过高或过低。具体到英语专业教师教学中，一旦出现任务过高或高低的现象，教师要针对存在的现象采取具体的对策。

在任务实施过程中，学生为了更好地完成任务，可以采取多种方式，例如小组形式、辩论形式、自由组合形式等。在高校英语任务型教学模式中，小组活动的形式比较受欢迎。在进行小组活动设计中，要明确小组任务与个人任务并不是孤立存在的，而是相互促进的，同时要明确师生之间的关系与角色转变。在小组活动开展过程中，教师要及时进行指导，从而促进教学目标的实现。除此之外，教师可以与学生积极互动，甚至主动融入小组活动中，与学生共同参与任务、共同学习、共同讨论，从而形成平等、和谐的师生关系。同时，教师还可以及时了解学生完成任务和对知识的掌握情况，并以此为依据，及时调整教学方式，从而促进任务的高效完成。

3. 任务后阶段的应用

经过任务前、中阶段，就进入到任务后阶段，这一阶段的实施主要包括对任务的汇报和评价。经过任务的实施后，小组内可以选取代表在课堂上进行发言，总结和汇报本组内任务完成的具体情况。在这一过程中，英语专业教师主要扮演着指导者的角色，教师应该对每个小组任务完成的情况进行评价。不仅要指出小组完成任务的长处，还要指出小组完成任务的不足，从而使小组明确自己的优点和不足。与此同时，英语教师应该给予优秀小组一定的奖励。另外，在任务评价过程中，教师不仅要科学、公平地评价每个小组，还要鼓励学生与学生之间进行评价，这样有利于学生正确认识自己，客观评价他人。

二、英语专业教师体验式教学法的评价体系创新

在具体的语言教学实践当中，教师大多会有意识地采用以语言体验为核心的语言教学基本原则，随着5G网络的出现，网络环境下的体验式英语教学出现，其主要是指以现代计算机－网络技术为基础，在教学实践中为学生创设体验式的学习环境，并且这种学习侧重于学生听说等实际应用能力的发展，与此同时，英语专业教师也不可忽视学生个性化发展的基本需求。在教学实践中，英语专业教师应当逐步培养学生的自主学习能力，引导学生对课堂提出的问题进行深入的探究。当然，课堂的教学时间是十分有限的，因此引导学生把握好课外时间进行学习，也是英语专业教师教学职责中的一部分。英语英语专业教师在教学实践活动当中，只有不断解决新出现的问题，不断对教学的各个环节进行改进，才能够不断提高教学质量。下面重点探讨英语体验式教学法的评价体系构建。

（一）英语体验式教学法的环境评价

英语体验式教学法的环境评价构建离不开体验式教材评价，体验式教材的评价标准应基于以下特性：

第一，规范性和代表性，这一点主要体现在语言所表达的信息是否正确、经典，语言表述方式是否规范。因为经典与规范是评价一本教材语言表达的最基本的标准。

第二，实践性，体验式教材应当注重营造特定的情景，特别是多元化的交际情景。

第三，逻辑性，逻辑是否足够清晰，在一定程度上影响到教材的整体质量。因此，体验式教材无论在局部还是整体，都应体现出明显的逻辑关系，做到每个章节之间相互照应，知识点的教学承上启下。

第四，文化内涵和社会性，现如今，文化教学观念在英语教学中占有很大比重，语言是文化的载体，语言的教学离不开文化素养的教学，在体验式教学教材中加入更多文化引导，能够增强学生的跨文化交际意识。只有当文化信息鲜明时，学生才能逐渐对目标文化产生深刻的理解，并促使其将母语文化与目标语文化进行对比。

第五，批判性，在进行体验式高校英语教材的编写时，必须从不同的角度进行思考，并提出不同的观念。如果仅从一个角度进行编写，必然会沦为说教式的教材，导致学生无法从教材中获得多元化的内容。

第六，交互性，体验式教材一定要为学生营造良好的交流环境，因此

交互性是体现其价值的重要特征，体验式教学中必须包括一系列任务，并以任务为线索引导学生参与语言交际活动。

此外，在高校的英语教学网络中，体验式多元化的网络环境评价体系构建，旨在从多个角度对网络自主学习环境进行全方位的评价。与此同时，需要关注学生应用网络进行学习的成效以及教师运用网络对学生进行管理的成效。在确立指标时需要明确的是，教师必须建立一个和谐、规范、健康的网络环境。在这一环境中，学生与教师能够进行自由的多元化沟通。网络平台和外部知识信息之间能够相互形成良性的循环。

（二）英语体验式教学法的过程评价

1. 学生的参与程度评价

学生的参与度在一定程度上体现出学生的学习意识，个人的人生观与价值观也一定程度上对学生的最终学习成效和运用能力有着不可忽视的影响。教师要对学生在学习过程中的心理体验进行分析，衡量学生在学习过程中心理体验的指标大致上可以概括为四种：① 学生的学习活动参与程度；② 在进行学习过程中学生的愉悦感；③ 学生内心与所学科目的共鸣程度；④ 学习环境的优越程度。

2. 学生的合作互动评价

在开展体验式英语教学的过程中，最重要的就是必须明确教学方法和学习方法，可将体验式英语教学的方法分为任务型教学方法和合作型教学方法。事实上，对于学生而言，最能够激发学生学习兴趣的是合作型教学方法，因为在这种教学方法的引导下，学生会组成小组并相互之间进行帮助，以此来完成教师给予的任务。

因此，教师在对学生进行评价时，也必须对学生的小组互动行为进行评价。只有当学生在小组合作中获得良好的内心体验和愉悦感时，他们才能真正在合作中有所收获。因此，在面对不同的学生时，教师应当有针对性地进行引导。评价一位学生的和小组合作状态时，需要综合考虑：① 学生能否在小组交流中不断提升自己的英语沟通技巧，从而使自己的表达更加准确；② 学生能否为小组贡献自己的智慧，并且是小组成员之间产生出群体的智慧；③ 学生在小组中能否相互解释所学的知识，当伙伴有不理解的知识点时，能否做到相互帮助；④ 学生的交流活动是否具有多边性、丰富性和多样性等特点；⑤ 学生是否能够积极地与小组同学进行多维度的英语交流。

3. 学生的情绪状态评价

每个人的情感感受都是不同的，针对高校英语课堂上，学生的情感感受大致可分为：乐趣感、成功感，这两种感觉往往有促进作用，还有焦虑感、厌倦感、紧张感等这些感觉会在一定程度上抑制学生的学习积极性。虽然在这一过程中，每一个学生的反应有所不同，但是同一学生而言，对英语学习的体验在学习过程中，往往不是一成不变的，但在一定时期内，从长远的学习过程而言，在这一过程中，这种情感往往表现出一种相对稳定性，这种稳定性体现在学生对英语学习的情感上。

对于学生而言，在这样的过程中学生必然会收获独特的情感体验。但整体而言，在特定的时期内，学生的情感体验通常是基本稳定的，并且以一种体验为主。对学生课堂情绪状态的评价主要包括：① 在体验式英语教学模式下，只有形成良好的课堂环境，学生才能在其中得到锻炼，从而培养坚强的意志和良好的道德品格；② 在具体的课堂教学中，教师必须观察学生是否获得愉悦感和成就感；③ 在推行合作学习法的过程中，教师要关注小组成员之间的交流，并关注小组成员与教师之间是否产生相互信任，并引导学生自然地表露自己的情感，只有这样才能产生良好的情绪共鸣；④ 经过一段时间的教学后，教师要对学生掌握知识的情况进行整体的测验和把握，并注重对学生阶段学习情绪的引导与调节。

4. 学生的体验状态评价

体验式英语教学活动所要求的体验状态，主要表现是能够使学生保持和提升学习者的兴趣，换言之，要能够在课堂学习中，在交流互动中产生积极的体验。之所以要求产生积极的体验，是因为在这一过程中，学生的体验状态，往往都是与“愉悦”紧密相连。如果在学习过程中，不能给学生带来快乐的学习体验，也就很难激发学习者的学习热情。因此，在实践中对学生在学习过程中体验状态的评价是很重要的，它们是以学生在课堂学习的过程中能否满足自身的个性化学习需求和能否体验到学习的快乐为标准的。

（三）英语体验式教学法的效果评价

效果评价机制是对学习的整个过程进行跟踪监测并将结果反馈出来的一种机制。对学习效果进行评价的根本目的在于让学生明确接下来阶段学习的起点，从而设定符合自己能力的学习目标。效果评价应当建立在多元化评价理论的基础之上，并结合具体的实践成果。英语体验式教学法的教学效果评价的指标参考可以包括：① 在日常课堂教学中注意营造良好的课堂氛围，保证课堂秩序活跃但不散乱；② 注重学生信息反馈。教师应当及时掌握学生和学习小组提出的反馈信息，并根据这些信息对自己的教学行为和教学计划做出及时的调整；③ 教师应当及时了解学生学习知识和掌握语言技能的程度。根据学生不同时期遇到的困难与问题，及时调整教学策略，力求学生语言应用能力的不断提升和综合专业素养的稳步提高。

（四）英语体验式教学法的评价确定

教学评价体系则不应只关注学生的考试成绩，还需要对学生在学习过程中的情感体验、学习态度、价值观念等方面作出综合评价。英语体验式教学应该是教师与学生共同参与完成的一个整体性的过程，在这一过程中，教师不仅需要在教学过程中，实现教学目标、提高教学水平，更重要的是对教学过程有清楚的认识、和有效的监控。此外，还要求注意妥善运用学习评价，它既能帮助学生在学习过程中了解课程重点及自己的学习进展，还能通过运用一套设计得当的评价方法，及时有效的帮助他们掌握所学的知识和技能，这样的方法能够给学生以成就感，进而激发他们在这一过程中产生的学习兴趣。

第七章　英语专业教师教育的课程能力培养

第一节　英语专业教师教育的科研能力培养

“教师的科研能力是指教师具有较强的科研意识，能够准确地选定课题和研究对象，熟练地运用合适的方法与手段，有效地探索教育教学规律，科学、规范地表达研究成果的能力，主要包括发现问题和提出问题的能力、实验研究的能力、成果表述的能力等。”[①] 当今时代在飞速发展，英语在生活中的应用越来越广泛，高校对英语的教学也越来越重视。高校应该进一步加强英语类专业建设，有效支持拓展各项科研工作，为英语专业教师的科研工作创造良好的工作环境，以增强英语专业教师的整体业务素质和能力，提高学校整体的英语教学水平。英语专业教师教育的科研能力培养可以从以下几方面着手（图 7-1）：

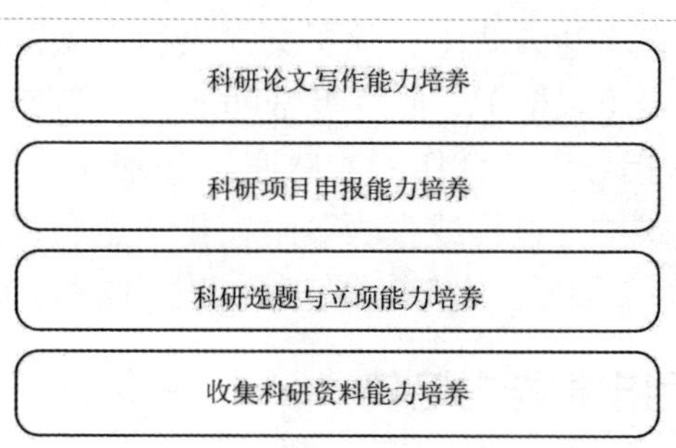

图 7-1　英语专业教师教育的科研能力培养

① 肖凤姣．高职英语教师科研能力培养研究 [J]. 现代职业教育，2018，（1）：217.

一、科研论文写作能力培养

科研论文写作能力是高校英语专业教师的一项基本的科研素质，科研论文是科研成果的一种表现形式。写不好科研论文就无法产出高质量的科研成果，无法更好地指导学生写好科研论文。部分英语教师由于教学任务比较繁重，承担科研任务的机会又少，所以，科研论文写作的基本技能相对较弱，但面对职称评聘、学科建设和个人发展等必须写作科研论文。写好科研论文至少必须把握三点：一是要真实，只有亲身参与实验，占有第一手的材料和科研数据，才能写起来自然流畅；二是要会写，要把握写作技巧，要符合规范要求；三是要多写。

科研论文写作的过程一般包括构思论文框架、搜集素材、完成初稿、进行修改、清稿和发表等步骤。科研论文交流的形式为在学术刊物上发表或学术会议上宣读。科研论文的一般框架结构包括：① 标题。科研论文的标题是读者阅读全文的窗口，是目录、索引等二次文献的重要收录的内容，是读者检索本论文的主要标志，因此要求论文标题能准确地反映论文的中心内容。标题要求简短、明了，必要时可设副标题。② 作者。署名的作者要求用真名，并标明作者的单位。③ 摘要。摘要是对论文内容要点的陈述，不能加注解和评论。摘要都是在论文完成后再写的。④ 关键词。为了检索的需要，要选择出最能代表论文内容特征的词或词组作为关键词，关键词应具有高度的概括性，一般以 3 ～ 5 个为宜。⑤ 引言。引言又可称为前言，它表述的是论文的缘起、任务和结果，一般只是一小段文字。⑥ 正文。正文是论文的主体，要求中心明确，重点突出，论证充分，逻辑严密，推理正确，实事求是。在表达方式上，除了文字表达之外，还可采用图（数据或理论的图解）、表（表格）、照片等辅助形式。⑦ 结束语。包括结论和建议。⑧ 致谢。对指导者和合作者的感谢。⑨ 参考文献。⑩ 附录。将一些次要的内容、公式推导过程或查表等附在正文之后，以保持正文的重点突出及连贯性。⑪外文摘要。外文摘要包括标题、作者、摘要内容和关键词。

二、科研项目申报能力培养

项目申报是科研工作的开端，也是科学研究的基础，现在几乎所有的科研项目都要经过专家评审才能立项，能否立项一定程度上取决于项目申请书写作的好坏。申报科研项目是一项严谨而艰辛的工作，它要求申请者要作长时间的准备，要对拟申报的项目进行调查研究甚至上网查询。一份科研项目申请书看似简单，实则要求甚高。好的申请书必须要做到形式与内容兼顾，既要给人以美感，又要有创新的思路和方法。英语专业教师科研选项要做到目的明确，有一定的意义；项目设计思路要清晰，方法要科学，经费预算要合理。申请书的语言表述要紧扣主题，详略得当，表达准确；其中引用的资料和数据要可靠，要标明出处，不能凭印象而为之。

三、科研选题与立项能力培养

科研课题是科研所要解决的具体问题，选择好科研课题是英语专业教师科研工作取得成功的关键部分。寻找科研课题就是要寻找那些尚未解决但又亟需解决的矛盾，或从已知的东西中了解到的应予以研究和解决的未知的东西。要取得立项成功是很有技巧的，包括：一是要吃透某个课题意向的核心范围，抓住其关键；二是要有明确的、科学的科研构思设计，拟定具体设想；三是要掌握该课题的国内外研究动态，显示本研究的独创性或先进性；四是要有合理的人员搭配，包括人数、职称、专业、经验等因素，尤其是课题负责人要具备较高的学术水平、丰富的科研经验、较强的组织能力和较高的知名度；五是经费估算要准确，要实事求是；六是进度安排和经费使用要合理，应分阶段出成果。

四、收集科研资料能力培养

占有丰富的资料和信息，是搞好科研的基本保证，这是科研工作的继承性、创新性、先进性和多学科交叉性所决定的。英语专业教师所需要的资料和信息，一方面要靠文献搜索；另一方面要靠实地采集。在当今信息时代，文献检索要比以前方便得多，如图书馆、资料室中都有许多科技图书、期刊论文、技术标准、学位论文、视听资料、文献检索刊物、计算机终端等，英语教师都可利用。此外国家还设有专业性很强的资料室，可有针对性地查索有关的资料。

综上所述，为了改善英语专业教师教育的科研状况，必须加大力度来培养英语专业教师的科研能力，建立健全行之有效的制度体系，把培养英语教师科研队伍当作一项长期的工作来重视。只有这样，英语教育才能适应社会发展的需要，才能有效地去迎接新的挑战。

第二节　英语专业教师教育的教管能力培养

下面主要探讨英语专业教师教育的课堂管理及能力培养。英语课堂教学管理的效果直接决定英语教学目标的完成情况，对学生的发展也有重要影响。

一、英语专业教师教育的课堂管理的功能与目标

课堂管理是指教师为了保证英语课堂教学的顺利进行，协调、控制课堂中各种教学因素及其关系，如人与事、时间与空间等，使之形成一个有序的整体，促进学生积极参与教学活动，从而实现预定教学目标的过程。[①]英语专业教师教育的课堂管理是课堂教学过程的重要组成部分，是开展教学活动、完成教学任务、实现教学目标的保证。英语课堂管理应该强调促进学生积极的学习行为和争取成就的行为，创设鼓励学生积极学习行为的教学环境，预防问题行为的出现。

（一）英语课堂管理的功能

1. 英语课堂管理的维持功能

英语课堂管理的维持功能是在课堂教学中持久地维持良好的内部环境，使学生的心理活动始终保持在课堂上，以保证教学任务的顺利完成。英语课堂管理的维持功能主要表现在四个方面：一是课堂里随时可能发生突发事件，破坏原有和谐的师生关系和学生关系，课堂管理有助于缓和与解决各种矛盾，维持和谐人际关系；二是课堂管理需要制定符合教学目标的课堂行为准则，有助于协调课堂教学步骤，维持课堂纪律；三是课堂管理有利于维持良好的课堂气氛，从而帮助学生适应环境的变化；四是课堂管理有助于调节课堂教学过程中的过度紧张和焦虑，维护身心，矫正问题行为。

① 李燕．新时期高校教师能力培养与专业化发展探究［M］．成都：四川大学出版社，2018：88.

2. 英语课堂管理的促进功能

英语课堂管理的促进功能是教师在课堂里创设对教学起促进作用的组织和良好的学习环境，满足课堂内个人和集体的合理需要，激励学生潜能的释放以促进学生的学习。课堂管理的促进功能通过以下途径来起作用：一是协调好课堂内各种人际关系，形成尊师爱生、团结协作的师生关系和互帮互学、团结友爱的学生关系，师生朝着教学目标共同努力；二是正确处理课堂中正式群体和非正式群体的关系，促进班集体结构的完善；三是创造良好的课堂气氛，促进学生遵从课堂规范；四是明确教学目标，使课堂活动朝着预定的目标前进。

（二）英语课堂管理的目标

英语课堂管理不是用来维持课堂秩序、驯服学生的，而是要促进学生的英语学习和发展，它的重要意义主要表现在要实现的目标上。

1. 争取更多时间用于学习

英语课堂管理的一个重要目标就是尽量争取更多的时间用于学习。学生用于学习的时间越多，学习成绩越好。但是学生的学习时间有限，学校对教学时间、自习时间、劳动时间、休息时间等都作了明文规定和安排，教师就是要在所规定的教学时间里为学生争取更多的学习时间。为学生争取更多的时间用于学习有直接和间接两种方法。直接的方法与争取时间直接有关，重要的是教师不要无故旷课、不迟到早退、上课后尽快使学生安静下来等，这是学校对教师的起码要求。间接的方法包括课堂管理的所有措施，如处理学生不良行为，保证英语教学的顺利进行等，这些都为学生争取了学习时间。

2. 争取更多学生投入学习

每一个课堂活动都有自己的参与规则，这种规定在不同的活动中如何参与教学活动的规则通常被称为参与结构，它规定学生要成功参与某一个活动，就必须理解参与结构。为了使所有的学生都顺利投入英语学习活动，英语教师一定要确保每个人都知道如何参与每一个具体的活动，知道规则和期望有哪些，同时，还要思考这些规则是否适合于学生等。

3. 帮助学生学习自我管理

任何课堂管理都有一个目标，就是帮助学生能很好地管理自己，英语教师需要让学生对自己的课堂行为进行自我管理。首先，可以让学生更多地投入英语课堂规则的制定；其次，用较多的时间要求学生反思需要某些规则的原因以及他们产生不良行为的原因；再次，应当给学生机会考虑他们将怎么计划、监视和调节自己的行为；最后，英语教师可以要求学生回顾一下英语课堂规则，提一些必要的修改建议。

二、英语专业教师教育的课堂管理能力培养策略

英语专业教师教育的课堂管理任务比较复杂，主要包括课堂人际关系管理、课堂环境管理、课堂纪律管理等方面，其课程管理能力培养策略如下:

（一）英语课堂人际关系管理能力

英语课堂管理的一项重要任务，就是促进师生之间、学生之间形成良好的人际关系，为有效教学创造社会性条件。

1. 师生关系管理

师生关系是英语教师和学生在教育、教学过程中结成的相互关系，包括彼此所处的地位、作用和相互对待的态度等。师生关系既受英语教育活动规律的制约，又是一定历史阶段社会关系的反映。师生关系中最基本的表现形式是教育关系，这也是师生关系的核心。除了正式的教育关系，师生之间还有因情感的交流而形成的心理关系。良好师生关系的建立需要师生共同努力，做到相互理解、密切交往、互相尊重、互相关怀以及真诚对话。

2. 同伴关系管理

同伴关系是在同学之间进行交往和相互作用的基础上建立起来的心理关系，它是除教师之外的班级成员间关系的总和，包括学生个体之间的关系、班级内的学生群体之间的关系以及学生群体与个体之间的关系。根据同学之间是相互吸引还是相互排斥，可将同伴关系分为友好型、对立型与疏远型。促进学生同伴关系可通过培养学生的交往技能，增加英语课堂教学交往活动，组织英语课外交往实践活动以及培养学生的亲社会行为等途径实现。

3. 班级群体管理

班级群体是由学生按照特定的目标和规范建立起来的集体，班级群体有正式群体和非正式群体之分。所谓正式群体，是指在校行政部门、班主任或社会团体的领导下，按一定章程组成的学生群体。所谓非正式群体，是指在同伴交往过程中，一些学生自由结合、自发形成的小群体。对于非

正式群体的管理，要注意以下：摸清非正式群体的性质，判断它是积极的还是消极的；对于积极的非正式群体给予鼓励和帮助；对于消极的非正式群体给予正确的引导和干预。

（二）英语课堂环境管理能力

1. 物理环境管理

英语课堂物理环境是课堂内的温度、色彩、空间大小、座位编排方式等时空环境和物质环境。

（1）座位的安排。座位安排有四种方式：剧院式、分组式、半圆式和巨型式。研究发现，座位的编排方式对学生的课堂行为、学习成绩、学习态度、人际关系以及整个教学活动都有直接或间接的影响。为了发挥座位安排的积极作用，座位安排时应遵循的基本原则有：服务于教学的原则、定期变化原则和减少干扰原则。

（2）教室空间大小。教室空间大小对英语课堂教学的影响表现为两方面：一方面，狭窄的教室空间会让学生产生压抑感，影响学生学习时的情绪，也不利于教师在课堂上巡视或了解学生对教学的掌握情况；另一方面，教室空间过大，过于空旷，则不利于学生集中注意力，也会影响课堂教学的效果。

（3）温度、光照和噪声。不合适的温度、光照和噪声往往会使学生产生消极的情绪反应，不能集中注意力，自我控制力下降。因此，在条件允许的情况下，应尽可能使教室的温度适中、光照适度，把噪声降到最低程度，使学生产生一种愉悦的感觉和积极的情绪，从而减少不良课堂行为。

（4）课堂时间。课堂中的时间因素与学生在英语课堂中的学习行为及学业成就有着极为密切的关系，因而也是在课堂管理中不容忽视的重要内容。为了提高专注时间和学术学习时间的比率，英语课堂时间的优化管理策略有：坚持时间效益观，最大限度地减少时间的损耗；把握最佳时域，优化教学过程；保持适度信息，提高知识的有效性；提高学生专注率，增强学生的学术学习时间。

2. 社会心理环境管理

与物理环境相比，英语课堂中的社会心理环境对课堂教学的影响更大，其中，课堂气氛和课堂目标结构是最为突出的两个影响因素。

（1）课堂气氛管理。课堂气氛主要指课堂里某种占优势的态度与情感的综合表现，为了营造积极的课堂气氛，英语教师通常需要做好以下方面：一是建立和谐的课堂人际关系；二是运用灵活多样的教学方式；三是采用民主的领导方式；四是给予学生合理的期望。

（2）课堂目标结构。课堂目标结构是一个班级中由奖赏机制决定的占主导地位的学习目标取向。课堂目标结构可以分为竞争、合作和个人主义三类。在竞争性目标结构中，学生认识到他们的奖赏取决于与他人的比较，只有他人失败时自己才能取得成功；在合作的目标结构中，学生认识到他们必须与他人合作才能获得奖赏；在个人主义的目标结构中，学生们认识到奖赏取决于自己的努力，不需要关心他人是否取得成功，他们的目标是达到自己或者教师提出的学习标准和要求。

一般而言，竞争、合作、个人主义都是开展群体学习的手段，它们适用于不同的学习情境。在英语课堂教学中，教师所营造的多为竞争和合作的课堂目标结构，对这两种目标结构的积极和消极作用，教师要清楚把握，不能片面强调合作，也不能片面强调竞争，应该协调合作与竞争的关系，使两者相辅相成，成为促进课堂管理功能和调动学生积极性的有益手段。

（三）英语课堂纪律管理能力

在英语课堂教学中，难免出现各种课堂问题行为，干扰教学活动的正常进行。有效的课堂纪律可以通过营造良好的课堂秩序、减少学生的不当行为来促进学生学习。英语课堂纪律管理能力培养可以从以下方面着手：

第一，运用非言语线索。英语教师要善于随时随地觉察课堂里每一个学生是否都在专心听讲，当发现有学生行为表现不良，就要运用非言语线索加以制止。非言语线索主要包括目光接触、手势、身体靠近和触摸等。如对表现不良的学生保持目光接触就可能制止其不良行为，还可以走过去停留一下，或者把手轻轻地放在学生的肩膀上等，它既可制止不良行为，又不影响课堂教学秩序。

第二，运用积极的语言。英语教师可以运用积极的语言来调控学生的行为。在学生违反课堂学习纪律后，立即给以简单的言语提示，将有助于制止纪律问题。言语提示的内容不要纠缠于学生的不良行为，而应是学生应该怎样做的正面提示，因为这表达了对学生未来课堂行为更积极的期望。

第三，引导学生参与学习活动。学生在英语课堂上出现问题行为，往往是因为他们觉得无所事事。因此，英语教师可以安排他们从事一些学习活动，使他们没有空闲时间，从而减少问题行为的产生。但需要注意的是，英语学习活动要适度，因为过多的学习活动或学习任务，会导致学生疲劳、厌倦，从而再次引发问题行为。

第四，进行心理辅导。学生的问题行为往往有其心理根源，因此，要从根本上解决他们的课堂问题行为。英语教师应注意对其进行心理辅导，对问题行为学生的心理辅导要注意：耐心倾听、接受、理解，而不是批评、指示、强制教育；帮学生找到产生问题行为的原因，分析问题行为带来的消极后果；为学生制定适宜的课堂行为目标；对其进行情感疏导，消除问题行为背后的情感根源。

第三节　英语专业教师教育的信息化教学能力

一、英语专业教师教育的信息化教学能力提升的条件

第一，较高的科学文化素质。绝大多数的英语专业教师都学习过各类文化课程，具备了较高的综合素质，这为英语专业教师信息素养能力的提升奠定了稳固的文化基础。

第二，基本的信息素养。绝大多数英语专业教师在上学期间或者岗前培训时学习过计算机相关知识，掌握一定的现代信息技术知识和信息基本理论知识，他们可以利用信息技术网络进行信息检索等操作，并且能够制作平时英语课堂所需的教学课件并通过多媒体手段进行大学英语教学，而且教师能充分认识到信息素养对教师发展的重要意义，具有自觉遵守网络安全法律的意识，这为大学英语教师信息素养能力的提升奠定了一定的信息技术基础。

第三，师生对信息技术走入大学英语课堂抱有积极想法。面对信息化时代的到来，英语专业教师要将信息技术与大学英语课程进行有效整合，培养学生英语学习的综合应用能力，增强学生自主学习的能力。在整合信息的过程中，教师要着重培养学生的信息素养，使得信息技术作为支持他们终身学习的手段之一。此外，近些年大学生数量增加迅速，大量大学生的综合素质参差不齐，广大高校英语教师必须转变教学理念，朝着个性化学习、自主式学习的方向发展。学生渴望实用性与知识趣味性相结合的课堂，教师意识到信息素养对教师教学和科研十分重要，这说明师生都对信息技术走入大学英语课堂抱有积极想法。

第四，社会大环境的作用。全国各高校已经全面开展信息化校园的建设，信息化高校校园以高度发达的计算机网络为技术支撑，以信息和知识资源的共享为手段，以培养能够获取和利用信息知识的师生为目标，以高校成为社会知识创新与信息创新为主要社会功能。信息化校园的建设的进行，使得大学英语课堂的教学模式、师生学习与资源利用等都有了相应革新。多种多样的现代化信息技术以及相关领域专家学者，这些都为英语专业教师信息素养的培养和提升提供了有利条件。

二、英语专业教师教育的信息化教学能力提升的对策

（一）建立完善教师能力提升的档案

高校建立和使用教师信息提升档案，加强信息素养提升工作的监管，是推进英语专业教师信息素养提升工作的有效策略和制度保障。英语专业教师信息提升档案应采用电子形式记录，同时需要由信息方面的专家及参加培训的大学英语教师共同合作完成，并且教师档案的内容和标准的选择必须体现学习者的参与性。此外，信息素养培训班是提高英语专业教师信息素养和提升教师教学水平的重要方法之一，培训前以及培训后需要各个高校应对英语专业教师进行全面细致的问卷调查和访谈，方便建立教师信息能力提升的档案。首先，培训前要进行调查或访谈，全面了解英语教师的基本情况，明确教师的实际需求，为每个教师建立信息素养培训档案，将每个教师的相关信息素养培训的基本情况都记录到信息档案中；其次，应该根据调查所反映的教师教学水平和实际要求，为每个教师制定短期目标、中期目标和长期目标，并且根据这些目标确定的近期、中期和长期培训的内容；最后，将这些分析整理后的结果也同时记录到信息档案中，作为未来进一步培训的依据。

（二）确定适合信息能力提升的目标

英语专业教师信息能力提升的目标分为个体目标以及总体目标。个体目标是指高校英语教师的信息素养因个体差异因而差别较大，所以应在分析教师个体的水平的基础上，为每个教师制定的具体目标叫作个体目标。总体目标是指所有大学英语教师都具有高水平的信息素养尤其是高水平信息运用能力，以促进大学英语教学的改革，实现信息技术与大学英语课程的有效整合，从而更好地为广大教师的终身学习，可持续发展奠定坚实的基础。

（三）选择适合信息能力提升的内容

根据“最近发展区”理论，只有当学习的内容是学习者没有掌握且经过学习能掌握的，学习者才能产生解决问题的强烈愿望，学习才能取得成效。因此应根据英语专业教师的信息成长记录和调查访谈结果制定的个体目标为依据来选取培训内容。但是，基于英语专业教师个人素养的差异，高校应在着重培养实用技术和课程整合能力的基础上确定全面而有区别的培育内容。例如，年龄较大的教师信息意识有待加强，可以从培养他们的意识导向入手；有些接受信息技能较强的年轻教师，高校可以直接进行加强信息技术与大学英语教学的整合训练。长期从事教学一线工作的英语专业教师，常常可以更深刻地了解教学中的需求，更敏锐地捕捉到技术与教学应用的结合点。所以，在培训工作中，高校需要广泛征求教师的建议，深入了解他们的需求后不断进行调整。

（四）探索信息能力提升的有效方式

第一，职前培养与在职培训相结合。信息技术的不断发展更新，决定了英语专业教师信息技术培训的长期性和经常性。因此，英语专业教师的信息技术素养要在工作中随着教育需要的变化而不断提高，职前培养与在职培训相结合是大势所趋。通过培训，不仅能使广大教师增强信息意识，掌握现代教育技术的使用，熟悉信息技术整合于教学的操作程序，不断提升将现代教育技术运用于教学中的能力，还能积极引导广大教师通过获取信息、处理信息与应用信息，参与教学与科研课题的研究与开发工作，增强其创新能力，以推进整个英语教师信息人才队伍的协调发展。

第二，专门培训与自主学习相结合。高校在对英语专业教师信息素养提升时，可以组织专门的在职培训，例如，举办专门的信息技术与技能学习班，开办专题性的信息技术知识讲座、课题研讨和学术报告等活动，通过各种形式丰富的专门培训，英语专业教师不仅可以了解信息技术发展的最新动态，更新教育信息观念，同时也能掌握基本的信息知识和信息技能，树立运用信息技术来提高英语课堂教学效率的信心。由于教师需要大量时间从事教育教学活动，因此，他们很少有机会专门参加学校组织的各种培训。所以，学校在组织信息技术培训时，可采取多为教师预留一些专门培训时间，使英语专业教师的专门培训与自主学习相结合，这样不仅保证了培训的质量，同时也有利于教师信息素养在自学中得到实践性的提高。

第三，校际和校本培训相结合。校际培训主要是指地方市级高校的英语教师到省属或部属院校专门进行英语教学和信息技术整合的进修学习。较之市级高校，省属或部属院校信息技术与课堂整合方面的专家能力更强，市级高校英语教师应该选派年轻的骨干的教师去接受培训，向他们请教学习后再向其他教师传授经验，这样互相学习沟通可以有力地促进各个级别的高校英语教师整体信息素养的提升。校本培训是一种由学校自行策划、自行实施和自行评价的教师培训模式，其核心是培训的自主化和培训的个性化，即培训完全服务于本校的实际需要，培训内容和形式完全根据本校及本校英语教师的特点来设定，培训者基本由本校的教师来担任。一线英语专业教师拥有丰富理论知识与实践经验，两种培训的结合，可以实现优势互补，不仅有利于教学实践在现代信息技术理论的指导下进一步发展，也有利于信息技术理论在教学实践的视角下重构。

（五）长期持续学习与短期培训互相结合

信息技术发展变化和英语教学改革的长期性决定了高校英语专业教师信息素养的提升并非一件马上就可以看到成效的事情，这需要各个高校领导和英语教师保持学习并不断进行自我信息素养提升。同时，高校应在长期持续学习期间为教师开展有针对性的短期培训，即在多次的、阶段性的短期培训中，从而促进英语教师的信息素养的提升，使得短期中期和长期目标得以实现，教师终身学习意识得以培养。

（六）鼓励教师进行信息化教育的科学研究

科研工作是教师把教育实践中积累的经验或是发现的问题，运用教育理论加以总结、提升或是分析研究找出对应策略，从而解决实际问题并形成具有应用和推广价值的活动。信息技术与英语教学整合能力发展的理论与实践，可为教师提供丰富的、卓有成效的研究手段与环境，为教师解决教学过程中产生的实际问题提供有力的帮助，教师通过教育信息技术理论的知识，不断审视与反思自己的教育行为，在教育教学实践中获得经验与体会，从而使自己的信息素养得到提高。无论是信息化环境下新型教学模式的探讨、教学资源，还是精品课程的建设和开发等，都离不开教育信息技术科研活动。高校英语教师的综合素质的提升，使得跨学科、跨专业的教育技术科研课题合作成为可能。因此，地方高校要鼓励广大英语专业教师在教育技术领域科研课题选题、立项和推广中的作用，以团队合作的形式开展课题研究，以此推动整个大学英语教师信息素养的提升。

第八章 英语专业教师教育的不同课程设置

第一节 英语专业教师教育的听力课程设置

一、英语专业教师教育的听力课程特点

通常一个班级的学生来自全国各地，学生的听力水平参差不齐。有些学生听力基础差，没有掌握正确的学习方法；有些学生的语音语调存在很大问题，因而很难听懂正常语速的听力材料甚至已经学过的常用词，当然也有一些学生英语水平很高，比较容易听懂听力材料。在听力水平的不同的情况下，使用相同的教材和教学方法，使得听力水平低的学生不想学，教师难授课，也就达不到提高高校英语听力水平的教学目的。“高校英语听力教学内容较为广泛，不仅包括语言知识、文化知识，还包括培养学生对听力策略的掌握和运用。”[①] 英语听力课程需要根据学生的水平进行设置，目前，一些学校尝试打破原有的以院系为单位的班级，将学生听力水平分成提高、普通和预备三个层次，针对性地选择听力课程的授课内容和授课方法，更好地贯彻因材施教的原则。

二、英语专业教师教育的听力教学策略

（一）英语听力教学模式

1. 视听说结合式教学模式

（1）视听说结合式教学的必要性。视听结合，使学生处在耳目一新

① 李红霞．高校英语教学研究［M］．天津：天津科学技术出版社，2017：32.

的教学环境当中，在视觉和听觉的双重刺激下接受语言信息，在这种环境中启发学生说英语的兴趣可以达到事半功倍的教学效果。教师应尽可能地为学生创造练习口语的机会，将听与说有机地结合起来，以听说结合的方式切实提高其听力水平，保持英语习得过程中的输入与产出的平衡。

（2）视听说结合式教学环节。通过视听说结合的方式，可以解决英语教学中的“质”的问题，通过指导学生按照粗略观看、仔细听解、口头讲述三个步骤来完成从语言输入到输出的过程。在粗略观看阶段，教师根据视听内容，利用图片、实物、背景知识的介绍和单词的讲解等形式进行巧妙地导入，让学生对视听材料的大体内容有所掌握，为下一步教学做好铺垫；在仔细听阶段，不仅指导学生进一步明确整段话语的大意，更要把焦点放在语言材料本身，要求学生能够回答具体的细节问题，甚至区别细微的语音现象；在讲述阶段可以采取如问答、复述、谈论话题、讨论、情景对话、描述、角色扮演等多种形式，对视听材料有选择地进行再现、借鉴或者创造。

2. 文化导入式教学模式

文化导入式教学模式是一种通过引导的方式让学生主动建构语言与文化知识、促进英语综合运用能力的相对稳定的操作性框架。该模式主张教师在一定的教学环境中，根据教学大纲、教材和学生实际，运用正确的方法对学生进行积极引导，激发他们的思考与想象，促进学生主动进行内部心理表征的建构，从而培养学生对文化差异的敏感性、宽容性以及处理文化差异的灵活性，提高学生综合运用英语的能力。文化导入式教学模式在教学内容上注重文化概念与思考方式的引入，突出相关文化内容，在教学形式上注重学习主体作用的发挥，同时也要求教师积极发挥主导作用。

（1）适时培养学生对文化背景知识的敏感性。为培养学生对文化的敏感性，教师要充分利用教材发现问题，培养学生从文化角度来审视问题的根源，提高他们发现目的语文化现象的存在和这一文化与母语文化之间相符相悖的敏感性。

（2）听说并重，增强文化理解力。要想真正提高听力水平，必须强调听说并重。教师可以根据不同的材料通过复述、问答及根据听力组织对话、进行小品表演等形式对学生进行听力检查，这既可以加深学生对有文化内涵知识的掌握，又可以提高学生的听说能力。

（3）利用词语导入文化背景知识。词语包括单个的词和短语。语言的各种文化特征都能在词语中展现出来。教师在教学中应适当地导入听力材料中具有一定文化背景知识的词语，让学生充分理解其文化特征与内涵。

（4）借助视听媒介导入文化。教师应发挥多媒体的优势，充分利用电影、电视、幻灯等资料进行辅助教学。因为，这些媒介是了解英语文化的有效手段，是包罗万象的文化载体。学生可以在观影中直观、真实地了解西方的社会习俗、交际方式、价值观念等文化内容。

（5）延伸教学空间，拓展英语文化。教师可以采取布置任务的方式，让学生提前查阅与所学单元相关的文化知识，并让学生以幻灯片形式展示成果，使学生在参与中增强信心和成就感。同时，鼓励学生课后大量阅读介绍英美文化的书籍，这既可获得语言知识，又可深化学生对文化差异的了解，从而提高学生的听力水平。

（二）英语听力训练策略

1. 选择多元化的听力材料

在选择听力材料时，教师既要结合教学实际的需要，也要结合学生现有的能力和兴趣，还可以让学生在课堂上以英语游戏的形式参与活动，循序渐进地进行练习，最大限度地挖掘他们的潜在能力，发挥他们的主观能动性。

在多媒体教学环境下的今天，教师可以播放英文电影、教学情景对话、英文歌曲或演讲，通过增强听力内容的趣味性、实效性，适当引入一些流行元素，提高学生的英文水平。英文电影作为一种直观、形象、生动的方式，越来越受到学生的青睐。英文电影有吸引人的剧情，让学生身临其境，有些情节非常具有趣味性，影片中的英语不再是让人望而生畏的语言，而变成妙趣横生、充满生机和活力的实践。每周增加一点这些内容，并在人机对话中让学生学唱英文歌曲，进行英文电影配音，这将提高学生的英语学习热情和积极性，从而使其在轻松愉悦的氛围中提高英语听力水平，并且对提高学生的口语表达能力也非常有帮助。

2. 重视听力材料前的提示

在给学生上听力课时，教师不能只是给他们播放录音带，也不能只给他们解释一点词汇或者短语，而是应当用已有的与材料相关的知识来引导学生。例如，教师可以用简短的讨论进入主题，让学生根据听力题目或者预先给的一些暗示来猜猜听力的内容，从而帮助学生理解所要听的材料。

通过这些方式，可以让学生对将要听到的内容有所期待，也从心理上进入一个准备阶段。另外，如果材料有一定的难度，可先用简单的语言来表述，培养学生在听听力材料的同时做笔记的能力，在听听力材料之前给学生一些相关的问题，学生学习就更有目的性，效率也会提高。

3. 培养学生抓住听力学习重点

通常而言，学生喜欢把材料里的每个单词都理解清楚。事实上，不同的听力材料在不同的语速下，只要学生能把听力材料的重点，即能帮助理解材料的内容听懂并理解即可。一般而言，一篇材料里的诸多新单词并不会影响学生理解全篇大意。教师应当经常提醒学生要听重点，根据问题留意某些细节就可以了，教会学生如何抓住听力材料的重点。

4. 精听与泛听进行有效结合

精听是“精确听力练习”，要求学习者在听力练习中捕捉到每一个词、每一个短语，不能有任何疏漏和不理解之处；而泛听是要求学习者在听力练习中以掌握文章的整体意思为目的，只要不影响对整体文章的理解，一个词，一个短语甚至一个句子听不懂也不影响。精听和泛听可以结合练习，如某一篇文章中有句段可以用精听的方法练习，在练习的过程中准确无误地听到某些细节性的信息，有几段可以用泛听的方法了解文章的梗概。

第二节　英语专业教师教育的口语课程设置

一、英语专业教师教育的口语课程特点

（一）英语口语课程教学内容特点

英语口语课程教学的内容是广泛的，它不仅包括在口语课上教学生如何说，而且还要从教学内容、教学安排等方面保证学生在课下都有大量的口语实践机会。因此，教学内容的广泛、可延展性是英语口语教学的一大特点。教师可以有计划地组织安排各种训练活动，把训练学生听、说、读、写、译等各项能力有机地结合起来，根据不同阶段，不同的练习目的和主题采取诸如朗诵、辩论、表演、配音、口头作文等多种形式，把握适当的难易度，巩固学生的基本功，使教学内容成为一个可伸缩的，知识性、趣味性并重

的系统。

（二）英语口语课程教学评估特点

教学评估是英语口语课程教学的一个重要环节，客观、全面、科学、准确的评估体系对于实现教学目标至关重要，它既是教师获取教学反馈信息、改进教学管理、保证教学质量的重要依据，又是学生调整学习策略、改进学习方法、提高学习效率和取得良好学习效果的有效手段。对学生学习的评估可分为两种：一种是形成性评估；另一种是总结性评估。无论采用哪种形式，英语口语教学的评估都是考核学生实际使用英语语言进行交际的能力。口语教学的主要内容是语音教学，自然规范的语音、语调将为有效而流利的口语交际奠定良好的基础。尤其是在大学口语教学过程中，教师重视发音的准确性，而不过分强调流利程度有助于学生培养良好的语言习惯。

（三）英语口语课程教学管理特点

高校英语口语课程教学的管理贯穿于英语口语教学的全过程，要确保英语口语教学达到既定的教学目标，必须加强教学过程的指导，监督和检查。因此，口语教学的管理要做到三个方面：① 必须有完善的教学文件和管理系统，教学文件包括学校的英语教学大纲和口语教学的教学目标、课程设计、教学安排、教学内容、教学进度、考核方式等；管理系统包括学生口语成绩和学习记录、口语考试分析总结，口语教师授课基本要求以及教研活动记录等。② 口语教学推行小班课，每班不超过 30 人，如果自然班人数过多，可将大班分成约 30 人的小班，分开上口语课。③ 有健全的教学管理和培训制度。英语教师的口语水平是提高口语教学质量的关键，学校应建设年龄、学历和职称结构合理的师资队伍，加强对教师的培训培养工作，鼓励教师围绕教学质量的提高积极开展教学研究，创造条件因地制宜开展多种形式的教研活动。

二、英语专业教师教育的口语教学方法

（一）纠正学生的英语口语发音

在高校英语的第一堂课，教师应向学生阐明正确发音的重要性，即标准的发音是一个人英语口语素质的基本体现，并且督促学生积极纠正，在课下同学之间互相帮助，互相监督。教师也应该帮助学生总结一些极其容

易出错的发音在课堂上有针对性地指出，让学生引起足够的注意和重视。教师可以安排学生课下做一些他们感兴趣的原声材料模仿练习并要求在课堂上进行展示，如电影对白、演说词、诗歌朗诵、英文歌曲等。学生通过模仿不仅可以纠正每个单词的发音，也可以有意识地去学习纯正的语调及地道的表达方法，从而增加对英语的语感。

（二）提升学生英语思维运用能力

第一，鼓励学生掌握尽可能多的词组。在高校英语教学中，单词的学习，不能占用太多的课堂时间，而应该成为学生自主学习的一项主要内容。学生应以词组为单位，尽可能多地掌握词组。教师为了引导学生，可以在课堂上适当地加入词组接龙竞赛之类的游戏，要求学生按顺序将自己所掌握的词组写到黑板上，这种方法一方面可以活跃课堂气氛；另一方面也可以提高学生记忆词组的积极性。

第二，背诵文章讲故事，培养语感。学生通过背诵短小精悍的文章，可以缓解畏难情绪，激发他们的兴趣，更重要的是培养了他们的语感。在跟读—朗读—背诵三部曲的练习中，学生提高了他们的断句能力和理解能力。无论是怎样的材料，只要是地道的英文，难度符合学生的水平，内容是学生感兴趣的，坚持背诵，都能提高学生的语感。

第三节　英语专业教师教育的阅读课程设置

一、英语专业教师教育的阅读课程特点

从对高校英语教材的把握而言，高校英语教材中几乎包括了各种文体，具有多样性和现代性，其多样性表现为：① 文章涉及多个领域，如语言、经济、文学、科技等；② 体裁有说明文、记叙文、议论文；③ 语域的多样性，所选文章既有书面体文章，也有语体口语化乃至俚语化的文章。因此，英语阅读课程中，学生的阅读内容具有篇幅长、生词多、句法多样化等特点。

英语阅读课程中，阅读一般分为精读、泛读和略读，其特点分别为：① 精读，要求学生毫无遗漏地仔细阅读全部语言材料，并获得对整篇文章深刻而全面的理解，在精读课本中，每篇课文后的词汇、语法、句型及注

释都应仔细领会；② 泛读，也可称为普通阅读，要求学生读懂全文，对全文的主旨大意、主要思想和次要信息及作者的观点有明确的了解。对全文只做一般性的推理、归纳和总结，无须研究细节问题和探讨语法问题。但要求阅读速度高于精读速度的一倍；③ 略读，是一种浏览性的阅读，学生以他能力达到的最快速度浏览阅读材料。略读不需通读全文，只跳跃式地读主要部分，目的是获取全文的中心思想和主要内容。

二、英语专业教师教育的阅读教学策略

（一）采取语篇教学法进行阅读教学

语篇分析理论主张把文章看作整体，从文章的层次结构着手，引导学生注重句子与句子之间的衔接、段落与段落之间的过渡，使学生在语篇基础上掌握全文，从而提高理解能力。在高校英语阅读教学实践中，运用语篇教学法进行教学的主要环节如下：

第一，围绕文章标题，预测文章内容。文章标题是文章内容的总概括，通过对文章标题的分析，可以有效地预测阅读材料的语篇类型及题材。在此过程中，教师可以围绕标题提一些启发性的问题，不仅有利于预测文章内容，还为下一步导入文化背景做好了铺垫。

第二，导入背景知识，进行体裁和语篇分析。体裁是文体分析的三个层面之一。体裁分析是语篇分析的一个方面。要让学生学会比较不同的体裁所达到的不同交际效果，就必须在教学中及时导入相应的文化背景知识，只有让学生充分了解不同文体的特点，认识不同文体的结构，才能有效培养学生运用正确的阅读方法来进行阅读的能力，从而提高阅读效果。

第三，抓住主题句，利用信息传递及组织模式把握语篇中句子和段落中心，并进行必要的语法、词汇衔接手段分析和意义连贯推理。例如，用表示时间顺序、地理方位、因果关系等逻辑概念的“过渡词语”，以达到文章的连贯性和黏着性；运用“语法纽带”即通过使用省略、替代、照应等句法手段达到承上启下的效果。

（二）提高对词汇量与阅读量的重视

英语教师应督促学生加大词汇量和阅读量，鼓励他们多读、多写、多记，同时传授一些词汇记忆方法，如文章中记忆法、联想记忆法、造句记忆法、构词记忆法等。教师可以系统讲授一些词汇学习理解方法，如利用词缀猜测生词的含义；利用上下文来推测词义；利用近义词、反义词、同类词来

比较词义；通过加大阅读量来巩固词汇等。同时注意一词多义，引导学生掌握词汇的派生、合成和转化等构词法知识，建立起便于记忆和应用的新图式，扩大词汇量。

（三）传授学生快速进行阅读的技巧

第一，跨越生词障碍。跨越生词障碍可以通过猜测词义来解决，猜测词义的方法有很多，如根据语境、定义标记词、重复标记词、列举标记词以及同位语、同义词、反义词或常识等。但这些方法都离不开两个方面：一方面是学生的文化修养，即语言、文化素质；另一方面是通过全局识破个体的能力，这就要求学生要不断扩大自己的知识面，懂得社会、天文、地理、财经、文体等科普性知识。

第二，浏览所提问题，带着问题读文章。一般而言，作者根据自己的意图和思维模式，通过一定的语言手段，把分散的、细节的、具体的材料组织在一起，在训练或测试中，命题者往往采用多种方式进行提问，有直接的和间接的，但无论如何，命题范围和思想基本与作者一致。学生应先了解问题的要求，带着问题和所需的信息去查询，以提高阅读速度。

第四节　英语专业教师教育的写作课程设置

一、英语专业教师教育的写作课程特点

第一，英语写作是一个输出和检验的过程，学生要有一定的信息输入——对体裁、内容都要有一定的了解，同时无论是写作课后还是课中，学生都应有一定的阅读量，积累丰富的词汇、句型和语法，才能在写作课上游刃有余。换言之，写作课程能够检验学生平时的知识积累程度，检验学生对语法的掌握和词汇的运用等。

第二，英语写作是循序渐进的过程，写作课程要求学生进行丰富的联想，发现题材并将之组织成文。要想提高写作水平并不是短时间能够做到的，要想切实提高自身的写作水平，还需要多阅读、多分析，反复练笔。因为，写作课程教学的过程并不是简单地记录所看到或所读到的内容，而是用另一种语言表达自己的思想的过程，其中涉及遣词造句、文章架构以及段落

的衔接等方面的问题。

二、英语专业教师教育的写作教学方法

（一）指导英语写作过程

1. 重视审题立意

审题是写好一篇文章的第一个且是最重要的环节。文章是否切题就看学生是否认真审题，是否能明白题材的写作要求。高校英语写作都会给出提示语，甚至是作文题目，学生必须围绕所给提示语或题目展开论述。因此，审题并理解题意很有必要。学生在拿到作文题目之后，先要仔细阅读题目，认真审阅写作部分提供的说明与要求，再确定相应的体裁，如议论文、说明文。议论文主要是权衡利弊或就观点进行反驳等；说明文主要是阐述主题或提出解决问题的方案等。教师可以对学生进行提问，了解他们的审题情况。通过审题，学生明确文章的中心内容，从而达到审题立意。

2. 列出写作提纲

在确定中心思想之后，学生需粗拟一个提纲。提纲是文章写作的计划，也是一篇文章的基本框架。提纲可根据文章的结构列出。文章是由引言段，正文部分和结论段三部分组成。引言段揭示主题；正文部分从不同的角度对主题进行阐述；结论段对全文归纳总结。

3. 确定主题句

主题句是表达全文主题的句子，它概括了全文的大意，全文的其他文字都应围绕它展开。因此，主题句一般放在文章的开头，其特点是开门见山地摆出问题，然后加以详细说明。主题句具有较强的概括性，它概括了全文的中心思想，反映了作者写作意图，是全文的核心所在，作者思维的起点，它对确保文章主题突出，有着举足轻重的作用。教师可以通过学生的主题句得知其对文章主题的把握情况，从而判定其写作前的准备工作是否充分。

4. 撰写扩展句

扩展句是用来解释和支持主题句的句子。确定主题句之后，学生可以根据所列提纲，围绕主题进行发挥，收集与主题句密切相关的写作材料，为主题句服务，详细说明并支持主题句的思想。选择的材料最好来自日常

生活，因为它们真实且具说服力，学生也相对熟悉，易于把握。在撰写扩展句的过程中，注意句子之间必须用连词或关系词来连接，段与段之间要用过渡词，以体现文章的逻辑性，它们是连接句与句或段与段之间的纽带，在行文中起承上启下的作用。与此同时，学生要注意整个篇章的层次性，将最重要的先写，然后逐级递减，这样可以使文章自然、流畅，重点突出。

5. 升华结论句

作文的最后一部分由结论句构成，结论句通常与主题句一样包含全文的中心思想，它总结了全文，深化了主题。但所用的措辞与主题句不同，它是换一种说法，变换措辞。学生可简明扼要地总结前面所写的内容，重申主题，使文章结尾与开头相互照应。结尾部分能加深读者对整篇文章的理解，给读者留下更为深刻的印象。

6. 文章修改与整合

文章写完后，学生应认真通读一遍全文，修改明显的拼写错误，以及一些语法错误，如时态、语态等。为确保句子的正确性，尽量避免语法结构错误，这一过程虽不能针对例题、结构、修辞等方面进行全方面考虑，但对个别词汇、语法、拼写错误稍加改动也很有意义。除了学生与教师修改外，还可以进行学生之间的互改互评。然后教师再进行批改、讲评。讲评的重点放在文章的结构与内容上。

（二）掌握写作教学技巧

第一，词汇根据不同的语境或上下文，学生需选择恰当的词语。在写作的时候，首先必须保证选词的正确性，根据所需表达的具体含义，选择最为恰当的单词。在考虑相同的意思时，同一词语在一篇文章中最好不要重复出现，而应考虑使用其他同义词或近义词替换，可以选择一些具有一定难度的单词进行替代，恰当地使用高难词汇有助于提高写作层次。

第二，句型在写作中，除了词汇可以丰富多彩外，还可以使用不同的句型结构。通常而言，学生在写作过程中受自身的知识和时间等方面的影响，在句式变化上未能深入地思考，以致出现行文呆板、不够灵活。在英语写作中，有很多的特殊句型都可以运用在写作中，可以让学生多使用典型句式，适当运用成语和谚语，恰当使用一些平行、对比结构。

第三，结构衔接。在写作过程中，要使句子或段落之间的衔接紧密，需用一些关联词来连接，这样才能使文章自然、流畅。关联词可以连接段落或句子。段落是文章中最基本的单位，它表明了全文的结构层次。写作时一定要段落清楚，有开头、主体和结论三部分，全文需分段撰写，而句子又是构成段落的基本单位。如何将它们有机地组合起来，这就需要使用过渡性的词语，并根据关联词表示的逻辑关系不同选择关联词。

第五节　英语专业教师教育的翻译课程设置

一、英语专业教师教育的翻译课程特点

翻译能力是学生英语能力的重要体现，同时也是对学生“听、说、读、写、译”能力的基本要求之一。翻译并不是源语的词语和语句结构到目的语词语和语句结构的简单转换，也不是在目的语言中寻找与源语对等的词语和语句结构，然后串接成句的过程。在英语翻译课程中，翻译的表达阶段应注意不同文化中语言形式的差异，按照译入语习惯进行调整。在英语教学中开设翻译课程，可以让学生在进一步加强中国传统文化素养的同时，吸收英语人文知识。英语学习成功的标准不应是学生能背多少教过的句子、词组和生词，或知道多少语法规则，而是他们能用所学到的语言创造性地表达多少。翻译本身就是一种语言创造，而英语教学的使命就是把翻译这一语言创造活动普及开来。教育者需要引用更多丰富且实用的跨文化素材，使学习者不仅从书中习得翻译知识及技巧，还能够切实行动，从做中学[①]。

二、英语专业教师教育的翻译教学方法

（一）翻译教学中的猜词教学法

学生的概念能力是一种洞察复杂环境程度的能力和减少这种复杂性的能力。具体而言，概念技能包括理解事物的相互关联性，从而找出关键影响因素的能力，确定和协调各方面关系的能力以及权衡不同方案优劣和内在的能力等。高校英语翻译中的猜词方法主要包括：① 以定义为线索猜测

① 刘梅，彭慧，仝丹，等．多元文化理念与英语教学研究［M］．延吉：延边大学出版社，2018：184.

词义；② 以同义词、近义词为线索猜测词义；③ 以反义词和对比关系为线索猜测词义；④ 以列举的句子为线索猜测词义；⑤ 以重述为线索猜测词义；⑥以因果关系为线索猜测词义；⑦以生词所在的前后文提供的解释或说明为线索猜测词义；⑧根据普通常识、生活经验和逻辑推理推测生词词义。

（二）翻译教学中的图式教学法

图式教学法就是运用图式理论，激活学生的背景知识，在大脑中形成不同的模式。图式是一些知识的片段，是大脑对过去经验积极组织，是学习者将储存的信息对新信息起作用的过程。换言之，学习者如何将这些新信息融进原储存的知识库中就是图式的过程。英语教师在教学过程中，要在传授新知识的同时，激活学生头脑中已经储存的知识结构，使新信息更容易被理解和吸收并融合到已有的图式中，从而能正确地理解所学的新知识。教师有必要在练习之前介绍翻译目标语篇的体裁、句式结构，以及语篇结构，尤其注意背景知识的提供。教师也可以根据课堂需要给学生提供一些图式，这些图式只有被激活才能正确理解语言，然后根据这些材料进行翻译。

（三）翻译教学中的推理教学法

推理教学法源于人类的基本思维形式，即由已知判断推出未知判断。推理教学法应用到高校英语翻译教学过程中，主要是教师在教学中引导学生从已知现象推出未知现象或本质。进行英语翻译时，有些文本需借助合理的推理才能更好地理解它，涉及的思维活动包括分析、综合、演绎、归纳等。翻译时学习者在看到文本内容后，教师要引导学生根据现有的知识和经验做出推理，把文本中的所有内容都联系起来，这样学生更容易充分理解每个句子。翻译时采用推理教学法可以增加信息的容量，把握事物之间的联系，促进对语言的理解。学生对某一语言的掌握，总要经过日积月累，从一些旧结论推出新结论，从而形成完整的知识框架。

参考文献

[1] 陈洁 . 基于微课的大学英语教学策略研究 [J]. 校园英语，2022（3）：12.

[2] 陈思孜 . 多元文化视域下高校英语教学理论与有效方法研究 [J]. 科教导刊 - 电子版（上旬），2021（3）：233.

[3] 程文华 . 高校英语教师课堂教学中的专业学习模式研究 [J]. 外语教学与研究（外国语文双月刊），2012，44（6）：912-924.

[4] 董瑞婷 . 合作学习视域下高校青年英语教师专业发展途径 [J]. 教育探索，2013（3）：79-80.

[5] 谷旸 . 基于 OBE 理念的大学英语混合式教学模式研究 [J]. 海外英语，2022，（16）：124-125.

[6] 郭坤，田成泉 . 高校英语生态教学环境的优化 [J]. 教育理论与实践，2016，36（24）：56.

[7] 韩宪武 . 新时期高校高专英语有效教学策略初探 [J]. 湖北科技学院学报，2013，33（3）：102.

[8] 何彬 . 线上线下相结合的高校英语混合式教学模式探究 [J]. 英语广场，2022（6）：102.

[9] 江琳 . 高校英语课程体系的“个性化”构建 [J]. 福建江夏学院学报，2022，12（1）：103.

[10] 李红霞 . 高校英语教学研究 [M]. 天津：天津科学技术出版社，2017：32.

[11] 李曦 . 学校环境与反思技巧：高校英语教师专业发展研究 [J]. 中国成人教育，2019（3）：84-88.

[12] 李小兰 . 信息化背景下大学英语混合式教学改革与实践 [J]. 高教学刊，2021，7（14）：120.

[13] 李燕 . 新时期高校教师能力培养与专业化发展探究 [M]. 成都：四川大学出版社，2018.
[14] 刘梅，彭慧，仝丹，等 . 多元文化理念与英语教学研究 [M]. 延吉：延边大学出版社，2018：184.
[15] 柳菁菁 . 试论高校英语教学中跨文化意识培养 [J]. 食品研究与开发，2021，42（22）：252.
[16] 吕文丽，庞志芬，赵欣敏 . 信息化时代下的大学英语教学改革探索 [M]. 长春：吉林大学出版社，2018：63.
[17] 马丽 . 高校英语教学目标中读听写的关系研究 [J]. 新教育时代电子杂志（教师版），2017（3）：33.
[18] 聂志成 . 教师教育与教师教育课程研究 [M]. 成都：西南交通大学出版社，2007：197.
[19] 潘瑞峰 . 高校英语课堂教学的有效性研究 [J]. 科技致富向导，2012（6）：61.
[20] 宋君 . 高校英语有效教学的研究 [D]. 咸阳：西北农林科技大学，2012：7.
[21] 苏丽敏 . 论任务型教学对高校英语人才培养的潜在作用 [J]. 黑龙江高教研究，2016（2）：155.
[22] 王宏军 . 关于培养高校英语教师科研能力的思考 [J]. 教育探索，2007，（12）：78-79.
[23] 魏丽珍，张兴国 . 高校英语教学的生态特性及教学定位探究 [J]. 环境工程，2022，40（2）：2.
[24] 肖凤姣 . 高职英语教师科研能力培养研究 [J]. 现代职业教育，2018，（1）：217.
[25] 徐振华，高心涛 . 高校英语语言学教学问题透视及优化方法研究 [J]. 商情，2018（51）：164.
[26] 杨欢 . 信息化环境下数字化大学英语教材研究 [J]. 黑龙江科学，2018，9（17）：82.
[27] 杨希燕，杨澂 . 高校英语教师专业发展的改革与创新研究 [J]. 东北师大学报（哲学社会科学版），2015（5）：246-249.
[28] 俞婷婕 . 教师教育学研究 [M]. 杭州：浙江大学出版社，2019：94.
[29] 袁园 . 信息化背景下大学英语混合式教学模式的研究 [J]. 英语广场，2021，（34）：97.
[30] 张广奇，王亚南 . 新时代大学英语教师信息化教学能力发展策略研究 [J].

校园英语，2022，（26）：10-12.

[31] 张美荻 . 英语语言学教学方法研究 [J]. 教育现代化，2017，4（39）：193.

[32] 张姗姗，龙在波 . 活动理论视角下高校英语经验教师专业发展能动性研究 [J]. 外语教学，2021，42（6）：85-90.

[33] 张新海 . 高校英语专业课程体系与教师课程取向 [J]. 中国成人教育，2012（6）：149-151.

[34] 周芬 . 高校英语教师职业素养提升途径探究 [J]. 校园英语，2022，(18): 27-29.

[35] 朱燕华，陈莉萍 . 高校英语智慧课堂教学评价指标体系构建 [J]. 外语电化教学，2020（4）：94.